◎ 全国教育科学规划教育部重点课题"公办中心园引领农村学前教育发展研究"（课题编号：DHA200335）的研究成果
◎ 南京体育学院优秀学术著作出版基金资助

公办中心园引领农村学前教育发展研究

杨翠美 著

东南大学出版社
SOUTHEAST UNIVERSITY PRESS
·南京·

图书在版编目(CIP)数据

公办中心园引领农村学前教育发展研究 / 杨翠美著
. -- 南京：东南大学出版社，2024.3
ISBN 978-7-5766-1182-3

Ⅰ.①公… Ⅱ.①杨… Ⅲ.①乡村教育-学前教育-发展-研究-中国 Ⅳ.①G619.2

中国国家版本馆 CIP 数据核字(2023)第 254972 号

策划编辑：张丽萍　　责任编辑：陈　佳　　责任校对：子雪莲
封面设计：毕　真　　责任印制：周荣虎

公办中心园引领农村学前教育发展研究
Gongban Zhongxinyuan Yinling Nongcun Xueqian Jiaoyu Fazhan Yanjiu

著　者	杨翠美
出版发行	东南大学出版社
出 版 人	白云飞
社　　址	南京市四牌楼 2 号(邮编：210096　电话：025-83793330)
经　　销	全国各地新华书店
印　　刷	广东虎彩云印刷有限公司
开　　本	700 mm×1000 mm　1/16
印　　张	14.25
字　　数	264 千
版　　次	2024 年 3 月第 1 版
印　　次	2024 年 3 月第 1 次印刷
书　　号	ISBN 978-7-5766-1182-3
定　　价	45.00 元

本社图书若有印装质量问题，请直接与营销部联系，电话：025-83791830。

前 言

长期以来,农村学前教育一直是我国教育发展中的薄弱环节,城市学前教育发展与农村学前教育发展在办园条件、师资队伍建设、管理模式等方面都呈现出不均衡的状态。在国家政策的引领下,我国不少地区确立了政府主导、乡镇公办中心幼儿园为主的农村学前教育发展思路,有效地促进了农村学前教育普及的进程。1983年教育部《关于发展农村幼儿教育的几点意见》中强调"为了提高广大农村幼儿园的保教质量,各县要从实际出发,采取措施办好一所示范性幼儿园,并分期分批地办好公社(乡)中心幼儿园,使之成为农村幼儿园的骨干和教学研究基地,起到以点带面的作用"。这是最早提到"中心幼儿园"的文件,文件中强调了中心幼儿园的地位。1997年国家教育委员会关于《全国幼儿教育事业"九五"发展目标实施意见》中强调"农村绝大多数的乡(镇)应建立一所中心幼儿园……乡(镇)应努力办好中心幼儿园并充分发挥中心园的示范、辐射以及对村办园(班)的指导和管理作用"。这个文件指明了乡(镇)中心幼儿园的职责,明确了乡(镇)中心幼儿园在自身发展中要发挥示范、引领作用,指出了乡(镇)中心园的意义,即对农村幼儿园发挥示范辐射作用。2003年,教育部等部门(单位)在《关于幼儿教育改革与发展指导意见》中指出"县级以上教育部门要加强幼儿教育管理,要办好乡(镇)中心幼儿园发挥其对乡(镇)幼儿教育的指导作用",再次强调要加强乡(镇)中心幼儿园的发展。2010年中共中央、国务院出台的《国家中长期教育改革和发展规划纲要(2010—2020年)》中提出要"重点发展农村学前教育……发挥乡镇中心幼儿园对村幼儿园的示范指导作用"。2018年,《中共中央 国务院关于学前教育深化改革规范发展的若干意见》提出要"大力发展农村学前教育,每个乡镇原则上至少办好一所公办中心园……完善县乡村三级学前教育公共服务网络……充分发挥城镇优质幼儿园和农村乡镇中心园的辐射带动作用,加强对薄弱园的专业引领和实践指导"。2019年《国务院关于学前教育事业改革和发展情况的报告》中指出下一步工作的重点是"着力补齐农村学前教育短板……切实发挥乡镇中心幼儿园对村幼儿园的辐射和指导作用,带动乡镇学前教育的整体发展和质量提升",故要牢牢把握乡镇中心幼儿园在整个农村学前教育体系中的核心地位和龙头作用。

根据国家政策中对乡镇公办中心园[①]的表述,本课题将乡镇公办中心园定义为:由乡镇所在教育行政部门承办并统一管理的,一般建设于乡镇人民政府所在地并能够辐射到周围村落的学前教育机构。乡镇中心园从一出现就被冠上"龙头""榜样"的标签,应充分发挥对村办园的示范、引领作用。2019年,国家明确提出乡镇公办中心园应带动乡镇学前教育的整体发展和质量提升。由此可见,发挥示范引领作用已经成为它必须承担的责任和必须履行的义务。乡镇公办中心园是农村学前教育人力、物力、财力最集中的资源地,是农村学前幼教系统中的骨干力量、农村学前教育的示范基地,被寄予发挥示范辐射作用、带动普通乡村幼儿园发展、促进本地区农村学前教育整体均衡和谐发展的厚望。为此本课题立足于农村学前教育发展的新特点,基于农村学前教育均衡的视角,探寻公办中心园引领农村学前教育发展的时代价值、实然状况、影响因素、创新路径及长效机制。

---

① 本课题在实际调查过程中,以乡镇公办中心园为调查研究对象,所以在本著作中所提到的"公办中心园(亦即,公办中心幼儿园)""乡镇中心园(亦即,乡镇中心幼儿园)"均指"乡镇公办中心园(亦即,乡镇公办中心幼儿园)"。

近年来，基于农村学前教育发展不平衡的现实状况，乡镇公办中心园应体现出贯彻农村学前教育发展的方针政策、促进农村学前教育发展的公平正义、实现农村学前教育发展的示范引领的时代价值。为了区域农村学前教育的发展，在追求公平而有质量的学前教育发展政策的指引下，乡镇公办中心园必须发挥引领示范作用，实现"一花独放不是春，百花齐放春满园"的区域农村学前教育发展新格局。为探寻乡镇公办中心园顺利引领农村学前教育发展的可行性路径，研究者深入实地调查研究。调查发现，公办中心园确实也在履行着作为中心园所应尽的义务，但在其发挥示范作用过程中遇到了不少困境，也出现了诸多问题。不少乡镇公办中心园埋首于自身的建设和发展之中，没有很好地发挥示范作用，而且在示范过程中存在着一些问题影响其示范作用的发挥，示范效果不够理想。作为农村学前教育的示范基地，乡镇公办中心园的重要职责就是要充分发挥其在区域内的示范指导功能。为此，本课题尝试从宏观、中观、微观的角度分析出导致公办中心园发挥示范作用欠佳的潜在影响因素，然后从加大农村学前教育经费投入、完善农村学前教育评价机制、落实公办中心园的责任意识、加强公办中心园的自身建设等角度提出促进公办中心园更好发挥示范辐射作用的创新路径。一方面，政府应该为乡镇中心园的示范引领作用的发挥保驾护航，加大对其的经费投入，完善督导机制。另一方面，村办园及其他发展相对薄弱的幼儿园各方面发展水平的差异，导致其所需的指导和服务内容的广度和深度不同。公办中心园在发挥引领示范作用时，应根据引领示范对象及其所需的不同进行引领，以优带劣，促进农村学前教育的发展。这将对建构适应新时期发展需要的农村学前教育体系具有重要的实践指导意义，并能实现农村学前教育的更好发展。

乡镇公办中心园在具体示范引领的过程中，虽然达成了部分预定的目标，但由于其自身成果有限，在其将成果传递给其他幼儿园的过程中，容易限制示范引领对象自身主体作用的发挥，从而减弱了示范引领的价值。充分发挥公办中心园的示范引领功能，从而使公办中心园的引领价值迈向共赢路径，实现"引领—共赢"的完美蜕变，是公办中心园的终极目标。为此，在具体实践过程中，应以公办中心园以外的普通乡村幼儿园的具体需求为基点，尝试从公办中心园示范引领的实践理路、示范引领过程的重构以及"引领—共赢"实践体系的构建三个方面探讨公办中心园引领农村学前教育的长效机制，形成示范引领的完整实践体系，确保公办中心园的示范引领有序、有效实施，推动区域农村其他幼儿园的内生性发展，为提升区域内幼儿园的办园质量发挥应有的作用。

目 录

绪论 / 001
    一、研究背景 …………………………………………………… 003
    二、文献综述 …………………………………………………… 005
    三、相关概念界定 ……………………………………………… 010
    四、研究思路和方法 …………………………………………… 011

第一章 公办中心园引领农村学前教育发展的理论之眼 / 015

第一节 教育公平说：公办中心园发挥示范作用的价值诉求 ……… 016
    一、促进学前教育公平是当今时代的诉求 …………………… 017
    二、有关学前教育公平的讨论 ………………………………… 021
    三、教育公平理论观点 ………………………………………… 024

第二节 共和博弈论：公办中心园发挥示范作用的过程机制 ……… 028
    一、政府要重视农村学前教育的发展 ………………………… 029
    二、公办中心园提升自身水平及发挥示范引领作用 ………… 032
    三、规范公办中心园的示范机制 ……………………………… 035

第三节 对立统一说：公办中心园在农村学前教育发展中的定位 … 040
    一、对立统一说及其在农村学前教育发展中的应用 ………… 041
    二、教育政策视域下公办中心园的定位 ……………………… 042
    三、新时代背景下公办中心园的职责与定位 ………………… 048

第二章
公办中心园引领农村学前教育发展的现实状况 / 055

第一节　公办中心园示范引领作用的必要性 …………… 057
　一、我国农村学前教育的发展 ………………………… 057
　二、公办中心园示范的重要性及必要性 ……………… 062
　三、普通乡村幼儿园的发展急需公办中心园的示范引领 …… 070

第二节　公办中心园示范引领活动开展的总体概况 …… 073
　一、我国农村幼儿园发展现状 ………………………… 074
　二、公办中心园示范引领内涵的认识 ………………… 080
　三、公办中心园示范引领活动的开展 ………………… 083
　四、公办中心园示范引领活动的形式 ………………… 086
　五、公办中心园在农村学前教育中发挥的作用 ……… 093

第三节　公办中心园示范作用发挥的现状及效果 ……… 094
　一、公办中心园示范网络初具规模 …………………… 095
　二、公办中心园示范责任意识 ………………………… 096
　三、公办中心园开展示范活动的计划及频率 ………… 098
　四、公办中心园开展示范活动的内容 ………………… 100
　五、公办中心园采用的示范方式 ……………………… 102
　六、示范活动后的反思及落实情况 …………………… 103
　七、调查结论 …………………………………………… 105

第三章
公办中心园示范引领农村学前教育发展的制约因素 / 107

第一节　制约公办中心园示范引领农村学前教育发展的宏观因素 … 108
　一、学前教育政策文件缺乏针对性 …………………… 109
　二、各级部门政策执行贯彻不力 ……………………… 114

第二节　制约公办中心园引领农村学前教育发展的中观因素 ……… 119
　一、区域学前教育管理机构管理不到位、经费投入不均衡 …… 120

二、区域农村学前教育人员管理规范性不够 …………………… 122

三、区域农村学前教育信息化建设不足 ………………………… 124

四、区域农村公办中心园角色定位不明确 ……………………… 127

第三节 制约公办中心园引领农村学前教育发展的微观因素 ……… 130

一、公办中心园对"示范"认识有偏差 ………………………… 130

二、公办中心园课程管理上存在误区 …………………………… 132

三、公办中心园教师队伍管理失范 ……………………………… 134

四、示范者与示范对象双方主动性不够 ………………………… 136

第四章
公办中心园引领农村学前教育发展的创新路径 / 139

第一节 着眼长效，构建农村学前教育经费投入 …………………… 141

一、加大学前教育经费投入的必要性 …………………………… 141

二、发达国家财政投入的经验与启示 …………………………… 143

三、政府加大对公办中心园的财政投入 ………………………… 146

第二节 提高质量，完善农村学前教育督导评价机制 ……………… 151

一、国外学前教育监督的经验与启示 …………………………… 152

二、建立内部督导机制 …………………………………………… 154

三、建立外部督导机制 …………………………………………… 155

第三节 促进均衡，落实公办中心园的责任意识 …………………… 158

一、政府：明确自身职责，强化园所责任意识 ………………… 158

二、幼儿园：明确自身定位，承担起示范引领的责任 ………… 160

三、提高幼儿教师的责任意识 …………………………………… 162

第四节 示范引领，加强公办中心园自身建设 ……………………… 164

一、创新公办中心园的管理模式，实施开放性管理 …………… 165

二、加强公办中心园教师队伍建设 ……………………………… 169

三、建构具有农村特色的课程体系 ……………………………… 173

第五章
公办中心园引领农村学前教育发展的长效机制 / 177

第一节 公办中心园示范引领的实践理路 ······ 179
一、把握公办中心园"示范—引领"的本质 ······ 179
二、践行"你与我"的示范传递方式 ······ 182
三、树立共赢下的示范引领观念 ······ 185
四、建设区域农村学前教育发展共同体的理路 ······ 187

第二节 公办中心园示范引领过程的重构 ······ 189
一、公办中心园设立的目的与示范引领要求 ······ 190
二、展示自我:公办中心园示范过程中存在的误区 ······ 192
三、促成意义下示范引领过程的重构 ······ 193

第三节 构建"引领—共赢"的实践体系 ······ 198
一、公办中心园"引领—共赢"的实践转向 ······ 198
二、公办中心园"引领—共赢"实践体系的构建 ······ 202
三、公办中心园示范性作用发挥的实践路径 ······ 206

后记 / 209

参考文献 / 210

◇绪 论

提升农村学前教育质量,促进农村学前教育公平是农村学前教育研究的不懈追求。"乡镇中心幼儿园是全乡镇集教育、培训、科研、示范为一体的具有辐射功能的幼儿教育机构"[①],它在提升学前教育整体质量方面发挥着不可替代的作用,其拥有的优质资源也成为家长们争夺的对象。为此,乡镇中心幼儿园被赋予了农村学前教育"骨干"的角色,承担起"研究基地"和"以点带面"的神圣职责,具备带动农村幼儿园共同发展的条件。探究公办中心园能否有效提升农村学前教育的整体质量成为重要议题。通过发挥公办中心园的辐射引领作用,推动区域农村学前教育的整体发展,对促进区域农村学前教育均衡发展具有重要的积极意义。21世纪的中国农村进入了一个非常关键的变革时期,探究并努力建构科学的公办中心园的引领机制,为农村学前教育发展提供强大的推动力,是一项具有战略意义的宏伟工程。本课题希冀针对此问题提出一些具有实践操作价值的对策和思路。

---

① 许艳玲,寇文亮. 河北省乡镇中心幼儿园示范功能的实践研究[J]. 教育实践与研究,2017(12):53-57.

一、研究背景

(一) 追求农村学前教育均衡发展是时代之需

农村学前教育是我国教育体系的重要组成部分,在从计划经济体制向社会主义市场经济体制转型的过程中,农村学前教育有了长足进步。但是,长期以来的城乡二元结构使得农村学前教育体系建设落后于农村学前教育发展需要,在发展过程中呈现出严重不均衡现象,城乡之间、乡镇之间以及同一乡镇内部的幼儿园发展水平参差不齐,这与我们所追求的教育均衡发展相差甚远。"乡镇中心幼儿园是农村幼儿园业务管理、教研指导的主要力量,是进行区域内资源共享、提升农村幼儿园师资队伍水平的重要保障。"①《国务院关于学前教育事业改革和发展情况的报告》指出下一步工作的重点是"着力补齐农村学前教育短板……带动乡镇学前教育的整体发展和质量提升"。公办中心幼儿园是农村地区学前教育事业发展的"领头羊",对农村学前教育事业具有示范、辐射和引领作用。2021年,《"十四五"学前教育发展提升行动计划》中进一步提出要"充分发挥乡镇中心幼儿园的辐射指导作用,实施乡(镇)、村幼儿园一体化管理。鼓励有条件的地方探索实施学前教育服务区制度"。公办中心幼儿园应充分认识到自身的作用,在提高自身园所教育质量的同时,带动区域农村学前教育事业的均衡发展。

(二) 引领农村学前教育发展是时代使命

公办中心幼儿园是集全乡镇教育、培训、科研为一体的具有辐射功能的学前教育机构,被赋予了农村学前教育"骨干""研究基地"的角色和"以点带面"的神圣职责。兴办乡镇中心幼儿园,使其在全乡镇的学前教育领域发挥示范辐射功能,是促进学前教育均衡发展的有效路径,体现出国家对农村地区学前教育的重视。引领农村学前教育发展是时代赋予公办中心园的使命。2001年,时任教育部副部长王湛在全国幼教工作座谈会上特别强调"要发挥这些幼儿园对其他部门办园和社会力量办园的示范和辐射作用,以扩大优质教育资源,提高幼儿教育的整体质量……教育行政部门还应在各类社会力量

---

① 张妮妮.以乡镇中心幼儿园为引领,构建区域发展共同体[J].教育家,2022(3):14-15.

办园中扶持一批办园思想端正、管理严谨、教育质量高又拥有较好社会信誉的幼儿园作为示范园"[1]，以此来保证学前教育的质量，形成一套完善的体系，适应当今新的形势。公办中心幼儿园作为区域农村幼儿园发展的翘楚，在办园质量、保育工作等方面具有丰富的经验和丰硕的成果，明显优于其他民办幼儿园或村办幼儿园。在资源短缺、人才缺失、教育质量不高的农村学前教育现状下，通过公办中心幼儿园的示范引领，可以实现区域其他幼儿园"自力更生"的发展之路。为此，本课题紧扣"公办中心园"这个核心词，探究其发挥作用的机理，这对建构适应新时期农村学前教育发展需要的学前教育体系具有重要的现实意义。

（三）贯彻落实农村学前教育方针政策的有效路径

公办中心幼儿园是农村幼儿园业务管理、教研指导的主要力量，是进行区域内资源共享、提升农村幼儿园师资队伍水平的重要保障[2]。2010 年，国家颁布的《国家中长期教育改革和发展规划纲要（2010—2020 年）》（简称《规划纲要》）和《国务院关于当前发展学前教育的若干意见》强调各地要把发展学前教育作为社会主义新农村建设的重要内容，重点发展农村学前教育，发挥乡镇中心幼儿园对其他幼儿园的示范指导作用。2018 年，《中共中央 国务院关于学前教育深化改革规范发展的若干意见》提出：大力发展农村学前教育，每个乡镇原则上至少办好一所公办中心园。完善学前教育教研体系，健全各级学前教育教研机构，充实教研队伍，落实教研指导责任区制度，加强园本教研、区域教研，及时解决幼儿园教师在教育实践过程中的困惑和问题。充分发挥城镇优质幼儿园和农村乡镇中心幼儿园的辐射带动作用，加强对基础薄弱的幼儿园的专业引领和实践指导。2021 年，《"十四五"学前教育发展提升行动计划》中进一步指出，要充分发挥城镇优质幼儿园和乡镇中心幼儿园的辐射作用，推动区域保教质量整体提升。这是国家大力发展农村学前教育的一项重要举措。

---

[1] 王湛.在全国幼儿教育工作座谈会上的讲话[J].学前教育研究,2002(1):5-10.
[2] 张妮妮.以乡镇中心幼儿园为引领,构建区域发展共同体[J].教育家,2022(3):14-15.

二、文献综述

关于乡镇中心幼儿园的相关研究,虽然国内的学者和幼教工作者都在积极地探索,但是总的来说研究缺乏针对性和系统性,相关论文比较零散。然而,我们必须要肯定乡镇中心幼儿园的相关研究已取得的成果,并将其作为以后探索的经验。

(一)乡镇中心幼儿园政策的相关研究

20世纪末,各级政府已经看到乡镇中心幼儿园在农村学前教育中的重要地位,为了推动其快速发展,先后出台了相关措施。教育部在1983年颁发的《关于发展农村幼儿教育的几点意见》,一定程度上支持了乡镇中心幼儿园的发展。2003年,《国务院办公厅转发教育部等部门(单位)关于幼儿教育改革与发展指导意见的通知》,进一步明确乡(镇)中心幼儿园的发展模式,指出"县级以上教育部门要加强幼儿教育管理,要办好乡(镇)中心幼儿园,发挥其对乡(镇)幼儿教育的指导作用,乡(镇)幼儿保育、教育的业务指导由乡(镇)中心幼儿园园长负责"。2010年,《国务院关于当前发展学前教育的若干意见》中明确要求各省(区、市)以县为单位编制学前教育三年行动计划。政府在努力推动我国农村学前教育事业进步的同时,更加关注乡镇中心幼儿园的发展,全国各省市在其三年行动计划中也都说明了如何发展乡镇中心幼儿园,并进行了相应的规定。2019年8月22日,在第十三届全国人民代表大会常务委员会第十二次会议上,《国务院关于学前教育事业改革和发展情况的报告》指出"每个乡镇原则上至少办好一所公办中心幼儿园,切实发挥乡镇中心幼儿园对村幼儿园的辐射和指导作用,带动乡镇学前教育的整体发展和质量提升"。各级单位在文件的指导下,努力贯彻文件精神,发展农村学前教育。各省市在实施措施及具体做法上也各具特色,由于发布的文件繁多,这里不再一一说明。这些文件对于推动乡镇中心幼儿园的发展,规范其行为以及充分发挥其示范、辐射作用都意义重大。但是这些文件内容较为宏观笼统,大都是各级教育部门对当前乡镇中心幼儿园发展状况的总体部署,缺乏实操性,也比较零散无序,且没有相应的保障监督体系。

通过研读国家早期颁布的有关农村学前教育的各项政策,可以发现文件大部分采用的是发现问题、解决问题的模式,对全局的统筹规划相对较少,而在2010年的《规划纲要》颁布之后,不同层级、领域的部门协调一致、相互配合,共同出台多种类型的文件,使得农村的学前教育质量有了很大提升,相应的制度体系也逐渐发展完备。我们可以从中总结出目前农村学前教育发展政策的一些特征:一是发布者多为教育部、财政部等国务院权威部门,政策发布的数量众多且逐年增加,这体现了在党的领导下国家对农村学前教育的重视;二是文件发布形式多样化,比如意见、规范、法案、办法等,从多个角度对农村学前教育进行规划,力求在新时期更好地促进农村学前教育的优质发展;三是从教育部、财政部等各个部门联合发布的多项政策文件可以看出,各个部门互相协调,共同运作,共同推动农村学前教育的制度保障体系走向完善,体现出对农村学前教育整体性发展进行的统筹规划。

(二) 乡镇中心幼儿园建设的相关研究

有关乡镇中心幼儿园的建设,学者们主要围绕以下三个方面进行研究:乡镇中心幼儿园建设的现状;乡镇中心幼儿园在建设过程中存在的主要问题;促进乡镇中心幼儿园建设的对策。在国家的大力支持下,当前乡镇中心幼儿园得到了很大的发展,但在发展与建设过程中特别是在发挥示范作用过程中仍存在着一些问题,在一定程度上阻碍了农村学前教育的发展。刘焱等在《不同办园体制幼儿园班级教育环境质量比较》中提到,乡镇幼儿园与城市幼儿园相比在两方面表现出明显的差异,一是乡镇幼儿园所获得的教育资源较少,二是乡镇幼儿园的教育质量较差[1]。廖浩然等在《我国幼儿教育非均衡发展现状与对策分析》中指出了我国幼儿教育存在着区域之间的发展不均衡[2]。吕苹在《浙江省农村幼儿教育发展策略研究》一文中对浙江省乡镇中心幼儿园的特征进行了总结,即乡镇中心幼儿园以民办园为主、办园水平总体偏低、师资力量薄弱。提出要加大财政投入的力度,促进乡镇中心幼儿园的公立化,

---

[1] 刘焱,李志宇,潘月娟,等.不同办园体制幼儿园班级教育环境质量比较[J].学前教育研究,2008(8):7-11.

[2] 廖浩然,田汉族,彭世华,等.我国幼儿教育非均衡发展现状与对策分析[J].学前教育研究,2008(2):17-21.

提升师资水平，加强职后培训，以更好地发挥其示范辐射作用①。耿志涛在《重塑教研组：乡镇中心幼儿园发展的动力》中提出促进乡镇中心幼儿园教育发展的有效路径是加强园本教研②。李兵从建设模式上提出乡镇中心幼儿园应从单一的运作模式朝集团式、辐射型发展，其途径是园所改建、征地扩建、收购兼并等③。霍树刚在《建设农村乡（镇）中心幼儿园的思考》中提出了一所合格的乡镇中心幼儿园应具备的标准：健全的规章制度、精干的领导班子、足够的设备设施、较高素质的教师队伍④。明清认为乡镇中心幼儿园的建设要结合自身园所的实际，因地制宜地设计出适合本园发展的条件，并提出乡镇中心幼儿园要取得发展的关键是师资水平得到保障，所以要通过开展教科研等活动加强教师队伍建设，提高保教质量⑤。王红霞在《当前乡镇中心幼儿园存在的问题及对策》中总结了当前乡镇中心幼儿园存在的主要问题是发展后劲不足、管理不规范、师资力量薄弱，并针对这三大问题提出了相应的解决措施：一是加大经费投入，改善办园条件；二是严格园长的任职条件，强化管理力量；三是加强培训，提高师资水平⑥。庄新宇等从三个方面总结了提高乡镇中心幼儿园教育质量的方法：一是结合本地实际进行乡土课程资源的开发，二是加强对幼儿的社会性教育，三是提高家长的教育素养⑦。

在公办中心园的建设方面，国家政策对于公办中心园的支持是显而易见的，经过近几年国家政策的大力支持以及相关经费的投入，以及第一轮、第二轮、第三轮学前教育三年行动计划的实施，改建、扩建的乡镇中心幼儿园数量逐渐增多，满足了农村地区乡镇适龄幼儿入园的基本需要。乡镇中心幼儿园的软硬件设施都逐渐完善起来，无论是园舍规模还是园外设施，乡镇中心幼儿园的整体环境都得到了明显的改善，需要具备的各种设施如专用饮水机、洗手设备等已经比较齐全。公办中心园本身进行教育探索，同时把经验

---

① 吕苹. 浙江省农村幼儿教育发展策略研究[J]. 教育研究, 2007(8): 91-94.
② 耿志涛. 重塑教研组: 乡镇中心幼儿园发展的动力[J]. 教育导刊(下半月), 2010(3): 56-59.
③ 李兵. 建设发展农村中心幼儿园的意义与模式[J]. 学前教育研究, 2006(Z1): 83-84.
④ 霍树刚. 建设农村乡(镇)中心幼儿园的思考[J]. 学前教育研究, 1995(4): 24-25.
⑤ 明清. 创造条件建设好乡镇中心幼儿园[J]. 幼儿教育, 1992(5): 22-23.
⑥ 王红霞. 当前乡镇中心幼儿园存在的问题及对策[J]. 教育导刊(幼儿教育), 2007(9): 32-33.
⑦ 庄新宇, 陈敏. 适应城镇化需要, 提高乡镇中心幼儿园教育质量[J]. 学前教育研究, 2008(4): 15-16.

传递给其他幼儿园，促进周边幼儿园的共同进步和提升。园所之间的交流与合作，以及政府对这些交流活动的组织和鼓励，使得公办中心园以及周边幼儿园教师专业素质有了很大提升。但是因为区域间地理、人文环境各不相同，所以不同的农村地区之间学前教育的发展水平有很大的差异。一些地区的公办中心园已经取得了很大的成效，发展出了自己独特的办园经验，但也有很大一部分公办中心园依然处于建设发展的困难时期。建设得很好、有自己独特经验的公办中心园，应该向周边幼儿园分享其成功经验；建设园所存在困难的公办中心园，应该反省自身发展困难的原因并且进行分析，提出有针对性的建议，致力于提高公办中心园的整体办园发展水平。经济基础决定上层建筑，各地不同的经济状况决定了各地具有不同发展程度的农村学前教育。各地政府在新建公办中心园的时候，应该先了解本地的具体情况，知晓它的建设困境及阻碍，同时也要注意到它的长处，还要借鉴其他地区公办中心园的办园和发展经验，并将之与当地的实际情况相融合，争取做到扬长避短。在针对公办中心园进行建设时，要找准公办中心园的定位：若要加强公办中心园的自身建设，就要建设充足的活动场地、设施设备、各类用房，保证硬件设施的要求；若想发挥公办中心园的带头引领作用，就需要有懂得教学、整体素质高的优秀教师队伍，通过细致的日常保教工作、科学的管理制度来促进幼儿身心健康发展，这也是软件设施的相关要求。通过这些既定标准，进一步深究其在建设中遇到的问题，构建以公办中心园为中心的园所网络，最终促进区域农村学前教育获得更好的发展。

（三）乡镇中心幼儿园作用和地位的相关研究

关于公办中心园在农村学前教育发展中作用的研究，国外的表达方式和中国不尽相同，关注的重点也有所不同，主要体现在示范学校和公共服务体系等方面。对于示范学校的作用，英国政府于1998—1999年提出示范学校计划，示范学校包括示范幼儿园、示范小学、示范中学。该计划对各学校的有效教学方法进行鉴定和推广。示范学校的目的是创建一种合作、共享的氛围，形成一个全国性的网络以供所有学校分享优秀经验。示范学校计划实行以来，政府每年发布年度评价报告[①]，包括"Evaluation of Pilot Beacon Schools"

[①] 刘庆华. 英国示范学校研究：政策分析之视角[D]. 北京：首都师范大学，2003.

◇绪 论

"Beacon Schools: Further External Evaluation of the Initiative" "Schools Extending Excellence Annual Report, 2000-2001"等。英国近几年还出版了有关示范学校的专著, 如 *The Development of the Beacon Schools Scheme*、*The Beacon School Experience: Case Studies in Excellence*、*The Beacon Schools Experience: Developing the Curriculum*、*Sharing Success: The Development of the First Beacon Schools in England* 等,这些文献从示范学校的实践、管理、成就等方面对其作了介绍与评价,并且对示范学校计划实施过程中产生的问题进行了深入的分析,为示范幼儿园研究提供参考和借鉴。乡镇中心幼儿园在农村幼儿教育事业中的地位不容小觑,主要原因是相较于其他幼儿园,乡镇中心幼儿园的优势体现在其辐射范围广、示范作用强上,许多研究者研究的切入点也在乡镇中心幼儿园的示范和职责上。林静认为实现乡镇中心幼儿园的"中心"职能在于担负起该园相应的保教任务,"成为农村幼儿教育的示范中心、教师培训中心、教育教学科研基地"[1]。李兵重点强调了农村学前教育事业要获得均衡发展的重要途径是发挥乡镇中心幼儿园的示范带头作用[2]。唐荷花从教育均衡发展的角度出发,对乡镇中心幼儿园如何对村办园发挥作用进行深入研究[3]。王晓芬等主要针对乡镇中心幼儿园在示范、辐射进程中存在的主要问题进行了讨论[4]。同时,随着国家培训政策的稳步推进,各级教育主管部门提供了更多教师培训、交流的机会,这对于公办中心园来说更是促进其自身发展的难得的机遇。汇集人力、物力、财力等资源的乡镇中心幼儿园在完善的设施上赢得了家长的信赖,家长愿意把幼儿送入公办中心园中进行学习,这在一定程度上为公办中心园保证了充足的生源,家长的信赖和支持也是公办中心园能够快速发展、取得良好成果的原因之一。

总体来说,从最初"公办中心园"一词的出现,公办中心园就被赋予了要起到以点带面的作用,到后来的充分发挥好其对村办园的示范、辐射及管

---

[1] 林静.湖南省 N 县乡镇中心幼儿园建设现状研究[D].长沙:湖南师范大学,2010.
[2] 李兵.建设发展农村中心幼儿园的意义与模式[J].学前教育研究,2006(Z1):83-84.
[3] 唐荷花.乡镇中心幼儿园对村办园示范作用发挥研究:基于教育均衡发展的视野[D].重庆:西南大学,2012.
[4] 王晓芬,石廷希.发挥乡镇中心幼儿园示范作用的对策探析[J].教育导刊(幼儿教育),2008(6):34-36.

理作用，直至 2019 年明确提出要带动农村学前教育的整体发展和质量提升。可以看到，发挥示范引领作用已经成为公办中心园必须承担的责任和必须履行的义务。国内外研究者研究了公办中心幼儿园如何更好发挥其带头引领作用，并将公办中心园示范作用的发挥从实践层面上升到了理论高度，为本课题提供了参考资料并拓宽了思路。但遗憾的是：目前对公办中心园及其引领作用的研究还比较零散、粗浅，研究内容相对狭隘；研究方法多采纳感想式的推论，较少进行实证和量化研究。这为本课题的研究提供了方便和可能，本研究将着眼于从实践和理论上更好地发挥公办中心园的示范引领作用，并探求相应的保障机制和现实途径。

三、相关概念界定

（一）公办中心园

本课题中的"公办中心园"特指"乡镇公办中心幼儿园"，简称"乡镇中心幼儿园"。乡镇中心幼儿园第一次被提出，是在 20 世纪 80 年代我国教育部出台的《关于发展农村幼儿教育的几点意见》里，其中明确提出应当"大力发展乡镇中心幼儿园"。随着乡镇中心幼儿园的不断发展，不同学者对其进行深入研究，提出了不同的看法。唐荷花从教育功能和教育主体方面将乡镇中心幼儿园定义为：属于乡镇幼儿教育的教科研中心、教育资源的汇集中心与教师培训基地，主要由乡镇人民政府或教育部门开办；而另一位学者林静则从教育单位建设规划的角度出发，认为乡镇中心幼儿园从地理位置来看多处于经济发达的乡镇中心，同时也是在人口密集区，由乡镇人民政府或教育部门开办。2019 年，《国务院关于学前教育事业改革和发展情况的报告》中提到了公办中心园，指出"每个乡镇原则上至少办好一所公办中心园"。为此，本课题借鉴国家政策中对公办中心园的表述，将公办中心园定义为：由乡镇所在教育行政部门承办并统一管理的，一般建设于乡镇人民政府所在地并能够辐射到周围村落的学前教育机构。

（二）示范作用

示范即做出某种可供大家学习的典范，"意味着立标杆、树榜样，起着让别人学习、仿效的作用。示范作用通常是指一种榜样行为，通过先进经验的展示能够让他人从中受到启迪、鼓舞和教育"①。该定义暗含了"无意的示范作用"和"专门的示范作用"。无意的示范作用，是指公办中心园因其科学的教育观念或管理理念而在无形中影响了其他幼儿园的发展。如公办中心园的先进办学理念通过家长之间的口耳相传影响到其他幼儿园，并被效仿。其他类型的幼儿园如优质园、一级园、实验园，也可能有这种示范作用。专门的示范作用，是指公办中心园在贯彻幼儿教育法规文件、开展教学科研、建设师资队伍、综合利用家庭和社区教育资源等方面做表率，以其优秀的教育教学或管理实践为依托，以自身的示范或帮扶的形式给予其他幼儿园以帮助。本课题中公办中心园的示范作用更多是指公办中心园通过开展专门的示范活动来帮助普通乡村幼儿园提高管理、教学、科研水平，进而带动区域幼儿教育的整体发展。

（三）普通乡村幼儿园

普通乡村幼儿园是指在农村地区，除公办中心园外的其他农村幼儿园。目前，普通乡村幼儿园主要存在两种办园形式："一种是村办村管的村级幼儿园，由村委会集体出资或与村民合资建设园舍、配备简单的设备设施，由村委会或乡教委直接管理的农村保教机构；一种是村民个人开办的'庭院式'的家庭幼儿园，这类幼儿园经费完全由举办者个人投入，园址大多设在家庭庭院内。"② 本课题的普通乡村幼儿园主要是指第一种形式的村办园，指在农村除公办中心园外以乡镇人民政府或村委会或教育部门为主体办理的幼儿园，一般附设在乡村小学内。下文所提到的普通乡村幼儿园主要指这类村办园。

四、研究思路和方法

（一）基本思路

本课题研究思路为立足于新时代农村学前教育发展的新特点，基于农村学前教育均衡的视角，从公办中心园自身的角色使命、公办中心园在农村学前教育中示范作用发挥的实然状况、构建公办中心园引领农村学前教育发展

---

① 唐荷花.乡镇中心幼儿园对村办园示范作用发挥研究：基于教育均衡发展的视野[D].重庆：西南大学，2012.

② 郑名，马娥.西北农村幼儿园办园模式分析与现实选择[J].中国教育学刊，2006(9)：63-65.

的保障机制三个方面对公办中心园的示范引领进行理论和现实回应，具体思路如图1。

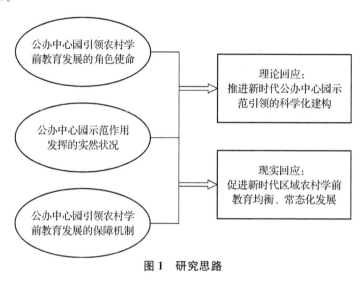

图1 研究思路

(二) 研究步骤

本课题集理论研究与实践研究于一体：理论研究方面，一是在文本分析的基础上厘清公办中心园在农村学前教育发展中的地位与作用，二是在调查的基础上尝试构建公办中心园引领农村学前教育质量提升的保障机制。实践研究方面，主要是现状调查，选择18个公办中心园作为调查对象，对公办中心园示范引领的应然模式进行验证、修正与完善，从中提炼经验，总结规律。研究总体遵循从理论到实践，从实证研究到应然建构，再到实践研究的路径，具体研究步骤如图2所示。

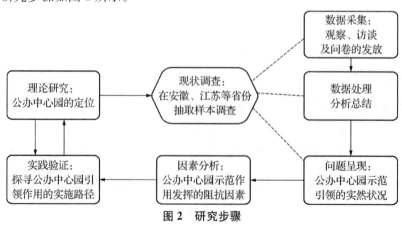

图2 研究步骤

（三）研究方法

本课题的研究以跨学科的多维视角和基于公办中心园发展历史的基本立场，将传统学前教育研究"自上而下"的、从理论出发的严密逻辑推演和论证的量的研究方法与"自下而上"的质的研究方法结合起来。尤其是，本课题对公办中心园在农村学前教育体系中的作用的分析是基于田野调查的第一手资料，因而研究成果具有较高的真实性与可信度。

1. 理论研究方法

方法Ⅰ：多学科交叉研究法（interdisciplinary research method）。本课题建立在学前教育学、社会学、管理学交叉透视基础上，采用多学科交叉的研究方法。

方法Ⅱ：历史叙事法（historical narrative method）。这一方法在特定的历史语境基础上，梳理特定的事件生成与演变脉络。本课题拟借鉴这一研究方法，通过田野调查的个案研究透视公办中心园的发展与变迁，探究改革开放以来公办中心园在农村学前教育体系中的作用。

2. 田野调查的个案选择与方法

本课题拟借鉴学前教育学、经济学、管理学、生态学等多学科的思想和理论，立足于教育均衡发展的视角，从宏观和微观的角度确立公办中心园在农村学前教育发展中的地位与作用，探讨公办中心园通过发挥其示范引领作用带动农村学前教育整体发展，这无疑是研究视角的转换与创新。具体将选择不同地区、不同类型的具有典型意义的公办中心园作为田野调查对象，采取的方法包括以下三种。

方法Ⅰ：史料文献（公办中心园建设档案、媒体报道素材）的归集、整理和分析。

方法Ⅱ：深度访谈的定性研究。本课题在山东、安徽、江苏、河南四个省份的县域地区选择18个乡镇公办中心园作为访谈对象，以半结构式的深度访谈（semi-structured in-depth interview）方式，以公办中心园的日常运行为切入点，从它们经验图式中理解其作用。

方法Ⅲ：问卷调查的定量研究。根据研究主题设计调查问卷，通过多阶段系统抽样的方法来获取公办中心园样本，采用问卷方式进行调查，并对调查结果进行数据处理及统计汇总分析。

◇第一章
公办中心园引领农村学前教育发展的理论之眼

新时代背景下，我国学前教育发展呈现出城乡发展不均衡、农村学前教育体系内部（办园条件、师资队伍建设、管理模式等）发展不均衡的现状。要促进城乡学前教育均衡发展，顺应贯彻农村学前教育发展的方针政策、促进农村学前教育发展的公平正义、实现农村学前教育发展的示范引领的时代要求，首先必须保证农村学前教育得到发展，其中，公办中心园利用自身优势向普通乡村幼儿园发挥示范引领作用是促进农村学前教育均衡发展的有效路径。为进一步证实公办中心园向普通乡村幼儿园发挥示范作用对促进农村学前教育均衡发展和整体向前发展有着必要性和可行性，探寻公办中心园引领农村学前教育发展的理论支撑也就成为本课题关注的视点。

第一节　教育公平说：公办中心园发挥示范作用的价值诉求

"从教育均衡发展的视角出发，寻求农村学前教育体系内部的发展来实现学前教育的均衡发展。我们所追求的教育公平并不是教育平均，而是'差别对待'。对差别又如何处理，以及在有差别的阶层和群体间如何分配才能使大家都有一种普遍的公平感，这是我们在追求学前教育公平、均衡发展过程尤其是幼教资源配置中所要解决的主要问题。正义应该符合'每一个人的利益'，并且'合乎最少受惠者的最大利益'。我们应该从社会弱势群体的角度去考虑幼教资源的配置问题,让更多的人享受到优质的幼教资源。"① 与义务教育阶段相比,学前教育是基础教育的开端,具有公益性和普惠性。在农村地区,公办中心园大多管理规范、办园水平较高,但普通乡村幼儿园(主要是村办园)往往因为师资、管理等方面的不足,办园水平不尽如人意。所以公办中心园需要担负起具有福利性质的保教任务。要保证农村地区学前教育事业发展的公平,才能实现全社会起点公平的教育福利性质。由此可见,社会各界都应该意识到要想发展好农村学前教育,制定出合乎其发展规律的政策,就必须遵循教育公平这个原则,且任何时候都不能违背。现如今,学前教育中的不公平现象依然很普遍,区域学前教育不公平、城乡学前教育不公平等呈扩大化趋势,导致学前教育发展失衡,进而抑制学前教育事业的发展,所以各级政府需要意识到公平的重要性,制定农村学前教育的政策时要坚持教育公平,将其作为出发点和归宿。为了在农村学前教育政策制定中坚持教育公平,各级政府都要坚持城乡发展统一标准、共同发展的原则,贯彻落实促进学前教育发展的政策,根据当前城乡发展状况进行相应的财政投入,整合农村的区域资源,增强对弱势群体的帮扶,进行相应的补偿教育。这样才能逐渐缩小城乡的教育差距,农村幼儿园才能更加充分地利用政府政策和财政拨款来提升自己,逐步实现农村地区的教育公平。

一、促进学前教育公平是当今时代的诉求

十九大报告指出,中国特色社会主义进入新时代,我国社会的主要矛盾已经转化为人民日益增长的美好生活需要和不平衡不充分的发展之间的矛盾。所以必须把目光放在提高教育质量上来。教育具有先导性和基础性,一个国家要想发展好,主要依靠人才,因此必须把教育摆在优先发展的战略位置。目前,农村学前教育主要有城乡差异显著、教育资源分布不均衡、教育资金投入不充分等问题。根据这些问题制定相应的解决措施,需要基于教育公平的视角去构建农村学前教育的公共服务网络,通过网络促使农村每个幼儿接受公平、高质量的教育。教育公平是社会最基本的公平之一,主要表现为起

---

① 唐荷花.乡镇中心幼儿园对村办园示范作用发挥研究:基于教育均衡发展的视野[D].重庆:西南大学,2012.

点公平，同时还有过程公平和结果公平①。相对于城市的学前教育来说，农村的学前教育发展确实较为落后，所以政府颁布的政策也要向农村地区倾斜，这是有效实现教育公平的关键。如何保证农村学前教育的公平、政府如何更好地履行自身的职责、未来建设什么类型的政府、采取什么样的措施去保障教育公平等问题引起了社会各界的关注和政府的思考。

（一）公平的教育资源与支持

党的十九大报告中提出，"推动城乡义务教育一体化发展，高度重视农村义务教育，办好学前教育……努力让每个孩子都能享有公平而有质量的教育"。在我国的教育体系中，农村的学前教育也包含在基础教育中，其重要性不言而喻。农村地区的人口基数较大，如果农村地区学前教育事业发展较好，就会推动整个学前教育领域的进步，因此农村学前教育的地位举足轻重。相较于城区的学前教育，农村地区学前教育比较落后，仍是教育发展的短板，其教育资源和办园条件均处于滞后状态。国际经验表明，要想保证学前教育三年毛入园率超过80%，国家投入的学前教育保障经费占比应达到9.67%。但是现实并非如此，譬如，2017年，我国学前教育三年毛入园率已达到79.60%，但财政性学前教育经费2016年占比仅为4.20%，根据相关规定，我国毛入园率在60%～80%时，学前教育的经费应该占比7.73%。根据当前的现实情况，我国更应该增加对学前教育尤其是农村地区学前教育的福利保障，从而促进整个农村地区的学前儿童健康成长，提升人口素质，确保农村地区的儿童可以享受到正常的权利，促进农村地区学前教育事业发展的起点、过程和结果的公平，减轻农村地区家庭教育的负担，进而推动整个社会的教育公平向前发展，为国家稳健发展奠定基础。

学前教育是一个人接受体系化教育的开始，保障学前教育的福利顺利可以为整体的儿童教育福利奠定良好的基础，所以我们更应该肯定学前教育的福利性，尽可能为农村地区幼儿乃至全体幼儿提供所需的教育资源。通过补偿教育帮扶弱势的农村幼儿群体，使得农村幼儿公平公正地享受到应有的教育权利。这也体现出学前教育的福利性在更深层次地发掘教育公平的价值导向，从而有效地推动农村地区学前教育事业更加公平地发展，

---

① 何杰.支持性教育政策的意蕴、特征与问题规避[J].教育发展研究，2013,33(23)：46-52.

不断促进社会公平。

（二）公平享有教育政策的福利

近几年，我国学前教育快速发展，《国家中长期教育改革和发展规划纲要（2010—2020年）》中指出"重点发展农村学前教育。努力提高农村学前教育普及程度。……支持贫困地区发展学前教育"。2018年3月5日，李克强总理在第十三届全国人大一次会议上作的《政府工作报告》总结了过去五年的主要工作，其中着重强调了教育公平。一方面，国家颁布了大量的补偿性政策，形成了一定的体系，这些政策主要有改善农村义务教育薄弱学校办学条件、提高乡村教师的待遇等，营养改善计划惠及3 600多万农村学生，加大对各类学校家庭困难学生资助力度，4.3亿人次受益；另一方面，发展公平而有质量的教育。推动城乡义务教育一体化发展。要多渠道增加学前教育资源供给。2018年，中共中央、国务院印发了《乡村振兴战略规划（2018—2022年）》。乡村振兴战略的基础工程有很多，教育振兴便是其中的一种，建设教育强国、推进教育的现代化和公平发展就需要实施乡村教育振兴战略。当前我国的教育进入了新的机遇期，通过教育培养人才，从而实现人才振兴是乡村振兴战略的"排头兵"。为发挥好这一"排头兵"的作用，乡村教育振兴中最基础也是最核心的问题就是实现城乡之间、地域之间学前教育的公平发展。各项政策都表明国家一直在朝教育公平的方向而努力，体现了国家对农村教育公平的重视。农村学前教育具有公益性和福利性，其中的福利性主要是指为学前儿童提供基本的保教服务，它被公认为是儿童教育福利不可缺少的重要组成部分。对于农村地区的儿童来说，获得与其他儿童同等的教育资源是首要要求，政府需要为其提供相应的保障措施。再者，福利性还可以指减轻家长养育子女的负担，促使两孩政策的良好发展。快速发展的国民经济形势，增加了农村地区的家庭对农村学前教育质量提升的需求，但从目前学前教育事业的整体状况来看，其福利性发展得还不是很充分，还存在着比较多的民生问题，比如老生常谈的"入园难、入园贵"等。

（三）公平的学前教育福利保障

近些年来，不仅我国对学前教育福利保障的发展非常重视，其他国家也意识到了这一点，纷纷出台相关政策，甚至联合国也出台了相关文件，如联合国教科文组织颁布的《仁川宣言》指出："鼓励提供至少 1 年有质量的免费义务学前教育，让所有的孩子都有机会获得有质量的儿童早期发展、看护和教育。"由此可以看出，当今各国除了对学前教育的普及程度非常重视以外，还着重强调其福利保障，力求做到质量与普惠并存。而在发展较为落后的农村，需要通过财政拨款和政策落实来促使每个幼儿都可以享受到同等的教育资源，从起点上保障农村幼儿的受教育权利，贯彻落实"以人为本"的教育理念，不断推动教育公平。

在社会保障中，儿童福利有着重要的地位，与我国人民的生活需求密切相关。每个学前儿童都是家庭的希望，也是将来建设祖国的重要力量。若想促进农村地区学前儿童更好地发展，就必须加强农村地区的教育福利保障，切实发挥幼儿园的公益性和福利性，为农村地区的儿童追寻美好生活奠定坚实的基础。随着社会的发展，我国越来越重视儿童尤其是农村儿童的福利，专门增设了儿童福利司这一机构，为儿童福利事业的发展掀开了新的篇章，由此可以看出我们党和国家对儿童福利的重视程度。落实好儿童的福利政策，让儿童接受更好的普惠性教育，有助于减轻父母养育幼儿的负担。广大儿童尤其是农村儿童的福利事业，其发展的重中之重必然是对学前教育福利的保障，这是必经的起点，也是打开良好局面的开端[①]。

（四）保护弱势群体的受教育权利

与城市相比，农村地区经济发展缓慢，许多家庭经济条件不是很好，其幼儿的教育问题难以得到保障。可以说，学前教育发展的重点和难点都在农村，政府应建立向农村学前教育进行教育补偿的制度。一方面，政府应更多地关注农村地区的资金投入和资源配置，促进城乡地区学前教育资源的均衡化分布；在农村学前教育的经费分配方面，需要加强对村办幼儿园的投入，对贫困幼儿家庭进行经济上的补贴，保证每个幼儿都能接受教育，这也是促进教育公平的重要举措。另一方面，政府部门要加强督导，确保公办中心园示范作用的发挥。政府部门要加快制定督促公办中心园示范作用发挥的规范条例，通过条例、政策性文件对公办中心园发挥示范作用的义务以及发挥示

---

① 严仲连,邬志辉.我国普及学前一年义务教育需要迈过四道"坎"[J].中国教育学刊,2017(4)：33-38.

范作用的内容、形式、方法和评价标准作出具体规定。"将考察乡镇中心园的示范活动开展的情况作为评定乡镇中心园工作的标准。地方政府必须承担监督的职责，督促乡镇中心园在提升自身办园水平的基础上，还必须让乡镇中心园发挥其示范辐射作用，真正承担起作为农村学前教育示范基地和教育科研中心所应承担的责任和所应履行的义务。只有这样通过一系列政策的制定和制度的保障，才能促进乡镇中心园示范作用的发挥，促进学前教育的整体发展。"[1]

前面已经提到，推进学前教育公平还有助于缓解当前社会的主要矛盾。学前教育阶段是一个特殊的阶段，学前教育阶段是保教结合的，这也是它与其他学制阶段的重要区别。学前教育除了有教育性，还有公益性和福利性的特点。在有父母呵护的家庭之外，幼儿园扮演着重要的保教角色，为学前儿童的身心发展保驾护航。这有助于减轻家庭对妇女的束缚，使得更多妇女走向工作岗位，去实现自身价值和社会价值，也减轻了大部分家庭养育子女的压力，保障了教育公平，尤其是起点公平，促进社会朝着更加公平公正的方向发展。

二、有关学前教育公平的讨论

世界各国都非常重视教育公平，保障每个个体享受同等教育资源的权利，对其进行合理分配，并且对于弱势群体采取相应补偿措施。不同的学者对教育公平有着不同的看法，但大多都认为教育公平主要包括人人享有、条件均等、效果均等，前提是需要每个个体都有权利接受教育，在此之后才能获得平等的教育效果，进而不断促进社会公平。根据国际经验，学前教育公平主要是通过国家层面的政府努力来实现的，美国的"开端计划"就是如此，参加整个计划的托幼机构必须为残疾的儿童预留10%的名额，同时还要有90%以上的儿童来自低收入家庭[2]。另一种教育公平的说法是，在符合一定规则的前提下，将全国有限的资源进行合理分配，着力保证教育公平，因为教育公

---

[1] 唐荷花. 乡镇中心幼儿园对村办园示范作用发挥研究：基于教育均衡发展的视野[D]. 重庆：西南大学，2012.

[2] 刘占兰. 学前教育必须保持教育性和公益性[J]. 教育研究，2009，30(5)：31-36.

平是我国教育尤其是学前教育良好发展的基本诉求。教育公平主要有起点公平、过程公平和结果公平，只有作为初始教育的学前教育公平发展，才能保证幼儿后续的公平发展。这对幼儿来说有着重要的意义，对幼儿性格、意志品质、行为举止、品格的养成等都起着重要的作用，俗话说的"三岁看大，七岁看老"便是这个道理。近年来，随着我国经济的迅速发展，教育事业不断发展，越来越多的人认识到学前教育尤其是农村学前教育的重要性和价值所在。但是目前学前教育仍然存在着"入园难、入园贵"的问题，且城乡差距显著，城市幼儿园占有比较多的优质资源，农村幼儿园优质资源较少，在办园的环境、资金的投入、教师资质等方面都处于劣势。农村学前教育的目的在于促进农村地区每个幼儿的发展，农村学前教育公平也致力于每一位农村幼儿的发展。

庞丽娟等指出推进学前教育公平是国际学前教育发展战略的价值追求，促进学前教育优质发展是国际学前教育发展战略的重要目标，以政府为主导是实施国际学前教育发展战略的根本原则，以公共财政为支撑是实施国际学前教育发展战略的坚实保障[1]。王海英指出："不公平是一种历史现象、区域现象和复杂现象，我国当下学前教育不公平表现在质和量两个方面。从量的方面来看，表现为地方政府投入经费的不平等、城乡学前教育发展的巨大不平衡、教师身份工资的不平等；从质的方面来看，表现为教育内容、师幼互动和课程选择中的巨大不公平。"[2] 认为教育公平受到国家政策和制度的影响，由此产生农村教育资源过少、软硬件设施较为不完善等显著问题，其在促进农村学前教育公平方面的建议是明确政府和市场边界，以及政府需要明确自身的角色，采取更有利于农村学前教育公平发展的政策[3]。

张朝等则关注城乡问题，对其进行深入研究后指出受社会分层影响，农村学前教育的教育资源远远低于城市的教育资源，且城乡差距显著，因此政府更应该重视农村地区的学前教育，采取措施如加大财政投入力度等来推动

---

[1] 庞丽娟,夏婧. 国际学前教育发展战略：普及、公平与高质量[J]. 教育学报,2013,9(3):49-55.
[2] 王海英. 学前教育不公平的社会表现、产生机制及其解决的可能途径[J]. 学前教育研究,2011(8):11-17.
[3] 王海燕. 河南省城乡义务教育失衡的调查与反思[J]. 郑州轻工业学院学报(社会科学版),2012,13(3):67-71.

农村学前教育的发展①。

根据上述研究者的观点，我们可以总结出有很多的研究者聚焦于区域教育公平，如城乡的教育质量、资源等方面，并且都指出需要政府统筹部署，切实发挥政府的责任，如增加拨款、完善相应的制度，尤其是对农村学前教育，政府除了通过加大财政投入力度来促进教育公平以外，还需要在师资、制度等方面进行完善。农村学前教育的公平主要体现在办园条件、师资配备以及课程设置上。办园条件是指开办农村幼儿园的基础条件，主要包括幼儿园的选址、软硬件设施、资金投入比例等。在这之中，农村地区乡镇中心幼儿园的发展水平代表着整个乡镇学前教育发展的水平。要实现教育的起点公平，就应该把目光聚焦到农村学前教育的发展上。因此，把农村学前教育发展的重难点放在乡镇中心幼儿园上，是实现教育公平的重要举措和保障。

杨东平教授提出了公平发展的基本准则、教育资源配置的优先顺序、公平与优秀的关系等问题。对于条件相当的幼儿教育机构和幼儿群体，我们要同等对待，不能因为其存在很大的地域差异或者发展差异而区别对待；而对于教育条件差距过大的幼儿教育机构和幼儿群体，我们要区别对待，即对发达地区或者条件优越的学前教育机构给予适当支持，以免造成幼教资源的浪费，对贫困地区及其他弱势幼儿群体应该增加相应教育资源（包括硬件设施和软件资源）的投入，以免在经济发展不均衡的基础上产生更大的教育发展不均衡②。要使所有农村幼儿都享有平等的受教育机会，关键就是要实现农村学前教育内部的均衡，即公办中心园和普通乡村幼儿园的均衡发展。"要实现这一目标的一个关键因素是要在教育资源的配置上实现均衡。一方面，在整体规划重点发展农村学前教育的同时，采取差异策略，对乡镇中心园和村办园采取不同的政策和措施，在政策、经费和师资等方面向村办园进行适当的倾斜。另一方面，让乡镇中心园真正发挥起示范辐射作用，通过在实践中的示范指导带动村办园发展。"③

---

①张朝,于宗富.农村学前教育的困境与出路[J].教育发展研究,2009,29(24):32-36.
②杨东平."公平的发展"：一种新的教育发展观[J].江苏高教,2007(1):1-5.
③唐荷花.乡镇中心幼儿园对村办园示范作用发挥研究：基于教育均衡发展的视野[D].重庆：西南大学,2012.

三、教育公平理论观点

教育对人的一生影响深远,教育可以提升人口素质、促进社会流动,教育还充当筛选者和平衡者的角色,同时也会推动教育公平乃至社会公平的良性发展,体现了人的自由和平等。教育公平主要包括起点公平、过程公平和结果公平。要想实现社会公平,首先要保证教育公平。若教育失去公平这一特性,那么学前儿童所受的教育就会有所差别,特别是农村地区的学前儿童便不会受到优质的教育,最终会破坏社会各个领域的发展机制,不利于社会的稳定。

(一)以起点为导向的公平

以起点为导向的公平,是一种底线公平。所谓底线,主要是指承担什么样的责任,这种责任是社会以及政府为了促进社会公平、保障公民应有的权利所必须承担的,也是衡量社会是否公平的重要尺度。所谓底线公平,就是不受地位、性别等因素的影响,农村所有幼儿都能够享有平等接受教育的条件与机会,能够平等地接受教育。把"底线公平"这一概念带入农村学前教育中,根据现如今我国社会发展的水平以及人民群众的需求,底线公平也是农村学前教育公平的起点,要想农村地区的儿童能够接受到公平而有质量的教育、拥有入园接受教育的机会和权利,必须牢牢把握住底线公平。需要注意的是,要保证社会公平,底线公平则要更加关注农村地区的弱势儿童,还有生活环境过差的儿童,比如贫困家庭的儿童,及时保障他们的利益,满足他们的诉求以及需要,尽可能地对他们予以支持。这是政府以及社会各界共同的责任,对幼儿今后的生活会产生重大的影响,他们要一起努力建设适合农村学前教育发展的公共服务体系,保证底线公平。

长期以来,因为经济发展和地理位置等客观因素的影响,我国农村学前教育事业发展缓慢,教育资源短缺(学前教育发展的短板),并且政府对学前教育领域投入的资金相对低于其他领域,农村地区的经费投入明显不足。没有一定的经济支持使得农村幼儿园的基础设施落后,软件设施也相对较差,社会公众的需求得不到满足,这种情况导致了教育发展不公平,所以政府需要认识到这一点并加大财政投入力度。政府在促进教育公平中起到突出作用,政府的态度决定着农村学前教育事业发展的速度。政府首先应该注重底线公平，在供给不充分的条件下，先要保证农村地区幼儿能接受到公平的教育，保障他们受教育的权利；其次应该构建公共服务网络，合理配置资源，切实惠及每一个农村儿童，发挥好政府作为促进底线公平主体这一角色的作用，逐渐保质保量地解决"入园难"的问题，满足幼儿受教育的权利。政府要将学前教育在农村普及作为未来发展的任务，通过推动农村学前教育的快速发展，进而促进整个学前教育事业的进步；要更加重视农村地区学前教育的发展现状，通过相关的政策和资金的支持来提升学前教育事业整体的竞争实力，更好地促进教育公平以及农村儿童身心健康的发展。在总结我国促进教育公平的经验时，也可以吸收国外先进的经验，与我国实际相结合，如从幼儿实际需要出发，对处境不利儿童进行补偿性教育，让更多的农村儿童平等地享受当今先进的教育资源，以此来促进教育公平，维护社会稳定。补偿性教育着眼于整个儿童群体的利益，对处于贫困弱势的儿童进行教育，使得他们的社会认知和情感可以正常地、良好地发展，同时能够改善他们对自身的认知，增强其自信心，有利于他们打破家庭贫穷的困境，突破贫穷的循环怪圈。通过补偿性教育去促进社会公平是一项良好的举措，我国可以借鉴这一经验，帮助农村地区的贫困弱势儿童利用公共服务网络体系进行学习，促进农村儿童的身心发展，让广大农村的儿童和城市儿童享有同样的受教育的机会、权利与资源，在"广覆盖、保基本"的基础上逐步实现教育公平。

（二）以过程为导向的公平

20世纪以来，为了适应现代社会迅速发展的需要，教育尤其是政府主导的公共教育，在全世界范围内展现出一片生机勃勃的景象。西方国家的公共部门进行了很多改革，许多国家都把教育的平等化和民主化作为教育改革发展的目标，在学前教育领域也是如此。由此看出，服务型政府的职能能够较好地体现在公共服务中，而不是在经济发展的过程中。我国《规划纲要》进一步明确了政府的职责，政府需要在各个方面，如幼儿园的办园标准、准入制度、资源分配等，对农村地区学前教育的发展进行统筹规划，需要对其进行管理，履行职责，明晰责任。政府更好地履行自己的职责，才能更好地保障农村地区学前教育公平，促进幼儿全面和谐的发展。与教育公平相关的另一个重要的概念就是效率，公平和效率的关系是一个老生常谈的话题，根据这两者对学前教育进行探究，可以很好地研究学前教育视角下如何推进教育公平的发展，从而充实学前教育中教育公平的相关理论，为整个学前教育尤其是农村地区的学前教育奠定坚实的理论基础。探究学前教育领域中公平和效率两者的关系，有利于学前教育领域政策的制定。对学前教育政策进行价值上的引导，能够促进学前教育政策制定的科学性和合理性，为将来的教育立法提供参考，更好地推动农村学前教育公平的发展，因此第一需要坚持的就是教育公平的基础性。前面已经提到要想获得教育公平，首先要确保起点公平。同时，教育公平也是社会公平的必要组成部分，没有教育公平的支撑，社会公平也就无从谈起。

当今社会，各国政府都在力求保证教育上的公平，并把它作为教育政策制定的出发点，因为教育公平可以有效改变人的生存状态，维护社会的和谐稳定。教育公平一贯被看作促进人的全面发展、缩小城乡差距、合理分配教育资源的重要方式，因为教育的影响是深远而持久的，涉及人们日常生活的方方面面。教育公平被视为实现社会公平的"最伟大的工具"，国家在推行教育公平的进程中一定要坚持教育的公益性以及社会主义的国家性质，确保人人享有受教育的机会，这对新时代推进教育公平的建设有着重要的意义，也体现着服务型的政府职责和意愿。作为教育的开端，学前教育对于幼儿的身心发展起着奠基作用，幼儿如果在早期的生活学习中受到了良好的教育，就可以提高学习的积极性，为进入小学培养良好的意志品质和学习习惯，从而更好地获取经验，提升幸福感。《中华人民共和国教育法》中明确规定，"公民不分民族、种族、性别、职业、财产状况、宗教信仰等，依法享有平等的受教育机会"，所以国家要重视教育公平，确保每一个幼儿无论身在城市还是农村都能享受到同样的教育资源。学前教育是教育的起跑线，保证起跑线的公平对幼儿一生的发展而言有着重要的意义。我国农村幼儿人口众多，促进农村学前教育公平有利于整个学前教育公平的发展。当前，全国各地坚决贯彻实施乡村振兴战略规划，建立了相应的公共服务体系，并颁布了相关的政策，通过创建乡镇中心幼儿园引领其他幼儿园共同进步发展，成效显著。国家为了保障农村学前教育公平，促使学前教育更好地发展，为农村地区的学前教育制定了更为细致和具体的目标，并与各地实际情况相契合，确保农村地区学前教育事业健康有序发展，这对儿童及其家庭都影响深远，社会也会收获巨大的效益。

（三）以结果为导向的公平

要想实现以结果为导向的教育公平，政府首先要完善公共服务体系的建设，更好地推进资源均等化。所谓资源均等化，是以我国的基本国情为基础，并结合当前人民群众的需求，贯彻落实公正、公平的要求，为社会大众提供较为均等的社会服务。该均等化的举措是当今建设服务型政府的导向要求，尽量使每个人都享受到均等的社会服务从而缩小城乡差距，有助于政府更好地为人民服务，从而推进社会公平的发展，建设和谐社会。关于公共服务均等化这一概念，我国早在2010年就已经提出了，在《规划纲要》中指出要逐渐实现教育公平，推进公共服务均等化的实施，使不同地区的农村儿童都可以享有平等的学前教育资源以及服务，进一步构建学前教育领域的公共服务体系。要想实现公共服务均等化的目标，就需要各级政府的共同努力，扩大学前教育覆盖面，重点帮扶农村地区的贫困儿童。相关政策也要向农村地区倾斜，通过增加财政拨款等方式促进教育公平的逐步推进。政府应该正视广大农村地区学前教育方面存在的问题和适龄儿童的诉求，及时进行政策调整和帮扶，进一步去探究如何更好地构建公共服务体系，采取合理的方式来推动农村学前教育的普及与发展，促进教育的结果公平。

教育对个人和社会有着重要的影响，涉及人的一生和社会发展的方方面面，所以如何保证教育公平历来是各个国家关心的问题。通过教育，人们可以获得知识、技术、本领，可以在社会中立足；通过终身教育，人们可以获得长远的发展和进步，所以坚持教育公平可以起到缩小社会差距的效果。在推动教育公平更好地实施时，第一步需要保证教育具有公益性质，尤其要保障农村地区的适龄儿童可以接受优质的教育资源和拥有受教育的机会，逐渐实现学前教育的均衡发展，从而推动整个社会的公平发展，构建和谐社会。我国正在大力建设民主法治、公平正义、诚信友爱、安定有序、人与自然和谐相处的和谐社会，努力消除包括城乡差距和地区差距扩大、公共教育资源分布不均衡、分配不公矛盾凸显等在内的一些不和谐的社会因素。在这种背景下，思考"为处于社会经济劣势地位的幼儿提供怎样的课程"的问题就显得尤为重要①。虽然不可能完全保证广大农村地区的幼儿享有完全同等的教育资源，但是政府要通过相关措施的颁布来进行调节，尽可能地使这些地区的幼儿享受到早期的教育资源。政府需要承担相应的职责和任务，时刻铭记教育的权利为全体人民所共有，要尽可能地保证每个儿童都能受到公平的学前教育，利用其职能积极去捍卫农村地区学前适龄儿童的受教育机会与权利，不断向更公平的教育努力。

综上所述，教育公平是实现社会公平的重要前提，根据罗尔斯的正义二原则可得知每个人在教育活动层面上都享有取得学业成就和就业前景的机会，都享受平等的教育权利，同时也有平等享有公共教育资源的权利。教育公平对于促进社会公平的重要性已经众所周知，而学前教育是儿童首先接受的教育，如何更好促进教育公平是保障学前教育的福利性问题。如何促进农村地区学前教育更加公平而有质量地发展，是非常值得我们思考和探索的。近几年，我国在农村学前教育福利发展方面提出了一些明确目标，并且采取了一系列积极举措，比如积极创建乡镇中心幼儿园，以一带多、点面结合地带动周边地区幼儿园的共同发展；为农村地区的学前教育提供保质保量的服务，推动教育公平在农村地区更好地发展；确保所有的农村儿童都能平等地享有教育资源、接受优质的教育。

第二节　共和博弈论：公办中心园发挥示范作用的过程机制

博弈论是矛盾和合作的规范研究，强调博弈中的参与者各自追求的利益具有冲突性和双方行为策略的相互依存性。每一场博弈中，都是你中有我，我中有你，我所给定的选择，是在你所作出选择的条件之上。也就是说，现代博弈论的精髓在于基于系统思维的理性换位思考②。博弈论，也称为对策论，是研究决策主体的行为在发生直接的相互作用时的决策以及这种决策的均衡

---

①朱家雄. 为处于社会经济劣势地位的幼儿提供怎样的课程——对我国幼儿园课程改革的反思之六[J]. 幼儿教育，2007(11)：10-12.

②陈恒才. 当前决策者需懂博弈论[N]. 中山日报，2012-10-14(2).

问题的理论。也就是说,博弈论的研究对象是当一个主体的选择受到其他主体选择的影响,而且反过来影响到其他主体选择时的决策问题和均衡问题。当所有人都在一个局中追求利益最大化时,最终会在博弈中形成一个策略组合,这个策略组合往往是局中参与博弈者共赢的。它要回答的是均衡,即如何能够求得均衡解,博弈的最佳状态就是博弈双方实现双赢或共赢的局面①。因此在这个意义上说,博弈论又称为对策论,其精髓在于基于系统思维的换位思考,博弈的最终结果则是实现博弈各方的共赢。

城乡二元政策是城乡教育差距和教育不公的制度根源。"城乡分治建构的是一个从中心城市出发、依行政权力而衰减的等级框架。"② 因而,我们在直辖市、省会城市、地级市、县城、乡镇和农村,看到了不同条件的学校。在城乡利益博弈的视域下,农村学前教育逐渐萎缩,其体系内部也呈现着发展不均衡的状况:"在资源既定的情况下,乡镇中心园利用其自身优势往往'抢占'了更多的资源来实现其办学水平的提高,而村办园大多'举步维艰'。在农村学前教育发展过程中,乡镇中心园和村办园在特定的利益分配场域内经历着反复的利益博弈。在这样的一个博弈过程中,乡镇中心园之所'得'或许就是其他幼儿园之所'失'。"③ 尽管公办中心园和普通乡村幼儿园在各自争取有限资源和追求利益最大化上存在着冲突,但是两者在发展目标上是一致的,都是要推动农村学前教育向前发展,且两者在信息资源上具有很大的互补性。公办中心园在办学理念和保教水平等方面优于其他幼儿园,其他幼儿园是构成农村学前教育系统的重要组成部分,如果公办中心园能够对其他幼儿园发挥示范作用,则可以促进其他幼儿园的发展,与此同时,也可以让自身的发展更上一层楼,实现双方利益的均衡。

一、政府要重视农村学前教育的发展

确保教育公平后,效率是一个重要的条件,对于我国农村学前教育事业

---

① 唐荷花.乡镇中心幼儿园对村办园示范作用发挥研究:基于教育均衡发展的视野[D].重庆:西南大学,2012.

② 柯春晖.城乡统筹发展中的教育政策取向和政策制定[J].教育研究,2011(4):15-19.

③ 唐荷花.乡镇中心幼儿园对村办园示范作用发挥研究:基于教育均衡发展的视野[D].重庆:西南大学,2012.

发展来说也是很有必要的。公平和效率的度把握不好，会影响农村地区学前教育的发展。若只一味重视公平而忽视效率，会影响学前教育的资源配置。若资源得不到有效配置，儿童的身心发展便得不到有效保障。那么，儿童更不容易受到合理的教育，会使城乡差距越来越大，进而导致社会差距越来越大，从而影响社会稳定。因此，效率对于推进教育公平是不可或缺的，想要教育获得发展，肯定要保证一定的效率。同理，在学前教育中也需要有效率，力求在政府的统筹规划下有效地对学前教育的资源进行优化配置，在社会各界共同努力下促进学前教育事业的发展，这样学前教育领域的生态环境才会越来越好，才能不断推动学前教育公平的长足发展，满足农村幼儿受教育需求。所以我们在保证公平的同时也必须注重效率，通过高效率的配置去促进农村地区学前教育的长远发展。

（一）找到教育政策制定中的平衡点

公平和效率始终伴随着人类社会的发展，在教育领域中，政策的制定也需要考虑这两者的关系问题。在教育政策中，公平可以理解为教育利益分配的合理性问题，主要指利益方在权利、机会、地位上公平分配的问题，而效率可以理解为政府制定的教育政策在资源配置中如何分配才会有效的问题，因此可以看到教育政策视角下的公平和效率的关系实则是利益是否合理分配以及资源配置是否有效的问题[①]。通俗地讲，政府需要做的是利用有限的农村学前教育资源去进行合理的分配，这也是政策制定的关键点。以往人们在处理公平和效率的关系时，主要采用非黑即白、非此即彼的二元论观点，这是一种错误的思想，因为公平和效率都不是绝对的，而是相对的，是动态发展的。政府在制定政策时需要保持一种开放的态度，要切实认识到没有绝对的公平，也不存在绝对的效率。教育政策不是孤立发展的，其作为上层建筑会受到多种因素的影响，如经济、政治、文化等。政策的制定需要权衡多方因素，要处理好公平与效率的关系，找到最佳的平衡点，从而更好地推动农村学前教育事业的发展，促进其长远的进步。政府只有明确好自己的责任，重视农村地区学前教育的发展，才能更好地推动教育公平的稳步发展，为其创

---

① 郑美佳,贺敬雯.公平与效率关系视域下我国学前教育政策变迁研究[J].教育导刊,2021(5):23-30.

造一个良好的生态环境。学前教育是不具有生产性的，因为它的服务对象是大众，除了具有教育性以外，它还具有福利性、公益性，因此需要政府予以保障。政府在促进农村地区学前教育事业发展中肩负着重要责任，既要优化平衡城乡学前教育的资源，也要维护教育的公平。

（二）加大对农村学前教育的资金投入

若政府增加资金投入，农村学前教育的公益性就会增强。只有政府重视，进行整体的统筹规划，才能满足处在经济发展较为落后的农村环境中的大多数幼儿的最基本需求，更进一步地推进农村地区学前教育公平的发展。处于主导地位的政府对广大农村地区的学前教育进行资源、资金方面的支持和投入，可以大大地改善农村学前教育的生态环境，提升其硬件设施、软件环境以及教师的专业素质。只有政府主导、政府重视，处于整个学前教育短板的农村学前教育事业才会被摆在重要的位置上，才能确保农村地区的适龄幼儿平等地享受到受教育的权利，位于偏远地区的弱势儿童群体、流动务工人员的子女才能享受到普惠、公平而有质量的教育。同时，肯定政府的主导地位，有助于提升师资水平，促进农村幼儿园软硬件设施的建设；有助于合理布局农村学前教育的资源、提升公办园所占的比例、缩小城乡之间学前教育资源的差距；有助于保证农村地区学前教育事业公平和效率之间的协调发展，更进一步推动教育公平；有助于政府更加明晰自己的责任，推动农村学前教育朝着互利共赢的方向发展。此外，政府还可以颁布相关支持性的政策，加大拨款力度，提升农村幼儿园的基础设施条件，促进农村学前教育的稳步发展，让农村孩子不输在起跑线上。

（三）出台惠及农村学前教育的专项政策

为了农村地区幼儿的发展，政府在制定政策时应该适当向偏远地区、农村地区倾斜，根据当地农村学前教育的发展状况，提出具有针对性的措施，并设立相关监督机制，为农村学前教育事业的发展提供保障。要想推动农村地区幼儿园的整体发展，就要切实发挥公办中心园的辐射、示范作用，充分利用政府拨款，同时也要综合考虑地理位置等因素，合理布局幼儿园，将各幼儿园密切联系起来，形成教育网络，努力做到方便师生入园。通过相关的优惠政策，加大对农村学前教育的支持，随着我国全面实施两孩政策，学前教育资源更紧张，压力更大，很多农村幼儿面临"入园难"的问题，并且农村幼儿园的条件较差，无法提供更好的服务。针对这些问题，最好的解决办法是以政府为主导，联合社会各界的力量共同努力，因地制宜地推出相应的政策，加大财政拨款力度，改善农村地区幼儿园的办园水平和条件。新时期人民群众对学前教育的质量有了更高的要求，政府要切实发挥农村地区学前教育的公益性和福利性，为农村学前儿童提供适宜的成长环境和优质的教育资源，减轻家庭的教育负担，缩小城乡儿童发展的差距，稳步推动教育的起点公平，从而更好地推动农村地区学前教育公平的发展。

二、公办中心园提升自身水平及发挥示范引领作用

（一）公办中心园提升自身发展水平

影响教育质量的因素有很多，其中之一便是幼儿园中教师的专业素养。教师专业素养的提升，重点在于教师自身的总结与反思，而不应该仅仅依赖于外界的帮助，还要着眼于实践，在实践中获得教学经验并进行教育科研的探索，从而更好地为幼儿教育事业服务，促进幼儿的全面发展。公办中心园应该积极地提升自身教育科研水平，提升本园教师的专业素养和教学水平，发挥示范性作用。示范园的责任是多方面的，既要对本园的教研活动进行研究，创建高质量的教师团队，提升自身园所的办园水平，同时又要带动周围村办园的发展，提升整个农村地区幼儿教师的教学水平和科研水平，通过互相交流、分享经验，促进本地区学前教育的发展。作为示范园，公办中心园应该定期举办一些教育研讨活动，邀请周边的村办园参加，鼓励更多的教师参与其中，吸收更多的想法，汇集大家的智慧，从而建立起多元的教育信息交流网络，将经历不同的教师的经验相融合，形成优势互补的教研群体。这样通过园所之间多渠道的交流，可以优化教育资源，使其共同成长，以此促进区域幼儿园的整体发展。

作为教研的主体力量，有着丰富从教经验的教师需要主动参与教研活动，针对现存的问题共同讨论，并提出相应的解决措施，从而达到"以研促教"的目的。但是，知识经验储备较丰富的教师在进行研讨交流时也会遇到"瓶颈期"，即停留在原本的水平上很难再有所突破，所以也需要经验更为丰富的

教师对这些教师进行指导。此外，教研活动中不仅要注重参与教师的数量，也要关注教师能否取得专业上的进步，使教师之间通过研讨真正提升自身的专业素养。在进行园本教研活动的时候，公办中心幼儿园应该构建多元交流网络，将教师与教师之间的交流扩展到管理者、教师、家长、学生之间的多元交流。同时，在交流过后要引导教师进行反思，鼓励教师说出存在的问题和自己的困惑。可以举办互助小组，整合同伴看法，凝练教学智慧。公办中心幼儿园在促进自身发展的同时，也要去帮扶周边的村办园，为村办园提供各种服务，比如见习培训、教师培训、教学研究等。因为不同的幼儿园发展水平各不相同，公办中心园在帮扶村办园的时候，应该依据此园的实际发展水平有针对性地进行指导。公办中心园与其他幼儿园开展的帮扶活动并不是单向活动，而是双向的共同交流。帮扶活动不是一蹴而就的：需要了解普通乡村幼儿园的实际需要，在帮扶的深度、广度上长期跟进，及时作出调整，有针对性地提出相关措施；需要更新村办园教师的教育教学理念，提升其积极性，做到"输血又造血"，使他们在教育教学和园所管理上都能获得长效发展。

（二）公办中心园应开发突出地方特色的园本课程

由于农村幼儿园地理位置及幼儿生长环境的特殊性，幼儿园课程的开设应该具有地方特色，既要考虑当地幼儿的实际情况，还要考虑当地经济、文化的实际情况。因此，应该组织专家到农村公办中心幼儿园进行考察，针对农村公办中心幼儿园的具体情况及特色，合理地编制出一套适宜于农村公办中心幼儿园使用的参考教材。教材只作为参考，不能照本宣科、全盘照搬，也不能把教材的内容作为考核幼儿教师的唯一标准，应该注重的是学前儿童综合素质的提高。农村学前教育具有独特的历史、文化、经济发展特征，自然资源种类繁多，教育内容丰富，应该鼓励农村公办中心幼儿园开设具有地方特色的幼儿园课程。比如：在少数民族聚居的乡镇，可根据当地的民俗文化等开展具有当地特色的民族课程；有特殊地形地貌的地区就应该让幼儿了解自己身边的环境，了解不同地理环境的特征，让幼儿正确地认识自己家乡所处的地理环境。农村公办中心幼儿园在根据教材开展活动的同时，可灵活利用乡土资源，自制玩具和教具等，丰富教材内容，充实活动内容。不应将教学内容全部集中在教材上，应该教给幼儿更多的认知经验，让他们感受到自然环境的美好，认识家乡的乡土文化。

教材只是手段，不是目的。教材的编订，要和当地的实际情况及幼儿的实际生活结合起来，适合幼儿发展需要的教材才是好的教材。要促进农村幼儿的全面发展，就必须考虑到公办中心幼儿园自身的特殊性，有针对性地编制教材。教材可为教师提供组织教育教学活动的素材，但不能把教材的内容作为考核教师的唯一标准，要考虑到教材对农村孩子的普适性。选定参考的教材是有必要的，但不能只重课本，而忽视自然环境中的教育契机。要在日常生活中及时地抓住教育的契机，运用教育契机机智开展教育活动。农村乡镇中心幼儿园的教师由于自身能力及经验有限，在地方课程或是园本课程的开发利用上，可能会遇到一些难题，因此，应成立专门的专家委员会，通过讲座的形式，让农村乡镇中心幼儿园的教师掌握一些基础知识，形成一定的教育观念，再派专家到各园进行指导，开发适合农村乡镇中心幼儿园自身发展的园本课程。同时可以广泛地利用多媒体技术，观看其他地区具有地方特色课程的开展情况的影片或课件，然后针对本地的实际情况，设置出合理的课程。让农村乡镇中心幼儿园的教师掌握科学、灵活的教育教学方式，找到真正适合本园孩子发展的教学内容及方式。农村乡镇中心幼儿园课程内容的选定，一定要和当地的实际发展情况相结合，一定要具有地方特色，选择幼儿易于接受的内容。

（三）示范引领普通乡村幼儿园的发展

学前教育均衡、公平发展的重难点在农村，因为农村人口众多，基数较大，经济发展较于城市来说比较缓慢。目前，从中央到地方已逐步认识到发展农村学前教育对于提升学前教育整体发展水平的重要性。公办中心园在农村地区的学前教育中占有举足轻重的地位，要想农村学前教育获得较快的发展，就需要依靠公办中心园的示范作用。公办中心园的示范引领作用应该体现在各个方面，比如管理、科研、教学、保育等。公办中心园自身的办园理念和发展会影响周边村办园的发展走向，且随着学前教育各项政策的完善，公办中心园的地位更加重要，所以公办中心园必须加强自身的管理，履行自身的责任，创建同其他园所交流的网络，传播先进的管理经验，切实发挥好中心园的示范、引领作用。

县级以及乡镇的教育管理部门应该清楚地认识到本地实际发展情况，结合当前国家颁布的政策，系统地制定该地公办中心园发展的长远规划，清晰地指出其中心思想、采取的形式、主要内容和预期结果等。公办中心园也要根据政府颁布的文件进行合理规划，明确自己的任务和责任，并且制订相应的计划并贯彻落实。要充分发挥示范、辐射作用，与普通乡村幼儿园进行探讨，根据它们的实际情况，帮助其制订符合自身发展的近期计划，有步骤、有序地开展各项活动。需要注意的是，在开展活动时，为避免活动枯燥、单一，主管部门需要制定一定的考察机制，可以通过问卷、访谈等方式去调研普通乡村幼儿园的实际情况，明晰当前它们需要什么样的帮助。公办中心园根据调查所得，并考虑乡村幼儿园和学前班实际与公办中心园存在的差异，依据普通乡村幼儿园和学前班的设备、教材和条件设计、实施多种形式的示范活动。此外，还可以经常召开会议或者组织各种活动，在公办中心园和普通乡村幼儿园之间构筑桥梁，通过公办中心园的示范，各园所互通经验和相互学习，以开展丰富有趣味性的活动来促进办园水平的提升，进而促进整个农村学前教育迅速发展。

三、规范公办中心园的示范机制

（一）明确公办中心园的建设标准

在我国，许多省市都建立了乡镇中心幼儿园建设的标准，比如浙江省颁布的《浙江省幼儿园等级评定标准（2020年修订）》，从教育工作、园舍和设备等几个方面进行阐述。有了明确的标准，便能够更好地依据标准来建设和管理乡镇中心园，所以各地在制定标准时需要综合考量当地的实际情况，制定与之相契合的教玩具配备的标准、建筑设计的要求，确保乡镇中心幼儿园能充分发挥示范作用。要想乡镇中心幼儿园获得长远稳定的发展，乡镇政府以及教育部门就需要及时联系相关专家定期对乡镇中心园各方面，如教育教学、保育工作、环境质量等，进行督察、指导和评估，及时发现问题并提出相应的解决措施，引导乡镇中心园遵循教育规律开展教育教学。乡镇中心园所创办的课程要符合幼儿的身心发展水平，与专家们进行交流讨论，制定出符合园本特色的规章制度。同时，由区县教育部门对乡镇中心幼儿园进行等级评估，等级不同，收费水平也不同，通过该措施可以促使乡镇中心幼儿园不断提升其办园水平。随着学前教育管理体制的不断改革，学前教育快速发展，农村地区学前教育的发展成为我国学前教育发展的基础，同时为公办中心园的发展带来诸多机会，如财政投入加大、场地设施设备等有了大幅度改变。但在此过程中，镇与镇之间在幼儿园的管理方式、资源配置、办园质量等方面存在差异，因此要落实"以镇为主"的管理，充分发挥市、县、镇政府和中心校的作用，优化资源配置，缩小镇与镇之间的差距，提升幼儿园办园质量，为建成城乡统筹发展的学前教育公共服务体系奠定基础。

农村学前儿童的素质与其所受的教育息息相关，现如今缓解城乡教育的差距是亟待政府解决的一大问题，这关系到国家的长远利益，应该把农村学前教育放到优先发展的战略位置。但是，由于农村经济发展缓慢，加之其他社会因素，农村地区的学前教育事业发展较为滞后，其学前教育的普及率低、教育资源匮乏、教育质量不高的问题非常突出。解决这些问题的关键在于政府，政府要进一步明确自身的职责，探索农村学前教育管理体制，建立高效的管理模式，推动标准化的公办中心园的建设。此外，我们还需要注意农村与农村之间的经济文化发展水平各不相同，其学前教育普及和发展程度也有很大的差异，管理体制和教育模式也不尽相同。对于如何发展农村地区的学前教育不能一概而论，发展较好的农村地区的教育理念不一定适用于发展缓慢的农村地区，即使两个农村地区发展都比较缓慢，也不能移植同样的教育理念。所以，在制定相应的政策时，应该针对不同农村进行详细考察，了解其管理体制和教育模式，分析当前的问题和长处，有针对性地制定相关政策和发展规划。要想农村的学前教育事业发展好，政府就需要履行好其职责，应该构建与之对应的责任体系。政府间职能划分的基本原则是权责对应，若只给乡镇政府事权而其财权却与之不匹配，可能会造成供给的不确定，最终无法进行正常的普及工作，导致幼儿家庭的负担加重、学前教育质量低下、供给不足等问题。事权和财权匹配主要是外部平衡，并且下级政府受上级政府制约，若上级政府财力并不充裕，可对下级财权进行调整，也能达到事权与财权匹配的效果。

(二) 规范公办中心园的管理体制

要想建设成标准化的公办中心园，就要建立健全幼儿园各项管理制度，促进农村学前教育均衡发展。2003年，教育部等部门联合发布了《关于幼儿教育改革与发展的指导意见》，就当前学前教育发展中出现的一系列重大问题提出相关的解决办法，"进一步完善学前幼儿教育管理体制和机制，切实履行政府职责""加强管理，保证幼儿教育事业健康发展"是其中两个重要的方面。"文件要求落实各级政府的责任，完善'地方负责、分级管理'的管理体制，首次提出要明确农村学前教育的管理体制，即形成由县负责举办公办园的建设、乡（镇）负责举办乡镇中心园、村要发展多种形式的学前教育的'三级办学、二级管理'的管理体制。"[①] 这一体制使得公办中心园的体制更加系统化，更有利于政策的实施。

2018年，全国政协委员、北京师范大学刘焱教授在两会上建议：各级政府应从我国学前教育发展的实际需要出发，尽快制定出台"公办幼儿园教职工编制标准"，从制度层面保障公办幼儿教师队伍建设；县政府相关部门应该研究落实有关政策，增加经费投入，增加公办中心幼儿园的编制数量。按照教育部《幼儿园教职工配备标准（暂行）》（教师〔2013〕1号）的要求，要给幼儿园配齐配足幼儿园教职工，使幼儿园各班级达到"两教一保"的教师配置，从而减轻教师的工作量，保障教师合法权益；出台相应的政策，采取必要的措施，提高教师的工资福利待遇并解决其医疗、养老等社会保障问题，把幼儿教师纳入中小学教师体系进行管理，使他们能够享有同等的待遇，保障其基本的社会权益；公办中心幼儿园正式聘用的教师应享有与义务教育阶段教师同等的福利待遇，按照国家劳动保护法依法享有"五险一金"；政府要在学前教育事业发展中起规划引领作用，各有关部门应该分工合作……在实行制度管理中不断建立健全各项规章制度，如幼儿园收费管理制度、中心幼儿园管理制度、幼儿园园长培训制度、幼儿园财务管理制度和教研工作制度等；乡镇学前教育工作小组则结合本乡镇的实际情况，在上级政策文件的指导下开展幼儿园的工作，中心幼儿园要做好示范带头作用，建立健全幼儿园的各项规章制度，如园长工作制度、教师工作制度、保育员工作制度、家园

---

① 莫诗逸.W县乡镇中心幼儿园建设现状的研究[D].桂林：广西师范大学,2019.

合作制度、厨房卫生消毒管理制度等，带领其他各类幼儿园走向规范化管理①。

（三）注重公办中心园示范团队建设

2004年，时任教育部部长周济在联合国教科文组织第四届全民教育高层会议上指出，教育质量在很大程度上依赖于教师的质量，教师是教育的第一资源，是教育改革的执行者，是提高全民教育质量的保障。公办中心幼儿园教师专业素养及生存状况对师资的水平有着重要的影响，提升教师的教学水平是公办中心园教育质量提升的关键所在，只有其教育质量提升了，才能在农村幼儿教育中起到示范作用，带动整个农村幼儿教师素质的提高。改善幼儿教师的生存状况、提高幼儿教师的专业素质是公办中心园建设中刻不容缓的事情。公办中心园的诉求本就是成为一个标准化的示范园，所以更应该重视师资队伍的建设。《中华人民共和国教师法》第三章"资格和任用"规定"国家实行教师资格制度……取得幼儿园教师资格，应当具有幼儿师范学校毕业及其以上学历"。建设公办中心园园所时，要根据当地的实际水平，择优选聘，做好在编教师和非在编教师的聘用工作，保障非在编教师的工资待遇。根据规定全体幼儿园园长与教师都必须有幼儿园教师资格证，且学历必须为中专以上，要努力把好入口关，选择真正热爱农村幼教工作、有实际工作能力的人来担任幼儿教师。

农村学前师资水平较低，且很少有机会参加培训，而继续教育是提升教师专业素质和自身素养的重要途径，公办中心园要组织教师多参加一些培训或讲座，提升他们的理论修养和专业技能。公办中心园可通过多种途径对教师进行培训，比如组织园所之间进行磨课交流、网络会议讲座等，积极响应继续教育的要求，构建园所之间的网络平台，不断提高教师的教育教学水平和科研水平；也可以将公办中心园教师的在职培训纳入当地教育部门的师资培训计划，保证他们有机会参加各种形式的培训和学习，并通过组织各种教学科研活动，鼓励、帮助幼儿教师开展园本研究，在实践工作中不断提高自

---

①莫诗逸.W县乡镇中心幼儿园建设现状的研究[D].桂林：广西师范大学，2019.

身素质①。幼儿园应定期派遣幼儿教师外出学习充电或邀请幼教专家来园开展讲座，进行实际示范指导，这样有助于拓宽教师的视野，更快地提升教师的理论实践水平。

（四）确保示范活动的有效性

公办中心园在开展示范活动的时候不能只从自身考虑，而要充分考虑村办园的实际情况，尽量综合考虑乡镇中心幼儿园和村办园的实际条件，进行多样化的示范。公办中心园可以定期举办开放周、开放日等活动，请村办园的教师分期分批来园跟班见习、培训。首先，从幼儿园的班级管理到教学常规的落实，从思想品德教育到一日活动的安排，从备课到具体实施，都让村办园的教师参与，让他们了解全过程，努力使他们学以致用。其次，公办中心园的教师与村办园的教师开展帮带活动，进行一对一或一对二的对口帮助。公办中心园的教师到村办园辅导教材教法，培训技能技巧，指导半日活动，并组织基本功竞赛和教研活动，把业务辅导工作落到实处。再有，通过远程教育、现代信息技术教育，利用网络科技提高示范活动的时效和影响；加强园际间的合作交流和资源共享，建立广阔的教研网络，将不同地区和层级的幼儿园相联系，积极举办促进园所发展的教研活动，实现教育资源的流动，从而提升村办园的教学水平，也为公办中心园的发展提供启示。最后，公办中心园通过与其他村办园交流收获经验，进而继续提升其教学质量。在每次示范活动后，乡镇中心幼儿园必须通过多种途径了解到示范的效果，根据反馈的结果调整和开展后续活动，或对原来的活动进行补充完善，或对下一次活动进行更好的准备，以此来推动示范活动更好地开展、示范效果更好地发挥。教研组长要带好头，因为教研组长具有较强的教育教学能力，能从教学活动、教学研究中敏锐地发现问题和研究的深入点，指出教师教学过程中的不足，共同提升教育教学能力。教师专业成长的最佳途径是有目标地进行相应的教学研究活动，多组织教研活动，可以将教师在实践教学过程中遇到的问题作为专题进行研讨，作为示范引领的内容。这样有计划、有目的、有步骤地边实践边研究，带动教研活动更深入地开展，不断积累经验，有助于促

---

①张璇.农村幼儿园如何在"特色"大潮中蜕变:新建乡镇中心幼儿园的生存与发展的对策性研究[J].现代教育科学(小学教师),2012(4):156.

进教师专业素养的提升，为其成为研究型教师打下坚实的基础，更好地提升其专业性。园内教师还可依据教学能力进行帮带示范，优秀教师带领新教师结成对子，进行一对一的教学指导，促进新教师的适应和发展。

农村学前教育事业发展的过程中，需要重视公办中心园的示范引领作用，落实和推动教育公平和科学发展观。面对当前社会快速发展的状况，更加应该顺应时代的潮流，大力推动农村学前教育事业的不断发展，为农村学前教育的发展提供政策支持和财政拨款，缩小城乡之间教育水平的差距，使农村的每个幼儿都可以享有受教育的机会。促进广大农村儿童的身心健康发展，也有利于公立中心园更好地发挥示范作用，更好地推动教育公平，缩小社会差距，也对更好地建设新农村有重要的意义。同时，将部分建设公办中心园的经验推广到其他农村地区的学前教育发展中，为农村地区幼儿园的发展提供思路和经验，以此带动整个学前教育事业的进步。

第三节　对立统一说：公办中心园在农村学前教育发展中的定位

在农村学前教育体系中，公办中心园和普通乡村幼儿园是事物发展不平衡的典型，要想使得农村地区的学前教育得到发展，就需要发挥公办中心园的长处，通过公办中心园对普通乡村幼儿园的辐射作用，从而达到一种相对均衡的发展。公办中心园作为其他幼儿园的领头羊，汇集了该地区最优质的资源，所以更应该带头研究如何更好地进行教育教学和园所管理，并且将成果分享出来，供大家学习交流。普通乡村幼儿园通过学习也能更好地吸收教育经验，转化为自身发展的动力①。公办中心园通过示范作用，推动区域农村学前教育事业取得进步，以此达到一种相对的均衡，进而推动整个农村学前教育的发展。

----

① 刘秀艳.浅谈当前乡镇中心幼儿园存在的问题和策略[J].儿童大世界(教学研究)，2016(5)：98-99.

一、对立统一说及其在农村学前教育发展中的应用

对立统一规律又被称作矛盾的一般规律，它揭示了事物永恒发展的内在动力，是唯物辩证法的核心。统一性和斗争性是矛盾的两大特性，事物通过内部不断地斗争从而得到发展，矛盾双方在一定的条件下是可以相互转化、相互依存的，可以通过对方的发展从而促使自身得到发展。通过唯物辩证法可以得出，事物是动态发展的，平衡只是特定阶段所保持的一种状态，是相对的，发展过程中出现的斗争性、不平衡性、差异性才是绝对的，事物的发展就是通过矛盾不断地运动，从而从不平衡走向平衡的过程。事物最终的和谐发展都是在不断解决矛盾的过程中实现的，和谐发展的本质就是协调事物内部各种因素的相互关系，促进最有利于事物发展的状态[①]。在实际中，要善于运用唯物辩证法的原理去指导教学实践，发挥好公办中心园的榜样示范作用，实现最终的协同、均衡发展。在农村地区的学前教育事业中，幼教机构的发展是有差异、不平衡的。公办中心园聚集了农村学前教育中的优质资源，代表了农村学前教育发展的最高水平。与公办中心园相比，普通乡村幼儿园在师资队伍或园所建设、管理等方面都相对逊色。公办中心园和普通乡村幼儿园是处于同一系统中两个发展不平衡的矛盾体，事物发展的不平衡原理要求我们善于利用事物间的不平衡性，通过先进带动后进，最终达到共同发展[②]。

马克思主义哲学告诉我们，事物分为点和面，点和面是矛盾的统一体，二者是应当统一，也是可以统一的。点是指复杂的事物、系统中的一部分或者一个事物、要素等在其发展过程中某一阶段上的特殊形态；面是指包含多个部分、元素、点以及多种特殊形态、多个发展阶段在内的一个有机整体，其内涵与一般、全局、普遍基本相通。点和面是辩证统一的，我们要保持客观公正的态度，用发展的眼光去看待。两者是要素和系统之间的关系，也是

---

① 何玮.给孩子适宜的爱：学前教育宣传月沙坪坝区在行动[J].今日教育（幼教金刊），2015(7)：11-12.

② 唐荷花.乡镇中心幼儿园对村办园示范作用发挥研究：基于教育均衡发展的视野[D].重庆：西南大学，2012.

局部与整体之间的关系：点是事物发展的个性，面是事物发展的共性；点是事物发展的特殊性，面是事物发展的普遍性。将点和面应用于学前教育领域，农村公办中心园的发展是一个点，而农村学前教育的发展是一个面，农村公办中心园的发展既有农村地区学前教育发展的普遍特征及共性，也有自身发展的特殊性。因此，对于公办中心园的发展，我们既要看到它对本乡镇的学前教育事业起到的榜样示范、辐射作用，也要看到它的发展对它自己产生的作用，两者既矛盾又统一，是共同发展的，也是共性和个性的关系。事物总是通过矛盾运动螺旋式前进的，我们的认识也是如此，在认识到公办中心园具有特殊性、独特性的同时，要使其符合村办园发展的一般规律。通过公办中心园指导村办园的发展，也通过村办园促进公办中心园的发展，点面结合，共同促进农村学前教育的快速发展。

百年大计，教育为本。教育是一个国家培养人才的重要保障，也是向社会输送人才的重要支撑。在伟大复兴征程中，教育的责任和意义更重大。目前，在整体的教育中存在着城市与乡村发展差异较大、各项资源分配不均衡的问题，尤其是学前教育中的短板——农村学前教育有着许许多多的问题。国家认识到了这一点，并在近些年不断出台促进农村学前教育发展的相关政策，尽力去完善农村学前教育现有的生态条件。下面将从农村学前教育发展过程中出现的问题和国家历年发布的政策措施展开说明。

二、教育政策视域下公办中心园的定位

（一）教育和谐发展需要农村学前教育的整体提升

强国必先强教，1983年教育部就已经颁布了《关于发展农村幼儿教育的几点意见》，由此可以看出，农村学前教育的发展状况早就已经引起了很大关注。文件中详细指出"为了提高农村幼儿园的保教质量，各县要从实际出发，采取措施办好一所示范性幼儿园，并分期分批办好公社（乡）中心幼儿园，使之成为农村幼儿园的骨干和教学研究基地，起到以点带面的作用。"作为中央下达的文件，它较早对乡镇中心园进行了定位，清楚明确地指出乡镇中心园的地位、作用和概念。1997年国家教育委员会发布了《全国幼儿教育事业"九五"发展目标实施意见》（简称《意见》），《意见》中对农村乡镇中心园

提出具体的要求:"到2000年,所有幼儿园(班)都要达到县以上教育行政部门规定的办园基本标准……农村绝大多数的乡(镇)应建立一所中心幼儿园,并且1/2要达到省或地(市)规定的乡(镇)中心幼儿园的标准。"同时该《意见》也指出:"要加强农村学前教育的管理,省(自治区、直辖市)应根据国家发布的方针政策制定农村事业发展规划,定期检查、指导并注意发挥县示范幼儿园的示范作用。乡(镇)应努力办好中心幼儿园并充分发挥中心园的示范、辐射以及对村办园(班)的指导和管理作用。"可见,大力发展乡镇中心园以此推动农村学前教育的发展,是政策文件明文规定的要求,也是学前教育自身发展的需要。

2002年,《国务院办公厅关于完善农村义务教育管理体制的通知》(简称《通知》),《通知》中提出,乡(镇)有关教育工作由乡(镇)长直接负责,由县级教育行政部门对其进行指导,乡(镇)人民政府不再设专门的管理机构,乡(镇)中心学校的校长负责教育教学业务管理。2004年,教育部发布的《2003—2007年教育振兴行动计划》(简称《行动计划》)指出:"要实现全面建设小康社会和中华民族伟大复兴的宏伟目标,必须坚持实施科教兴国战略和人才强国战略,把教育摆在现代化建设优先发展的战略地位。"[1]《行动计划》中的首条就是"重点推进农村教育发展与改革"。《国务院关于进一步加强农村教育工作的决定》中着重指出要保证城乡协调发展,无论是经济还是教育,都要加大对农村的改革力度,快速推进农村地区教育的发展步伐,需要更加注重农村教育,加大对农村教育的投入,凸显其在教育领域中的地位。

2010年中共中央颁布的以"优先发展、育人为本、改革创新、促进公平、提高质量"为工作方针的《规划纲要》[2],是指导2010—2020年这10年的教育发展的纲领性文件,其中国家对于农村的教育尤其是学前教育阶段的发展尤为重视。《规划纲要》分析了当前农村学前教育存在的问题和需要提升的方

---

[1] 中共中央 国务院. 教育部关于学习、宣传和全面实施《2003—2007年教育振兴行动计划》的通知[EB/OL]. (2004-03-24)[2022-03-20]. http://www.moe.gov.cn/jyb_xxgk/gk_gbgg/moe_0/moe_1/moe_4/tnull_5326.html

[2] 中共中央 国务院. 国家中长期教育改革和发展规划纲要(2010-2020年)[EB/OL]. (2010-07-29)[2022-03-20]. https://www.gov.cn/jrzg/2010-07/29/content_1667143.htm.

面，指出要加大对农村学前教育的发展力度，如基本普及学前教育。《规划纲要》之后，2010年11月，《国务院关于当前发展学前教育的若干意见》（简称"国十条"）进一步提出要想发展好农村学前教育，必须坚持政府主导，社会参与，公办民办并举。

2011年3月，《教育部办公厅关于成立教育部学前教育三年行动计划推进工作领导小组的通知》发布，明确指出领导小组的主要职责：指导和督查各地学前教育三年行动计划实施情况；协调有关学前教育的重大项目、工程；研究、指导学前教育体制改革试点工作；讨论、审议《国务院关于当前发展学前教育的若干意见》的配套政策措施；统筹协调部内各有关司局之间涉及学前教育改革发展的重大问题。2011年9月，由教育部和财政部联合出台的《教育部 财政部关于建立学前教育资助制度的意见》中也提出：要大力发展学前教育，进一步完善国家资助制度，尽最大努力去解决好家庭困难的儿童入园问题，要根据"地方先行，中央补助"的原则进行贯彻落实。

2012年4月，教育部办公厅颁布《教育部办公厅关于开展全国学前教育宣传月活动的通知》，每年确定一个活动主题，指出宣传重点和相关要求，由教育部在官网上将各地的宣传活动进行展示，这在一定程度上也间接地促进了农村地区学前教育活动的多样性发展。2014年11月，在第一个三年计划完成的同时，教育部 国家发展改革委 财政部联合印发了《关于实施第二期学前教育三年行动计划的意见》（简称"二期行动计划"），指出要进一步加大在学前教育领域的投入，减少家庭负担，扩大普惠资源，满足家庭的需求，要求幼儿园合理收费，并且要求针对安全事故频发的现象完善监管制度，消除安全隐患。"二期行动计划"中也提出，"到2016年，全国学前教育前三年毛入园率达到75%左右"，既总结了阶段性成果，又提出了下一阶段需要完成的任务，为农村的学前教育提出了更加明确的发展方向。

（二）农村学前教育中规范办园需求日益迫切

2015年11月教育部、财政部联合印发的《中央财政支持学前教育发展资金的管理办法》中指出重点支持中西部和东部困难省份，并向农村、边远贫困和民族地区倾斜，对其进行资金上的扶持和政策上的倾斜，同时惠及农村、边远以及少数民族等贫困地区，扩大该地区的资源，如"扩大资源"类项目资金由地方财政和教育部门统筹用于支持在农村和城乡结合部新建、改扩建公办幼儿园、改善办园条件等；支持企业事业单位、城市街道、农村集体举办的幼儿园向社会提供普惠性服务；支持农民工随迁子女在流入地接受学前教育；支持在偏远农村地区实施学前教育巡回支教试点。这些政策都体现出国家对农村地区学前教育发展的重视，并将资源向农村地区倾斜，促进农村教育和城市教育相接轨。

2014年，经国务院批准，教育部启动了第二期学前教育三年行动计划，该计划中指出："完善幼儿园教师工资待遇保障机制，落实国家规定的工资待遇。……鼓励地方建立完善学前教育师范生免费教育制度，为农村幼儿园培养一批学前教育专业专科层次教师。"教育部于2015年12月审议通过的《幼儿园工作规程》，从各个方面对幼儿园提出了相关要求，比如软硬件设施、编班、教师质量、教学、卫生保健工作、经费的使用、家校合作、安全等。2016年12月，国务院教育督导委员会办公室发布了关于印发《中小学（幼儿园）安全工作专项督导暂行办法》的通知，为进一步建立科学化、规范化的幼儿园提供了政策支持，有利于保障幼儿园的安全，提高幼儿园防范和应对危险的能力，更好地落实国家对幼儿园安全的要求，完善幼儿园针对安全问题所制定的一系列体系和机制，对于规范幼儿园特别是农村幼儿园的办学起到了重要的作用，为保障幼儿安全提供了范式，进一步推动了农村地区学前教育科学、高效地发展。

2017年4月，教育部等四部门颁布了《教育部等四部门关于实施第三期学前教育行动计划的意见》（简称"三期行动计划"），其中针对农村地区的办园现状，更加具体地提出了相应的政策措施，如继续办好公办乡镇中心幼儿园，充分发挥辐射指导作用，大村独立建园，小村联合办园，优先利用中小学闲置校舍进行改建。加快集中连片贫困地区乡村幼儿园建设。落实县级政府主体责任，充分发挥乡镇政府的作用。加强幼儿园质量监管和业务指导。落实县级政府对幼儿园和培训机构的监管责任，加大监管机构和队伍的建设力度。完善幼儿园动态监管机制，规范办园行为，强化安全管理。加强玩教具配备，为幼儿创设丰富的教育环境。深入贯彻《幼儿园工作规程》和《3—6岁儿童学习与发展指南》，指导幼儿园教师根据幼儿的发展需要制订教育计划、指导游戏活动、安排一日生活，提高保教质量。发挥乡镇中心幼儿园的辐射作用，加强对农村学前教育的业务指导，探索农村乡镇幼儿园和村幼儿园一体化管理。

2018年11月，中共中央国务院发布《中共中央 国务院关于学前教育深化改革规范发展的若干意见》，其中表明需要办好让人民满意的学前教育，实现幼有所育。目前的学前教育领域仍是整个教育领域的短板，发展失衡的问题依然很严重，普惠性资源不足，幼儿入学十分困难，农村地区的教育资源短缺尤甚。针对上述问题，政府要积极落实乡村振兴战略，进一步完善规划布局，充分考虑各种因素，如城镇化进程的推进和人口的增加，制定应对"入园难、入园贵"等问题的具体方案，确保农村学前教育事业的稳步推进。特别提出每个乡镇原则上至少办好一所公办中心园，完善县乡村三级学前教育公共服务网络。在师资队伍建设方面，有条件的地方可试点实施乡村公办园教师生活补助政策，乡镇政府要积极办好本行政区域各类的幼儿园，为幼儿提供一个舒适安全的环境。

2019年9月，国务院委托教育部部长陈宝生向全国人大常委会作了《国务院关于学前教育事业改革和发展情况的报告》，其中指出，目前在农村地区、偏远地区学前教育领域资源稀缺，国家强调的普惠性资源不够充足。收集的数据显示，我国还有 4 000 个左右的乡镇不具备兴建公办中心园的条件，也没有建立公办中心园，甚至有些地区学前三年毛入园率都不足 50%。根据上述情况，该报告指出需要继续加大对学前教育事业的投入，稳定农村幼师队伍，稳步推进每个乡镇原则上至少办好一所公办幼儿中心园，进一步推进科学保教。

（三）农村学前教育均衡发展的需求提上日程

2020年2月，教育部印发《县域学前教育普及普惠督导评估办法》，提出应从办园条件、师资配置、教师管理制度、班额等方面进行督导，为更好地规范幼儿园办学提供了保障，也体现出国家对学前教育的重视。2020年10月，教育部和财政部发布了《关于提前下达2021年支持学前教育发展资金预算的通知》提出："重点向贫困地区和薄弱环节倾斜。切实加大幼儿资助投入力度，确保建档立卡等贫困幼儿优先获得资助、帮助农村贫困家庭幼儿接受学前教育。"

第一章 公办中心园引领农村学前教育发展的理论之眼

2021年12月，教育部等九个部门联合发布的《"十四五"学前教育发展提升行动计划》对于农村地区学前教育发展状况仍然非常重视，要求根据乡村振兴战略，对农村地区进行整体统筹规划，完善农村学前教育资源布局，办好乡镇公办中心幼儿园，通过依托乡镇中心幼儿园举办分园、村独立或联合办园、巡回支教等方式满足农村适龄儿童入园需求。充分发挥乡镇中心幼儿园的辐射指导作用，实施乡（镇）、村幼儿园一体化管理。鼓励有条件的地方探索实施学前教育服务区制度。国家实施教育提质扩容工程和教育强国推进工程，新建改扩建一批公办幼儿园，支持人口集中流入地、农村地区、"三区三州"、原集中连片特困地区县和片区外国家扶贫开发工作重点县普及学前教育。各地实施幼儿园建设项目，补齐普惠性资源短板，确保城乡学前教育资源全覆盖。加大扶持力度，落实财政补助、划拨方式供地、减免税费和租金等政策，鼓励支持政府机关、国有企事业单位、军队、街道、农村集体举办公办幼儿园，积极扶持民办园提供普惠性服务。农村地区在我国占据面积大，是我国建设的基础部分，是我国的根基，但农村教育的质量与城市相比却十分低下，这是由经济发展以及地理位置等造成的。如何促进农村学前教育的发展成了社会十分关注的问题，政府的统领才是系统发展农村学前教育的关键，而具有体系化的教育理论也为政府的领导提供支撑。发展离不开体系化的理论支撑，这就是近十年国家颁布的政策数量多且覆盖面广的原因，这样才能为学前教育的发展奠定良好的理论基础，注入新时代的活力。

从近十年国家颁布的政策可以看出，从2010年开始，在《规划纲要》出台之后，各项针对提升农村学前教育质量的文件如雨后春笋般涌出。与之前比较零散杂乱的文件相比，在《规划纲要》的统领下，农村学前教育政策逐渐成体系化，定位逐渐清晰，连续性强，持续性久，目标也变得明朗。促进学前教育发展的政策、幼儿自身安全和环境安全的保障、法律法规的制定、师资力量的建设以及资金的投入等方面，由中央统领层层下放，并且中央还成立督导小组进行督导，使得它们比较好地得以落实。这十年中，农村学前教育的地位一直处于上升状态，针对农村学前教育问题颁布的各项政策主要是为了解决"入园难、入园贵"等突出的问题，增强幼儿园的普惠性，对教师进行定期培训，提升农村地区整体的师资质量，让更多的农村孩子上得起学、在家门口上学。这些政策注重城乡教育资源布局的合理性，有意识地将城市中的优质教育资源引入农村，推动城乡均衡发展，不断增加对农村地区学前教育事业的资金支持，使得农村学前教育的发展获得更好的生态环境。需要注意的是，虽然不同的政策在不同方面都做了详细的规定和要求，但是其初衷是一致的，都是为了推动处于新时期下的学前教育事业的进步，体现出国家对农村学前教育的重视。

三、新时代背景下公办中心园的职责与定位

随着国内社会大环境发生的深刻变化以及各项改革政策的实施，国家的注意力逐渐从追求幼儿园的数量是否能够满足幼儿入园需求转移到追求幼儿园质量能否促进幼儿更好地发展上来，农村学前教育体系不断完善。学前教育是重要的民生工程，势必要关注弱势群体，比如贫困家庭。学者们力求通过揭露现实生活中资源配置不均衡等问题来引起政策制定者的关注，以及通过研究国外的资源配置来为我国的教育领域提供借鉴和指导。

解决贫困问题的重要途径是通过教育提升人口素质，所以各级政府尤为重视当地的教育特别是农村地区的教育问题，基础教育中的学前教育成了重中之重，成为教育精准扶贫的切入点。根据人力资本理论，教育可以获取很高的人力资本投资回报率，是阻断代际贫困的良好手段，经由优质的教育资源培养出的人才可以推动当地区域经济的发展。由此可见，在国家颁布的各项政策被有力执行的背景下，在各地区乡镇中心园的示范引领下，人口数量众多的农村地区中最为基础的农村学前教育的迅速发展能够极大地推动社会公平，提高国家的竞争力。

（一）公办中心园的职责——示范引领

从各个方面来看我国城乡差异都比较大，经济发展不平衡所带来的市场分配不均衡的问题也很明显，相应的教育发展水平也存在着显著差异，农村教育尤其是学前教育一直是教育发展的短板。同一地区城市中的幼儿能够享受到优质的教育资源，而农村地区的幼儿受到的教育却十分落后，两者的教育机会不平等，这种社会现象引起了学者们的广泛关注和讨论，政府因此出台相应的政策来促进城乡教育均衡发展。整合城乡教育资源，不断缩小城乡之间的差距，有利于农村学前教育的长远进步，有利于推动农村地区学前教

育事业的发展，有利于解决农村学前教育资源匮乏的问题。要进一步明晰学前教育发展的公平、公正、普惠的方向，明确公办中心园的主体地位，加大公办中心园的办园力度，建立起一批起示范作用的公办中心园，同时做到公办园与民办园双管齐下，确保农村地区学前教育的发展。针对我国农村学前教育政策体系中的弊端，政府需要集中人力、物力、财力加强督导，不断完善和发展当前的农村学前教育政策体系[①]。同时，通过公办中心园的辐射作用，带动周边地区其他幼儿园的发展，逐渐形成完善的网络，互相促进，共同发展。近二十年来，国家发布的相关文件中反复提及公办中心园，足以说明它的重要地位。公办中心园主要在乡镇政府所在地建设，兴办主体主要是乡镇政府，兴建目的主要是示范引领。因此，它拥有乡镇最好的条件，无论是硬件还是软件设施，对其他幼儿园起着榜样示范、带头引导的重要作用，代表着整个乡镇学前教育的最高水准。建设并大力发展好公办中心园是提升处于中国式现代化进程中农村学前教育质量的必然举措，也是教育公平的重要体现。

同时，国家对于公办中心园的定位也逐渐明晰，即公办中心园是贯彻落实国家的政策，通过汇集乡镇的人力、物力、财力等优质资源建设而成的幼儿园，是教研中心、优质师资的培训基地，对家庭、社区幼儿的发展起指导作用，同时通过自身的发展带动周边幼儿园的发展，起着良好的榜样作用。当前，我国的农村学前教育正处于以普及、普惠为两条大脉络的发展阶段，正处于新型城镇化建设速度不断加快的时期。这个城镇化必须重视以人为本的具体要求，必须考虑人的诉求，尤其是要考虑农村地区对学前教育的要求。但事实上，农村的幼儿园无论是在数量还是在教育资源上，都很难与城市的幼儿园相匹敌，很多农村公办中心园的办园要求也达不到省、市示范园的标准，这不利于农村幼儿的发展，体现了教育机会的不均等。此外，由于受到经济不发达、地区较边远等因素的影响，农村地区的学前教育发展程度远不如城市地区，不太成体系化，办园较为零散。国家相关部门认识到了这一点，也制定了相关文件去改善这一问题，如2017年4月颁布的《教育部等四部门关于实施第三期学前教育行动计划的意见》，其中针对农村地区幼儿园存在的显著问题提出了具体的举措：小村庄可联合其余小村庄，集中几个村的教育资源

---

① 刘晓楠.我国农村学前教育政策的进展与成效[J].大连教育学院学报,2021,37(1):67-70.

联合办学,大村庄可独立自主办园;可以利用中小学闲置的校舍进行扩建改建。在国家制定的各项文件中,曾多次明确提出农村学前教育是重中之重,而起带头作用的公办中心园更是意义重大,要大力建设好公办中心园,通过公办中心园的辐射作用影响周边幼儿园,从而加快构建农村学前教育公共服务网络体系。

(二)公办中心园的价值意义

当前,政府大力建设和发展公办中心园有重要意义。一是兴办公办中心园是农村学前教育事业发展的现实要求。早在 2010 年国务院出台的《规划纲要》就明确指出农村学前教育对幼儿发展的重要意义,强调要充分发挥公办中心园的辐射带头作用。在当今形势下,努力推动公办中心园的建设和发展工作,是各级政府部门需要落实好的任务,也是当今学前教育发展的需要,同时也符合乡村振兴战略提出的要求,有助于建设新农村。我们要提高认识,明晰政策,进一步加快兴办农村公办中心园的步伐。二是兴办公办中心园是农村中心学校管理学前教育业务的需求。早在 2002 年 4 月,国务院办公厅就颁布了《国务院办公厅关于完善农村义务教育管理体制的通知》,其中提出乡(镇)的教育教学事务由各自的中心学校的校长负责[1]。根据这项规定,公办中心园的管理体系更加明晰。建立了一批乡镇中心学校,这些学校对乡镇各方面的教育,比如学前教育、义务教育、职业教育、成人教育等,起着统领的作用,形成了以中心学校为主的管理体系。体系化的框架对农村公办中心园提出了具体的业务要求,让农村公办中心园的发展有据可依。三是大力建设公办中心园有助于向农村幼儿及其家长提供优质的服务。农村幼儿的数量逐年上涨,对幼儿园的需求也逐年扩大。但是由于农村经济发展程度比较低且经费有限,农村的幼儿很难接收到像城市幼儿那么好、那么多的教育资源。不少幼儿园办学条件比较简陋,园所规模不大,教师素质较低,不能很好地胜任教育教学工作,许多家长对幼儿园的印象也不是很好。因此,公办中心园便应运而生,它汇集整个乡镇人力、物力、财力,具备相对较好的园所环境,拥有相对优质的教师,在软硬件设施上能满足家长的需求,同时具有新

---

[1] 付娜,刘学金.新型城镇化背景下乡镇中心幼儿园发展差异性分析:以 L 市 4 所幼儿园为例[J].汉江师范学院学报,2021,41(1):118-122.

的教育理念，能对周边的幼儿园产生有利影响，带动周边幼儿园的发展，提升整个乡镇幼儿园的数量和质量。四是创办公办中心园是应对我国两孩、三孩政策之后幼儿数量急剧增加的情况采取的有效措施。从过去只允许生一孩的政策转成了鼓励两孩、三孩的生育政策，随着两孩、三孩政策的实施，大量的适龄幼儿需要入园，为了解决入园难的问题，公办中心园便应运而生。建设好体系化、规模化的公办中心园具有重要意义：可以应对幼儿数量的攀升，确保农村的每个学前适龄幼儿都可以进入幼儿园，满足幼儿入园需求，使之享受到相应优质的教育资源。总之，当前建设公办中心园是符合社会发展形势的，我们应该充分认识到大力建设和发展公办中心园的重要意义，增强责任感、使命感、紧迫感；认识到加快农村学前教育事业的建设是大势所向、人心所趋，要看到机遇并利用机遇带来的益处，不断地推动公办中心园的建设，促进其更好地发展。

《2019年中国学前教育年度报告》中提出，中央会继续加大对学前教育方面的资金支持，国家发展改革委、教育部联合启动实施优质普惠性学前教育资源扩容建设工程，并且2019年安排专项资金10亿元，集中支持11个省（区、市）开展试点工作。国家加大对学前教育的财政支持力度足以说明对其重视程度。在第十三届全国人民代表大会常务委员会第十二次会议上，时任教育部部长陈宝生对学前教育事业改革和发展情况进行汇报，他指出：在园所规模上，城市的增幅最大；在幼儿园创建的数量上，农村地区则更胜一筹。农村学前教育相关的资源在国家的各项政策和资金支持下发展很快，新增资源中，农村幼儿园占69.8%，从2010—2018年，农村幼儿园的总数量增加了61.6%，在园规模增加了26.6%，取得了较好的成果。很多乡镇把兴建公办中心园作为本地区的重点建设工程，作为代表当地农村学前教育水平的公办中心园需要更好地发挥示范和引领作用，通过国家政策和资金的支持，如已经实施三期的学前教育三年行动计划，不断优化基础设施和园所环境。公办中心园的数量也显著增加，其地位和作用越来越受到各级政府的重视。

（三）新时代背景下公办中心园的定位

农村公办中心园的发展水平代表着整个乡镇幼教发展的最高水平，要想实现教育公平，就需要把目光聚焦于农村学前教育的发展上，尤其是起示范作用的公办中心园。公办中心园发展如何取决于当前农村学前教育的发展状况，因此在推动农村学前教育发展的同时，把重难点放在农村公办中心园，是实现教育起点公平的重要举措。在社会主义建设的新时期，公办中心园的责任重大，如对周边的农村幼儿园进行教育教学上的指导以及业务管理方面的示范①。此外，它还是宣传党的重要方针、传递最新的教育信息、贯彻落实学前教育的政策法规、探索新的教育理念、引领农村的其他幼儿园以及全体教师不断走向规范发展的中介和桥梁，是践行最新教育思想的"领头园"。要想统筹城乡学前教育的发展，首先必须促进公办中心园的发展，从而带动农村地区学前教育的整体发展。建设与发展好公办中心园，对于缩小城乡差距、发展我国整体的学前教育事业乃至贯彻落实党的政策方针都有重要意义。从相关政策文件对公办中心园的要求可以看出各级政府对公办中心园发挥示范带头作用的重视。要求农村完善县、乡、村三级学前教育公共服务网络；每个乡镇至少要建一所公办中心幼儿园；形成公办中心园和周边幼儿园成体系化的资源网络，优化它们的指导以及业务管理体系；在政府政策的支持下不断发挥公办中心园在农村学前教育研究、教育管理、教育教学方面的示范和辐射作用；通过体系化、网络化的资源共享，幼儿园之间可以及时交流、经验共享，成为农村学前教育业务管理的依托机构和单位。

想要更好地解释农村公办中心园的发展，可以用唯物辩证法。唯物辩证法认为，事物不是静止的，而是通过矛盾运动动态发展的。事物的发展经历了由差异到统一，所谓的差异，就是事物内部发展不平衡的表现，而统一则是事物内部发展平衡的表现。在这个运动过程中，两者通过矛盾运动相互促进、相互联系，而不平衡是绝对的，平衡是相对的，两者既矛盾又统一，这就要求在两者之中必然由先进带动后进。从农村学前教育的发展来看，由于经济、地域等因素的差异，各地区的公办中心园以及同一地区不同的公办中心园的发展程度是不同的，这种不平衡的现象是一直存在的，需要有示范性质的幼儿园去带动较为落后的幼儿园。公办中心园作为示范性园所，在不平衡的发展过程中有着标志性、典型性的释放价值，这是当今社会发展的需要，

---

① 刘占兰. 乡镇中心幼儿园的作用与农村幼儿园教师的专业发展[J]. 中国教师, 2020(8): 84-87.

也是时代的要求。此外，在农村地区并不是所有的幼儿园都可以成为公办中心园，要想成为公办中心园需要具备两个要素，一是切实发挥中心示范作用，二是在办园条件中软硬件设施要符合一定的标准要求。所以，各级政府在不断监督本地的公办中心园提升办园质量的同时，还需要制定公办中心园的认定标准，明确其对周边村落幼儿园、家庭等的示范引领作用，使本地区的公办中心园真正地发光发热，成为该地区的教育科研中心、师资培训基地、资源共享中心等，成为意义非凡的角色。

  公办中心园很重要的一个作用是进行榜样示范作用，主要有以下两点。一是公办中心园需要带头示范幼儿园内部的管理改革。当前社会快速发展，各种新兴的理念对学前教育造成了不小的冲击，在各种理念交织下，政府相关部门发布的各项改革政策顺应了时代的需要，而贯彻落实各项政策的公办中心园需要真正地从传统经验管理向现代科学管理转变，从封闭式管理到开放式管理转变，从权力管理到人本管理转变。身为公办中心园更需要进一步完善园务公开制度，做到园内大政共同商议、义务共同承担、制度共同制定、权益为所有教师和幼儿共同享有，还需要切实抓好幼儿园内的各项事务，力求做到公开透明，让家长满意，积极地推动乡镇中心幼儿园管理制度的改革，向更完善的示范园迈进。二是公办中心园需要带头进行教育科研工作。公办中心园要利用好农村地区的地理位置优势，进行亲近自然的教育，教师也需要具备科研意识，在日常生活中养成科研习惯。通过科研来促进教师的专业化成长，让研究引领教师走向更为专业化的道路。公办中心园以此来提升整体的科研水平和实力，创办独具特色的示范园，并且把自己的经验分享给其他幼儿园来谋求共同发展、共同进步。虽然公办中心园有许多问题，但其发展前景是十分广阔的。各地区想要更好地促进其农村学前教育的发展，就要克服当前农村学前教育所面临的种种困境，办好具有示范作用的公办中心园，充分发挥其辐射作用，通过以一带多的形式影响周边地区的幼儿园，使教育能够促进每一个幼儿的发展，这对于整个国家和民族的发展有着长远的意义。

  总之，公办中心园是我国农村学前教育体系中最基本的单位，是农村学前教育的主阵地，其作用为：一是示范作用，包括日常保教活动的示范、教育教学过程的示范、教学研究的示范以及规范管理的示范；二是对全乡镇幼儿园的管理进行指导；三是对全乡镇幼儿园的骨干教师进行引领启发，包括专业引导、发展引导、理念引导以及思想引导；四是对全乡镇幼儿园总体工作进行统筹协调。公办中心园在全乡镇幼教机构中处于中心地位，推动着农村的学前教育事业不断向前发展，我们要正确定位中心园的地位及作用，不能过于夸大也不能过于轻视。

◇第二章
  公办中心园引领农村学前
  教育发展的现实状况

近年来，幼儿家长、教育者以及各级教育部门对学前教育的重视程度逐渐加深，在追求"公平而有质量"的学前教育发展政策的指引下，公办中心园数量不断增加，普通乡村幼儿园也不断追求高质量发展，同时幼儿教师的招考制度更加严格，政府对学前教育事业的资金投入也在逐步加大，学前教育相关的软硬件设施的建设呈现着蓬勃向上的发展势头[①]。为了农村地区的学前教育也能够得到适当的发展，各地区的公办中心幼儿园必须明确自身的责任，发挥引领示范作用，为实现农村区域学前教育的发展而努力，实现"一花独放不是春，百花齐放春满园"的发展目标。公办中心幼儿园具有丰富的资源、教师、经验、管理等优势，可以充分发挥其优势，带领农村学前教育更好地发展，因此以公办中心园促进农村地区学前教育的发展是具有可行性的，也是必要的。本章将对公办中心园引领农村学前教育发展的必要性进行分析。依据经济发展水平的不同层次，本课题分别从山东、江苏、安徽、河南选取了18所乡镇公办中心园作为调查对象，以自编的调查问卷为研究工具，分析公办中心园的示范效果，归纳总结当前公办中心园示范引领农村学前教育发展的困境等，并从宏观层面和微观层面分析当前农村公办中心园开展示范活动的实然状态。

---

① 尹玲玲.一花独放不是春,百花齐放春满园:浅谈幼儿园如何发挥示范引领作用[J].家教世界，2017(27):10-11.

第一节 公办中心园示范引领作用的必要性

从"乡镇中心园"一词最早出现时,乡镇中心园就被赋予要起到以点带面的效用。2010年,《规划纲要》明确提出发挥乡镇中心幼儿园对村幼儿园的示范指导作用,乡镇中心园要承担起促进农村学前教育发展的责任;2019年,《国务院关于学前教育事业改革和发展情况的报告》中提到了公办中心园,指出"每个乡镇原则上至少办好一所公办中心园"。可以看到,发挥示范辐射作用已经成为公办中心园必须承担的责任和履行的义务。公办中心园的教育与管理代表着所在区域学前教育的最高水平,它所开展的示范活动的优劣,在一定程度上直接影响到该区域学前教育发展水平的高低。为此,公办中心园对普通乡村幼儿园开展的示范活动逐渐引起了人们的关注,以至对这方面进行的研究也逐渐得到重视。

一、我国农村学前教育的发展

自1990年以来,国家就如何进一步带动农村学前教育事业发展的问题提出了要求,采用了加强农村乡镇中心幼儿园建设这一实施方式。通过研究多年幼儿教育财政投入数据,可以发现国内大部分的幼儿教育财政投入主要是投向城市,而对于农村地区特别是中西部农村地区的投入较少,这是导致农村地区学前教育发展缓慢的原因之一。《规划纲要》中明确提出:"重点发展农村学前教育。努力提高农村学前教育普及程度。"在《规划纲要》的指引下,农村的学前教育事业得到密切的关注,人们对农村地区各类幼儿园的关注程度逐渐加深,对"乡镇中心幼儿园的发展"的研究也逐渐深入。

(一)农村学前教育发展较为薄弱

长期以来,农村地区的学前教育不受重视、资金投入少、起步发展较晚较慢等原因,导致农村学前教育的发展在我国教育系统中处于较薄弱的环节,在幼儿的发展、教育、保育上与城市存在较大差距。当前农村地区幼儿事业的发展主要存在两个方面的问题。

一是教育基础设施短缺。随着社会的快速发展，家长对幼儿越来越关注，自然也就更加重视幼儿教育问题。如今幼儿的入学率不断提升，越来越多的幼儿进入幼儿园接受正式的教育，幼儿园的学生数量不断增加，针对幼儿学习知识获取经验的教育基础设施的需求也不断扩大。教育基础设施是幼儿在园内开展实践活动的基础保障，具备相应的基础设施才能保证幼儿在幼儿园的学习与生活，但当前有些区域农村的基础设施建设尚未健全，导致其与幼儿入学率的提升出现矛盾。通过对我国四个省份农村地区的学前教育机构环境质量进行调查，发现只有30％的机构有专门的游戏区，35％~73％的机构缺少室外活动器械，教师因缺少室内外活动工具而无法组织游戏活动。

二是师资无法满足现实需求。农村学前教育事业的发展，对幼师资源的需求与现实生活中的幼师资源存在供需矛盾。受国家政策影响，尤其是两孩政策实行以后，学前教育的发展成了教育行业的热门话题。但城乡区域发展的不平衡导致农村幼儿园在基础设施、教学水平等多方面与城市幼儿园存在着很大的差距。《规划纲要》提出：重点发展农村学前教育，努力提高农村学前教育普及程度，着力保证留守儿童入园，在2020年将学前三年的幼儿入园率从50.9％提高到70％[1]。2016年，城市、县镇和农村幼儿园中教师的学历情况如图2-1所示，农村幼儿园中本科学历教师所占比例相较于城市和县镇幼儿园是最低的，甚至还有高中以下学历的教师。相较于城市地区学前教育的发展而言，农村地区学前教育的师资队伍建设急需引起重视。各级政府要不断关注农村幼儿园的师资问题，尽可能地为农村幼儿提供优质的学前教育，促进其身心健康发展，同时发挥公办中心园的示范作用，提升公办中心园的质量，从而带动整个农村学前教育的发展。

---

[1]国家中长期教育改革和发展规划纲要(2010-2020年)[EB/OL].(2010-07-29)[2022-03-20]. https://www.gov.cn/jrzg/2010-07/29/content_1667143.htm.

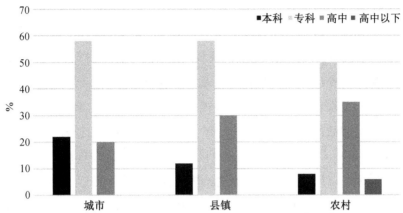

图 2-1 2016 年中国城市、县镇、农村幼儿园专任教师学历情况及其占比

在党的十九大报告中,习近平总书记对事关教育事业的发展做出了重要讲话:"要全面贯彻党的教育方针,落实立德树人根本任务,发展素质教育,推进教育公平,培养德智体美全面发展的社会主义建设者和接班人。"[①] 习近平总书记提出了"百年大计,教育为本;教育大计,教师为本"的重要教育理念,强调要注重教师队伍的建设,注重培养高素质的教师队伍。这一系列的讲话体现出国家对教师的重视。教师在教育教学活动中起到重要作用,对提高教学质量、促进学生成长、促进学校发展都起着重要影响。在学前教育阶段,幼儿教师是幼儿成长的支持者、引路人,他们帮助幼儿更好地获取知识经验,为幼儿进入义务教育阶段奠定基础。此外,我国农村幼儿园还存在办园条件差、管理落后、城乡差距大以及地区间发展不均衡等问题,也很少有高学历的专业教师愿意去农村任教,这些问题都是需要被关注的,应该采取相应的措施逐步解决。

(二)农村学前教育发展重要性日益凸显

自古以来,人们对教育都是十分看重的,"读书改变命运"是人们常说的一句话,教育深刻影响着人的一生。研究表明,幼儿时期是脑力、智力发展的关键时期,学前教育阶段的学习为幼儿终身发展奠定基础,因此家长对学前教育越来越重视。城市中的学前教育事业在国家的领导下得到快速发展,

---

① 杨翠美."乡村振兴战略"背景下农村学前教育公共服务质量提升研究[J].吉林广播电视大学学报,2020(3):43-44.

与此同时，发展缓慢的农村学前教育也需要得到进一步的推进。20 世纪 90 年代以来，国家强调通过加强农村乡镇中心幼儿园的建设来带动农村地区学前教育事业的发展①。2010 年 7 月，《规划纲要》把学前教育纳入国家发展整体战略，明确发展中的三大具体任务：基本普及学前教育、明确政府职责、重点发展农村学前教育，提出要采取多种形式扩大农村学前教育资源，增加农村地区的幼儿园数量，充分利用中小学布局调整后富余的校舍和教师举办幼儿园（班），发挥乡镇中心幼儿园对村幼儿园的示范指导作用②。2010 年 11 月，国务院颁布《国务院关于当前发展学前教育的若干意见》，提出要加大政府投入，新建、改建、扩建一批安全、适用的幼儿园，推进农村学前教育项目，重点支持中西部地区；地方各级政府要安排专门资金，重点建设农村幼儿园；各级政府要将学前教育经费列入财政预算，新增教育经费要向学前教育倾斜；各省（区、市）政府要深入调查，以县为单位编制学前教育三年行动计划，有效缓解"入园难"的问题③。

2018 年 11 月，《中共中央 国务院关于学前教育深化改革规范发展的若干意见》强化和扩展了上述文件的相关要求，即每个乡镇原则上至少办好一所公办中心园，大村独立建园或设分园，小村联合办园，人口分散地区根据实际情况可举办流动幼儿园、季节班等，配备专职巡回指导教师，完善县乡村三级学前教育公共服务网络；完善学前教育教研体系，健全各级学前教育教研机构，充实教研队伍，落实教研指导责任区制度，加强园本教研、区域教研，及时解决幼儿园教师在教育实践过程中的困惑和问题；充分发挥城镇优质幼儿园和农村乡镇中心园的辐射带动作用，加强对薄弱园的专业引领和实践指导④。从国家颁布的各项政策可以看出，农村学前教育公平发展是学前教育整体发展中不可分割的一部分，国家将发展农村学前教育的工作放在重要

---

① 莫诗逸. W 县乡镇中心幼儿园建设现状的研究[D]. 桂林：广西师范大学，2019.
② 国家中长期教育改革和发展规划纲要（2010—2020 年）[EB/OL]. (2010-07-29)[2022-03-20]. https://www.gov.cn/jrzg/2010-07/29/content_1667143.htm.
③ 国务院办公厅. 国务院关于当前发展学前教育的若干意见（国发〔2010〕41 号）[EB/OL]. (2010-11-24)[2022-03-20]. https://www.gov.cn/zwgk/2010-11/24/content_1752377.htm.
④ 中共中央国务院关于学前教育深化改革规范发展的若干意见[J]. 中华人民共和国国务院公报，2018,(33):29-33.

位置，国家政策的颁布促使各级地方政府关注并制定学前教育的相关政策，为学前教育事业的发展保驾护航，确保有关学前教育的发展稳步推进。

（三）农村学前教育均衡发展需要引领

国家和社会以及家长都对农村地区学前教育的重视程度逐渐加深，学前教育事业迎来了全新的发展机遇，普及学前教育的进程进入了快速时期。学前教育处于整个教育体系的基础阶段，它的发展水平影响着我国教育事业的整体发展，因此为推动整个教育事业的均衡发展，为实现教育公平，必须促进学前教育的均衡发展。自2010年《规划纲要》的出台和《国务院关于当前发展学前教育的若干意见》的颁布，我们可以得知，国家对学前教育发展的重视与发展的目标。近年在国家多项发展学前教育政策的推动下，学前教育事业得到了一定的发展，但仍然存在较多问题，如不同的城市之间或者同一城市的城镇之间学前教育发展水平存在较大差距，或各地方政府对学前教育经费投入存在巨大差异导致城乡学前教育发展失衡。截至2022年10月，山东、河南、安徽等省份的乡镇公办中心园的数量没有达标，幼儿园的整体建设也不足，导致幼儿上学距离太远。2021年研究者对区域农村18个乡镇的学前教育进行调查，发现适龄幼儿不在园率高达15.84%，其中，找不到幼儿园的占比为43.08%，幼儿园收费太高的占比为38.46%。

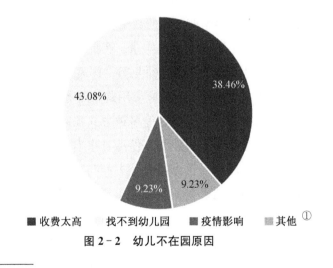

图2-2 幼儿不在园原因

---

①注：其他包括上学前班、交通不便、身体和家庭原因等。

为此，需要大力发展农村学前教育，每个乡镇至少办好一所公办中心幼儿园，完善乡村学前教育公共服务网络。乡镇公办中心园作为农村地区的优质幼儿园，具有示范引领的责任与义务。着力推动乡镇公办中心园的发展，开展示范引领活动，以此带动学前教育的均衡发展，促使实现学前教育公平是非常必要的。因此，必须充分重视乡镇公办中心园的发展，在公办园充分发展的基础上，以公办园为点，促进整个农村地区学前教育事业的发展，真正实现"一花独放不是春，百花齐放春满园"的学前教育发展盛景。

二、公办中心园示范的重要性及必要性

（一）公办中心园示范引领的必要性

在农村地区，应至少设置一所公办中心园。公办中心园是集教育、培训、科研、示范等为一体的幼儿教育机构，它具有示范引领作用，以公办中心园带动农村学前教育发展是国家大力发展农村学前教育的一项重要举措。如2019年9月27日经山东省第十三届人民代表大会常务委员会第十四次会议审议通过的《山东省学前教育条例》中要求每个乡镇应当至少举办一所公办中心幼儿园，县级以上人民政府应当加大对农村学前教育的投入，在教师配备、培养培训、表彰奖励等方面给予扶持，改善办园条件，提高农村幼儿园保育教育质量。这从政府层面表明了对学前教育事业的重视。而我们知道，随着国家生育政策的改变，适龄学前儿童的数量有所增加，对幼儿园的需求扩大，乡镇公办中心园根本满足不了当地的需求，为此大多乡镇都开设了多所普通乡村幼儿园（民办的幼儿园、普惠性幼儿园、普通乡村幼儿园等）。同时，政策也鼓励社会创办普惠性幼儿园，政府采用购买服务、综合奖补、减免租金、派驻公办教师、培训教师、教研指导等多种方式提高普惠性幼儿园的数量和质量，减轻普惠性幼儿园的办园压力。但综合来看，普惠性幼儿园和普通乡村幼儿园在师资配备、环境、教育经验等方面与公办中心园还存在差距，乡镇公办中心园的环境、设施设备、师资素质等方面都是较好的，它能代表着乡镇学前教育的较高水平，对其他普通乡村幼儿园起着示范引领的作用，这是公办中心园的优势。为此，乡镇公办中心园在引领农村地区学前教育的发展上义不容辞。

(二）公办中心园具备示范引领的条件

乡镇公办中心园作为地方乡镇的优质园，并不意味着没有短缺，因为地域等因素的制约，其在发展中也会存在许多问题，例如资金不足、教师流动、设备更新慢等。因此，在现实生活中，公办中心园要充分利用优势克服不利之处，充分发挥示范辐射作用，为缩小城乡学前教育的发展差距、实现社会公平的目标而努力，为促进农村学前教育更好地发展、实现学前教育的均衡而努力。在农村地区，乡镇中心幼儿园作为主要负责园，对区域内学前教育机构承担着技能培训、保教保育指导、卫生保健培训、园所管理指导等责任，具有很大的影响力。当前农村的学前教育正处在一个非常关键的发展阶段，社会大众对幼儿教育十分看重，为此必须充分认识到当前学前教育发展的困境，解决相关问题，促进学前教育健康发展。通过对乡镇中心幼儿园示范辐射作用的不断完善，实现区域内各个幼儿园的优势互补，进一步促进我国学前教育事业的腾飞。那么公办中心园与普通乡村幼儿园对比，存在着哪些优势呢？本课题主要从师资力量、环境设施配备、教学资源、教育经验、教学内容、园所管理几个方面进行分析，找到公办中心园示范引领的条件，指出公办中心园示范引领农村学前教育发展的重要性及必要性。

1. 师资力量

幼儿教师必须具备相关的专业知识、职业素养，例如学前教育专业知识、幼儿保育发展知识等。如果幼儿教师缺乏幼儿教育专业知识与能力，则不利于教师树立科学的幼儿观念，从而影响幼儿的教育与保育，影响幼儿教育的质量。一般来说，公办中心园的教师大部分都是通过专门的教师招聘考试选拔出来的，都是学前教育专业的专科或者本科生。他们接受过专业的知识学习与能力训练，掌握幼儿教师必备的知识与能力，持有必备的幼儿教师资格证书；他们熟悉幼儿身心发展特点，熟练掌握幼儿教育的方法；他们熟悉幼儿教育的相关内容，有幼儿教育的经验，可以有序地开展各种教育教学活动。这也就从侧面印证了公办园幼儿教师的学历以及教师的专业资格要求符合相关的规定，体现了公办中心园教师的知识素养、能力素养和专业水平，反映出了公办中心园的教育质量和办园水平的可靠性。从普通乡村幼儿园来看，其教师持证上岗率、学历要求可能不会特别严格，一些中专毕业的学生，或者并不是相关专业的人员也会成为一名幼儿教师,他们在专业能力、活动设计技能、卫生保健能力等方面与专业的老师之间存在着差距,他们不够了解各年龄阶段幼儿的心理特点、活动形式等,在教育教学中容易出现问题。这些问题如果得不到妥善的处理,可能会不利于孩子的发展。从教师的聘用来看,公办中心园存在着明显的优势。

一方面,从师资数量的配备来看,根据最新的幼儿教师配备标准,我国全日制幼儿园的每个班级要配备两名专任教师和一名保育员,同时保教人员与幼儿比应符合1∶7~1∶9的要求[①]。幼儿园常见的教师配备是"两教一保";"两教"即两个负责教育的老师,包括一个主班老师、一个配班老师,他们主要负责幼儿的教育教学工作,与家长保持沟通,促进幼儿能力发展,帮助幼儿掌握必备的知识经验;"一保"即一名保育员,他们主要负责照管幼儿生活,比如打扫室内卫生,照顾幼儿一日三餐,帮助幼儿养成良好的生活习惯、卫生习惯。在一个幼儿园的班级中,专任教师与保育员的工作虽然侧重点不同,但都是为了帮助幼儿养成良好的生活习惯,促进幼儿的全面和谐健康发展。幼儿园的教育要注重保教结合,在活动中保育与教育工作并重。在班级中,教师起主导作用,合理组织各项教学任务和开展游戏活动,帮助幼儿获得必备的知识与经验,发展能力,得到成长。但大多数普通乡村幼儿园达不到这个标准,其教师数量不够,或者是为了减少支出,采用一名专任老师和一名保育员的配备模式。当幼儿比较多时,师幼比例超过1∶9,可能会存在照顾不周、看管不过来、幼儿提出问题没法及时解决、师幼关系建立困难等问题,不利于幼儿的成长。因此,在师资配置方面,公办园中心园明显具有优势。

另一方面,从教师流动来看,公办中心园的教师大多是备案的在编教师,对于少部分合同制聘用的老师要求也较高,必须符合公办中心园教师的标准。其中公办园的在编备案制教师在职期间,其薪资报酬、福利、休假等都参照事业编制教师的待遇设置,非在编教师也大多缴纳"五险一金",工资待遇较普通乡村幼儿园教师好一些。由此可以得知公办中心园教师的福利待遇等方面都较好,教师更愿意选择待在公办中心园工作,从而确保了公办中心园的

[①] 教育部关于印发《幼儿园教职工配备标准(暂行)》的通知[J].幼儿教育,2013(10):4.

教师稳定性，不会出现教师带班一段时间就辞职的情况。在幼儿园，教师如果比较稳定，三年内不缺席地陪伴幼儿成长，就会与幼儿之间形成良好的师幼关系，就可以更好地了解幼儿的情况，更好地组织活动、开展教学，同时幼儿可以得到良好的照顾，健康发展。而对于普通乡村幼儿园来说，教师的薪资和福利待遇一般会比公办中心园低一些，在经历了一段时间的幼儿园工作后，他们可能会觉得比较辛苦而离职，这对幼儿影响较大。在笔者调查的普通乡村幼儿园中经常会出现教师工作一两年后离职的情况，这时幼儿需要重新熟悉新的教师，重新建立师幼关系。从这个方面来看，公办中心园的优势明显，其教师福利待遇好，教师流动性低，有利于幼儿的成长。

2. 环境设施配备

首先，从办园环境来看，好的环境可以让幼儿接触到大自然，获得更多的自然经验，培养对大自然的热爱，帮助幼儿健康成长。公办中心园具有标准的活动场地，且占地都是比较大的，配备了自然种植区、沙地、大型玩具活动区等宽阔的户外活动场地，给予幼儿广阔的活动范围，丰富幼儿的活动经验。而对于普通乡村幼儿园来说，为了减少经费的投入，往往不会选择太大的户外活动场地，有的甚至没有户外活动的地方，在这样的环境下进行幼儿教育活动不利于培养幼儿的体育能力，不利于幼儿获得接触自然的经验。从这个方面来看，公办中心园的优势较明显。

其次，从设施配备来看，公办中心园属于国家教育系统，在校园建设、办公设施及经费方面都有统一的指标，由国家财政支出建设园区，配有专门的活动室、午休室。在活动室中，区域划分类型多样、布局合理，并根据幼儿年龄等特点配备相关的资源设备。活动区域配备的材料丰富多样，具有可操作性强等特点，并且符合幼儿年龄特点；同时桌椅充足，且符合年龄身高要求。另外还配有教学钢琴、投影仪、电视机、电脑、移动白板等较先进的设备，利于教师开展多种活动，也利于幼儿积累丰富的生活经验，养成良好的社会适应能力。与普通乡村幼儿园的设施设备相比，民办园因经费问题，可能会存在设备不足、活动材料不充分、活动室和休息室共用、物质设施更新缓慢等情况。从环境、设施配备来看，公办中心园比普通乡村幼儿园具有更多优势。

最后，从安全保障来看，只有在安全的基础上才能开展教育，因此幼儿园的安全工作是重中之重。在安全的环境中,幼儿才能热爱幼儿园,才能健康地成长。幼儿的年龄较小,自我保护能力不足,安全意识也较薄弱,幼儿园的意外伤害事故时有发生,因此,幼儿园的安全保障工作是非常重要的。在保健医生的配备上,无论公办中心园还是普通乡村幼儿园都要求配备安全保健医生,在每日入园时做好晨检以及不定时检查,确保幼儿的健康成长。另外,在饮食安全上,幼儿年龄小,脾胃处于发育阶段,要选择适宜的烹饪方式为幼儿做健康营养又让幼儿喜欢的食物。在安全保障方面,公办中心园大多必备消毒用具,例如消毒柜、紫外线消毒灯等。同时还为幼儿的安全教育创造条件,加强幼儿安全知识的普及,如消防演练等,让幼儿通过亲身体验,掌握必备的安全知识和安全技能。而其他幼儿园可能会为了节省经费、避免因消防演练出现受伤等而减少关于安全健康知识的演练与支出。从这方面来对比,公办中心园要求更高,比普通乡村幼儿园有优势。

3. 教学资源

教学资源是指为教学的有效开展而提供的可用素材,既包括教材、视频、图片等资源,也包括教师、家长、教具等资源。社会的进步、网络技术的发展,为教育教学提供了最广泛、最丰富的教学资源。网络教育资源类型多样、数量巨大,幼儿教师要明确教育资源的分类、特点与应用方法,这样才有利于高效获取资源,合理利用资源,更好地在实际教学中运用资源,在资源的协助下顺利开展教育教学活动。

对幼儿园来说,可以利用的资源有很多种,如地理环境,可以经常组织幼儿去沿海、山丘开展户外活动,使幼儿与大自然亲密接触;自然资源,可以去附近的森林游玩,摸一摸植物,和大自然和谐相处,保护我们的自然环境;社会本土资源,各个地区都有具有地方特色的资源,如茶艺、陶土等,幼儿园可以与当地单位合作,让幼儿体验当地的特色文化,逐步加深对家乡的热爱。

在资源的利用与供给上,公办幼儿园可能会比民办幼儿园更有优势。公办中心园的一切财产均属公有,政府及教育部门能够为公办园提供丰富的教育资源。而民办幼儿园属于社会个人所有,其一切支出皆来自幼儿的收费,具有营利性。公办园在资源的供给上较丰富,获得当地教育行政部门的支持,能够充分利用当地的各种自然与社会资源为幼儿开展各种活动。反观民办幼儿园，它们获得当地教育部门的资源较少，需要园长自己去进行组织协调。因此，从教学资源上来看，公办中心园优势较为明显。

4. 教育经验

在选择幼儿园时，家长往往会比较关注一所幼儿园的办园历史与经验。在新开设的幼儿园，如果没有很熟悉的老师或者园长等，家长往往会不放心将孩子送进去，不愿意将孩子当幼儿园的"第一批实验对象"，会担心园长对幼儿园的管理工作不到位，担心教师没有教育经验，所以一所幼儿园建立的时间越久，经验积累得越多，越容易赢得家长的信任。

幼儿教师需要一些必备的经验来更快地与幼儿熟悉起来，建立良好的师幼关系，让幼儿更快地适应幼儿园的生活，并喜欢上幼儿园。幼儿教师要有足够的爱心和耐心，要用真诚的微笑与温暖的怀抱面对每一个幼儿，掌握幼儿的心理和个性特征，使用游戏吸引幼儿注意力，帮助幼儿获得经验与成长；要用一颗真挚的心与家长进行沟通和交流，掌握与家长沟通交流的技巧，为管理幼儿、教育幼儿奠定基础；要用自己丰富的生活、教育经验帮助幼儿适应幼儿园生活，从幼儿的角度倾听幼儿的心声，满足幼儿的需要。此外，幼儿教师在生活、工作中要富有爱心、耐心、细心、责任心，在付出与回报之中，感受幼儿带来的快乐，热爱幼儿教育事业，推动幼儿教育事业的发展。

公办中心园的园长，大多是由有多年经验、有管理能力的老教师来任职，他们在幼儿教育领域经历了多年的锤炼，有着丰富的教育教学、组织管理经验，在他们的带领下，幼儿园沿着正确的方向稳步前进。而公办园的教师也大多有着丰富的工作经验，掌握必备的教育教学知识与技能。一个班级中至少会配备一名经验丰富的老教师，他们有着过硬的教师素养，在日常生活中带着幼儿开展各项活动，促进幼儿在健康、语言、科学、艺术等方面全面发展。同时，各个幼儿园之间经常会举行交流活动，邀请有经验的专家来进行培训，传授相关的知识经验，帮助新教师更快地成长。

普通乡村幼儿园的教师大多是由园长聘任来的，他们有可能经验不够丰富，或者并非相关专业毕业，需要在与幼儿的相处中积累经验，得到专业的发展。在经验不足的情况下，教师可能会面临不知如何处理问题、幼儿提出的问题不知如何回答、活动设计不够充分、与家长沟通存在障碍等问题。这就需要公办中心园充分发挥优势，帮助普通乡村幼儿园处理相关问题，协助教师专业成长，促进学前教育事业的稳步前进。

5. 教学内容

幼儿教育是一种启蒙教育，它能为幼儿的学习发展奠定基础，为幼儿进入小学阶段打下牢固的基础，足见其重要性。在开展幼儿教育的相关活动时，教师要运用智慧，选择合适的内容和方式、方法，引起幼儿的兴趣，让幼儿参与到活动中，让活动真正发挥效用。要经常给幼儿一定的鼓励，给幼儿树立榜样、示范，让幼儿树立自信心，加强师幼交流互动，合理地进行教育。因此必须重视幼儿教育的学习内容、教育内容，既不可以过于深奥，也不可以太容易，要恰到好处地符合幼儿的身心特点。

现在的幼儿园在教育内容上小学化的倾向十分明显，可以说幼儿园教育小学化是非常常见的，例如提前把小学的教学内容，包括汉语拼音、汉字书写、数学运算等，带到幼儿园的日常活动中；要求幼儿上课板板正正地坐好，不许乱说乱动；对老师要绝对服从，听从指挥；下课也不许跑跳、打闹等。这些对小学生都是比较困难的，何况是幼儿呢？还有的幼儿园开设双语班、兴趣班、特长班、实验班等特色课程，如果是单纯地培养兴趣的课程是可取的，但是有时是打着培养兴趣的幌子，却专注于知识的传输，他们可能给幼儿布置写、读、算、背等家庭作业，还要求家长检查，过于强调知识的获得和技能的强化训练。虽然素质教育在逐渐发展，但"以成绩论英雄"还是占据着人们思想的主体部分，并且根深蒂固，这种重知识轻能力的应试教育会对幼儿产生不利影响。这种幼儿教育内容小学化的行为忽视了幼儿的学习兴趣、学习能力、良好学习习惯的培养等，容易让幼儿对小学产生抵触情绪，甚至出现不愿意上学的现象，更加不利于幼儿更好地适应小学生活。

为了避免幼儿园小学化倾向带来的危害，公办中心园必须严格按照教育部颁布的文件要求，根据教育部门确定的教学教材，按照正规的教学内容进行活动的设计与开展。这些活动课程既不会落后于幼儿的发展，也不会超前于幼儿的发展，而是遵循幼儿身心发展的年龄特点以及兴趣探索的需要，恰到好处地培养幼儿的各种能力，科学地教育幼儿。公办中心园注重素质教育，遵循教育规律，目的在于以幼儿为本，培养、发展幼儿的智力、能力，为幼儿的发展奠定基础，让幼儿在起跑线上打牢基础。在开展常规教育的同时，幼儿园要组织开展丰富多彩的课外活动，如亲子运动会、春游等，让幼儿感受集体生活、亲子活动的乐趣，萌发对大自然的热爱，发展他们的社会交往等能力，丰富教学内容。

而对普通乡村幼儿园来说，其为了迎合家长的要求，过早地教授小学的知识，这种填鸭式的教学，相当于把知识强灌到幼儿的脑子，违背了教育的原则，不符合幼儿的生长发育规律。从表面上看，民办园幼儿比公办园幼儿获取的知识多一些，但不可避免地加重了幼儿负担，容易使幼儿产生抵触情绪，影响幼儿身心健康。这种重知识轻能力的培养方式，最终也会使幼儿受到伤害。从这个方面来看，公办中心园的科学教育更加有利于幼儿的成长，有利于学前教育的发展。

6. 园所管理

公立幼儿园的一切财产都是公有的，园长由教育局任命来负责管理园所，建设经费、办公经费、教师及保育员工资等都由财政拨付。公立幼儿园必须依法治校，规范合理地管理幼儿园中的事务。而民办幼儿园是由社会组织或者个人筹备资金，面向社会开办的幼儿教育机构，它的管理主要看办园者的主观意愿，由园长负责管理事务。

一方面，从管理来看，公办园的管理更加严格，对幼儿的监护和管理都受到国家相关部门的严格监管，教学严格按照国家制定的大纲进行，对幼儿日常的监护给予较高的重视，经常会有领导到各个园所进行相关检查，在幼儿的安全、活动、学习等方面给予充分的保障。而民办园在这方面良莠不齐，管理较宽松，教学上的自由度高于公办园。总体上来说，公办园的管理更加规范，幼儿的安全学习更加有保障。

另一方面，从收费来看，公办园属于公有制，幼儿园的建筑费用、日常费用、办公费用以及园长、教师、其他职员的工资，都是由政府财政拨款，公办园并不以营利为目的，收费低且有人监管，所以收费会更益民一些。民办园一般是由个人或社会组织自主创办的民营单位，以营利为目的，所有的教职人员包括园长都是聘用制，工资的发放由民营单位自主决定，而且不同园所的收费差异较大，总体的收费比公办园要高。农村的大部分家庭以务农或者务工为主，在幼儿教育上倾向于选择教育效果好而收费低的公办中心园，这也是公办中心园的优势。

以上从师资力量、环境设施配备、教学资源、教育经验、教学内容、园所管理几个方面分析了公办中心园的优势。在师资力量上，公办中心园的教师更加专业，师资配备上符合国家的标准，实行"两教一保"的原则，人员流动性较低，能给幼儿提供稳定和谐的师幼关系；在环境设施配备上，公办中心园环境优美，活动场地大，活动材料、教具充分，设施设备先进，能满足活动开展的要求，孩子的安全也有保障；在教学资源上，公办中心园供给较丰富，获得当地教育部门的支持，可以充分利用当地的社会资源；在教育经验上，公办中心园有着较多的拥有多年经验的老教师，熟练地掌握幼儿教育相关要点，同时举行园所之间的交流活动，分享优秀的教育经验；在教学内容上，公办中心园严格按照国家政策规定教授幼儿学习内容，遵循幼儿身心发展的年龄特点，培养幼儿的发散思维，有效地促进孩子发展，科学地对幼儿进行教育教学；在园所管理上，公办园对幼儿的监护和管理都受到国家相关部门的严格监管，同时收费低，适宜大多数农村家庭的经济情况。

三、普通乡村幼儿园的发展急需公办中心园的示范引领

随着生育政策的调整，越来越多的适龄幼儿需要接受早期教育，但是政府财政的投入还不足以普及公办中心园，公办中心园的数量还远远不够，无法满足巨大的农村学前教育的需求，因此越来越多的普通乡村幼儿园开始出现，并占有较大的比例。同时，教育部陆续出台一些政策鼓励民办教育，以此来满足农村学前教育的发展。普通乡村幼儿园比公办中心园拥有更多的自主权，其发展良莠不齐，有些幼儿园办园条件好，教学质量高，促进了其发展，也有些幼儿园在安全、卫生、师资力量、管理等方面存在或大或小的问题。

（一）普通乡村幼儿园的不足之处

一是普通乡村幼儿园的办学水平之间差异明显。有些幼儿园办园条件好，符合各项标准要求，但对于一些规模较小的幼儿园来说，它所用的教学设施较简陋，还可能存在着没有办学许可证、园长资格证、卫生许可证、法人登记证等严重问题，这些证书是开设幼儿园必备的，其中园长资格证的缺少就占较大部分。这就提醒各位家长在选择幼儿园时必须注意相关资质问题，为幼儿的健康成长寻求保障。二是不少普通乡村幼儿园的教学场所存在着不少

问题。普通乡村幼儿园往往是由个人或相关组织开办的，为了缩减办园费用，他们往往不会选择太大的场所，在农村甚至还有在自建房内开办普通乡村幼儿园的情况。此类民办园在运营时风险比较大，存在安全隐患。还有的幼儿园注重于室内场所的布置装饰，而户外的场地较小，没有足够的区域让孩子开展体育等户外活动。三是资金供给不同。民办幼儿园属于私人开设的营利性的教育机构，在财政支持上比较缺乏。与乡镇公办中心幼儿园相比较，大部分普通乡村幼儿园依靠日常幼儿所交的保教费以及其他杂费来维持幼儿园的日常运转，幼儿园受到的限制多，园所管理者希望得到更多的收益。如果没有足够的资金支持，幼儿园容易出现不能正常运转或者材料、设备不完善的情况。四是教育设施和教学器材的缺乏。不少民办园的设施设备都比较简单，没有配备大型的玩教具或者配备较少，不利于幼儿活动的设计与开展；教育资源也短缺，不利于幼儿的全面发展。五是餐饮管理不到位。普通乡村幼儿园的餐饮都是由创办人自己安排的，可能会有一些园的伙食并不符合幼儿的年龄特点。尤其是农村地区，可能有不少的民办园，在餐饮管理上存在问题，伙食管理不到位，卫生条件没有保障。幼儿的身体健康是幼儿成长的基础，严格的餐饮管理才能够保障幼儿的饮食健康，因此，幼儿的饮食安全问题必须得到重视。六是师资力量薄弱。与乡镇中心幼儿园相比，普通乡村幼儿园教师的教育教学水平参差不齐。就学历而言，大多数普通乡村幼儿园教师都是专科学历，可能还有一些是中专毕业生，这就说明普通乡村幼儿园不能保证幼儿教师队伍的整体素质，教学水平得不到保障，而一个园所的师资专业水平、师资团队力量在幼儿园的整体发展中是非常重要的，能够起到基础的作用。

(二)普通乡村幼儿园的发展需要引领

从整体上看，普通乡村幼儿园可能存在着办学资质不够、教学场所安全性不足、资金支撑不稳定、设施设备不完善、饮食安全无保障、教师资质水平低等方面的问题，这需要社会、家长的广泛关注。面对不断增加的社会需求，公办中心园的数量不足，普惠性幼儿园正在加速发展，普通乡村幼儿园数量不断增多，需要加强管理。民办幼儿园越来越多，具有示范引领作用的公办中心园就必须发挥其优势，帮助普通乡村幼儿园提升整体的幼儿教育水平,从而提升农村学前教育的质量。我国农村学前教育在稳步发展,整体来看还存在着基础设施不完善、师资素质不够高、教育管理水平低等问题。如今国家对学前教育十分重视,逐步出台了各项纲要、规划、意见等,为学前教育的发展提供了政策上的支持。分析我国学前教育发展的现状、农村公办中心园的发展情况、公办中心幼儿园的明显优势,以及普通乡村幼儿园需要改进的地方,我们可以得出:普通乡村幼儿园的发展离不开公办中心园的示范引领。

在分析了农村公办中心园的发展情况后,更加明确了公办中心园的优势与重要性。农村地区的公办中心园建设最好、设施最全、教师能力最高,代表着这个区域内学前教育的最高水准。它具有指导、示范、引领本地区学前教育工作的责任,有利于促进农村学前教育的发展。对公办中心园的优势进行分析,包括师资力量、环境设施配备、教学资源、教育经验、教学内容、园所管理等方面,从中可以看出公办中心园在各方面更加完善,在引领农村学前教育的发展上可以发挥重要作用,因此公办中心园引领农村学前教育的发展是十分必要的。农村的公办中心园依靠内部和外部优势,成为区域学前教育发展的领先者,是其他幼儿园所追寻的目标,起到引领农村幼儿教育事业发展的作用。分析普通乡村幼儿园的不足可以得知,普通乡村幼儿园在现阶段存在着许多需要完善的地方,可以通过与公办中心园加强交流、资源共享、教师培训等形式,推动普通乡村幼儿园向前发展,完善教育管理。在推动普通乡村幼儿园改进的过程中,公办中心园作为"领头羊",承担着义不容辞的责任。

经过以上分析,我们可以看出公办中心园全覆盖和发挥示范引领作用已经成为政策设计的核心,即农村要完善县、乡、村三级学前教育公共服务网络;每个乡镇至少要建一所公办乡镇中心幼儿园;要充分发挥乡镇中心幼儿园在区域教研和园本教研中的辐射指导作用。在农村地区以公办中心园为指引,通过示范者的示范引领,以活动推动示范的进程,普通乡村幼儿园通过学习吸收,构建有效的知识体系,达到发展的目的①,从而实现幼儿教育的"百花齐放春满园"。总而言之,公办中心园建设是扩大农村学前教育公共资

---

①罗超.优质幼儿园示范辐射的实践体系研究[J].教育导刊(下半月),2021(8):71-77.

源的重要形式，它作为农村学前教育业务管理的"依托"机构和单位，被赋予了对村级幼儿园进行业务管理与指导的重要责任。以公办中心园促进农村学前教育发展是追求学前教育事业均衡发展的有效途径，公办中心园引领农村学前教育发展有其必要性。

第二节　公办中心园示范引领活动开展的总体概况

公办中心园的建设标志着农村地区学前教育发展的水平和高度，它在农村地区可以起到"领头羊"的作用，它的示范、辐射、引领作用从贯彻幼儿教育法规、传播科学教育理念、开展教育科学研究、培训师资、指导家庭及社区早期教育等方面体现出来[①]，推动着地区学前教育事业的进步。长期以来，教育均衡发展是实现教育公平的重要手段，教育均衡也是实现教育公平的主要内容。但现实情况是，由于历史、现实等多种因素影响，我国学前教育在城乡之间、乡镇之间以及地域之间的发展水平参差不齐，存在着教育发展失衡的现象，以城市为重心的政策导向加剧了城乡的非均衡程度。农村学前教育在整个学前教育体系中发展最为滞后，而在农村学前教育体系内部又存在着发展不均衡的现状，具体表现为公办中心园与普通乡村幼儿园发展的不对等性，进一步影响了当前我国农村学前教育的发展。公办中心园是乡镇的优质幼儿园，有能力、有资格、有经验帮助普通幼儿园实现质的飞跃发展，有能力带动整个学前教育事业的发展。现实中公办中心园对其自身引领作用的认识如何，公办中心园通过何种方式、途径实施其示范引领活动，公办中心园在农村学前教育发展过程中的引领效果如何，都是学前教育工作者所关注的重要问题。本节将结合文献资料及调查情况从宏观层面呈现公办中心园对普通乡村幼儿园的示范引领活动的开展状况。

---

①李凤艳.示范性幼儿园对普惠性幼儿园的引导作用研究[J].焦作师范高等专科学校学报,2019,35(4):63-65.

一、我国农村幼儿园发展现状

目前，农村学前教育机构主要以乡镇政府办园为主，但不少乡镇政府对学前教育的重要性和作用缺乏足够的认识，在发展农村学前教育方面存在责任意识淡化、执行力缺乏的问题，特别是经费投入方面长期不足。在农村地区，大多数幼儿园都是靠自身收取的保育费用维持运转，很少有其他资金来源，导致办园资金匮乏、办学条件简陋、办园水平较低。本课题为了了解农村幼儿园的办园基本情况和师资队伍建设情况，采取目的性分层抽样的方法，分别从山东、江苏、安徽、河南4个省份抽取18所乡镇中心园和其管辖的90所普通乡村幼儿园进行深入调查（其中公办中心园园长30名，普通乡村幼儿园园长及教师185名，从中随机抽取8名进行访谈），通过对样本幼儿园的调查结果进行分析后发现，公办中心园与村办园虽同属农村幼儿园，但两者在保教队伍、教学科研和教育设施配备等方面均存在较大差异。

（一）保教队伍

根据回收的问卷，本课题从教龄、学历两个维度对公办中心园和普通乡村幼儿园教师的基本情况进行了统计，结果如图2-3所示。

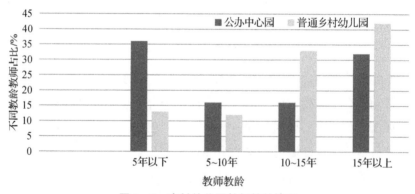

图2-3 农村幼儿园教师教龄情况

从图2-3可以看出，公办中心园幼儿教师的教龄相对较短，有36%的幼儿教师教龄在5年以下，因为国家正在大力发展学前教育，不少农村地区的公办中心幼儿园扩大了用人规模，他们中大多数教师刚参加工作不久。而普通乡村幼儿园幼儿教师的教龄则普遍较长，他们中大多数都是从小学转岗而来，没有接受过真正的系统化的学前教育专业方面的训练，这也说明了普通乡村幼儿园师资配备及招聘幼儿教师力度匮乏，新鲜血液的注入不够，这种状况导致他们在教学过程中更多地采取小学化的方式，影响了学前教育的质量。

从农村幼儿园教师学历情况（图2-4）中可以发现：公办中心园教师的学历主要集中在本科（22%）和大中专层次（73%）；而普通乡村幼儿园教师多是从小学转岗而来或外聘的老教师，其学历层次则以大专和中专为主，中专以下学历占17%。整体来看，农村学前教育师资学历水平偏低，这对农村学前教育的发展是非常不利的。还有一点需要说明的是，这些教师中，还有一部分教师来源于小学，他们的学历虽然是大专或大专以上，但并非学前教育专业，他们在专业知识和技能方面都比较欠缺，没有形成系统性的幼儿教育理论知识和教学方法，按幼儿身心特征进行实践教学方面的效果不够理想①。

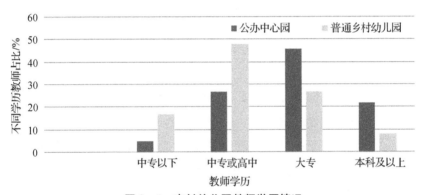

图2-4 农村幼儿园教师学历情况

从农村幼儿园师资配备情况（表2-1）中可以看到公办中心园平均每个班配有近2位教师。而普通乡村幼儿园每个班只配有1位专任教师，在保育员的配备方面相当紧缺，或是两个班共有1个，或是全园1个保育员，或是教师自己担任保育员，一边教学，一边保育。如H（普通乡村幼儿园）幼儿园5个班，在园214个幼儿，按最低配备标准应有教职工18人，而幼儿园只有公办教师5人。为保证幼儿园的正常运转，幼儿园只得靠教师们超负荷工

---

①唐荷花.乡镇中心幼儿园对村办园示范作用发挥研究：基于教育均衡发展的视野[D].重庆：西南大学，2012.

作。大多数普通乡村幼儿园每班由1名教师包干,保教质量根本得不到保证。上述幼儿园,如果按照公办教师比例计算,有的师幼比达到了1∶37,大大超过了国家的相关规定①。

表2-1　农村幼儿园师资配备情况

农村幼儿园师资配备	在职教师数/人	在园幼儿数/人	幼儿园班级数/个	师幼比
公办中心园	174	4 350	90	1∶25
普通乡村幼儿园	198	5 940	132	1∶30

（二）教学科研情况

在调研中发现公办中心园和普通乡村幼儿园在教材的选用上是统一的,但在具体选用哪个版本的教材上,教育部没有做明确的要求,只要是在五大领域内选购就行。不管是公办中心园还是普通乡村幼儿园选购的教材在内容上都偏重知识技能的训练,而对幼儿情绪情感、社会性发展方面的关注不够,不少普通乡村幼儿园甚至每天还会布置家庭作业（主要是写字和算数）,小学化倾向成为常态。

Y教师：在我们这里幼儿园出现教学小学化倾向太普遍了,几乎所有的幼儿园都重视知识技能的训练。我认为这主要是因为来自家长的压力,家长们之间也会攀比,经常会讨论孩子学了多少字,会不会算数,等等。要是哪家孩子不会写或者幼儿园不教,家长们会找幼儿园的。我们幼儿园也有生存压力,为了能留住幼儿,我们不得不教幼儿写字、算数。对此,我们也深感无奈与痛心。

在教学方式的组织方面,公办中心园和普通乡村幼儿园都按照教材进行分科集体教学,辅以游戏活动。但是,相对于普通乡村幼儿园来说,公办中心园的大多数教师能根据教学内容的不同安排不一样的教学组织形式,教学组织形式更加灵活。在科研方面,公办中心园的教师科研能力也相对强一些。普通乡村幼儿园师资紧缺,教师学历不高,且大多为年长的教师,平时老师完成课程任务就很紧张,能上好课、开展好活动就已经很不错了,根本没有时间和精力开展教研活动。普通乡村幼儿园虽也设有教研组,但教师本身专

---

① 研究者根据2021年9月对样本幼儿园调研记录整理而成。

业理论知识不够，没有能力进行相关的课题研究，每学期的教研活动也都是形式，收效甚微。

公办中心园作为农村学前教育的领航者，在科研方面进行着积极的探索。公办中心园会定期举行教研活动，但是也有不少教师认为科研是高校教师或者专门的科研工作者的任务，与自己关系不大，因而把每次的教研活动都看成一个艰难的任务，有着畏难情绪，缺乏热情。公办中心园，占据着农村学前教育窗口的重要地位，在各个方面都应该起着带头作用，尤其应将教学研究放在优先发展的地位。可采取开展课题研究的方式，向周边幼儿园进行教研活动的指导，发挥其示范、辐射、指导作用。但在现实中，公办中心园成为农村教研中心的道路还很漫长。

（三）教育设施配备

不同区域农村的学前教育中，公办中心园的办园模式也有一些差别，主要有中心校附设和独立办园两种模式。不同的办园模式下，幼儿园的招生数额、经费来源、管理体制等方面都有不同，不同区域农村可根据自己情况进行选择。公办中心园的管理可分为内部管理和外部管理：内部管理为园长统筹安排园内的各项工作。外部管理主要表现在行政隶属关系上，实行二级管理和三级管理，二级管理是教育部门—幼儿园的模式，而三级管理则是教育部门—中心校—幼儿园的模式。中心校附设的幼儿园，顾名思义是在小学中建设的幼儿园。对其进行管理时，需要将其作为所在小学的附属幼儿园进行四级教育部门—中心校—小学—幼儿园管理，其教师的任用、经费的使用以及绩效考核需要经过以上四个部门的同意。但是随着国家经济的发展、城镇化的快速推进以及脱贫攻坚战的实施，政府对农村学前教育的财政投入不断加大，政策持续倾斜，对原有公办中心园的模式进行改革，从原来的小学附属改为中心校附设，如今实行的也是三级管理，即教育部门—中心校—幼儿园[1]。

公办中心园在保教设备上基本涵盖了户外运动设施、图书以及班级教育设备和教玩具，多数班都配有多功能媒体设备，有些园所还有专门的幼儿睡

---

[1] 付娜，刘学金.新型城镇化背景下乡镇中心园发展差异性分析：以 L 市 4 所幼儿园为例[J].汉江师范学院学报，2021，41(1)：118-122.

房和床。公办中心园在环境创设和保教设施的配备上都较规范，室内较为宽敞，光线、照明充足，环境布置富有儿童情趣，基本上能围绕一个主题进行装饰，区角布置相对合理。幼儿园的园舍符合《托儿所、幼儿园建筑设计规范》，包括活动室、寝室、卫生间、办公及辅助用房。室外活动场所也较为宽阔，一般都配有大型玩具，如图2-5所示。

图2-5　山东单县某镇幼儿园一角

图片来源：作者拍摄。

普通乡村幼儿园在教育设施配备方面却显得有所欠缺，幼儿的玩具种类不多、数量少且比较陈旧，图书较少，教室内活动区的设置不到位，室内空间狭小，户外一般只配有旋转滑梯这样的大型玩具，在保健设备和班级保育设施方面严重不足，如图2-6所示。

图2-6　山东鄄城某村办幼儿园一角

图片来源：作者拍摄。

普通乡村幼儿园一般附设在乡村小学（村小）内，场地不足的问题在小学附属的幼儿园中表现得尤为突出。在幼儿入园需求旺盛的情况下，园舍显得更为紧张。一般情况下，小学除了能够给附属幼儿园提供活动室外就没有其他用房了，大多数小学附属幼儿园无独立的厕所、盥洗室，甚至没有午休室，幼儿午餐后只能趴在桌子上睡觉，或看看动画片，这显然对幼儿的健康有害无益。普通乡村幼儿园的办学条件简陋，主要原因是政府对学前教育资金投入不足，幼儿园资金来源渠道狭窄，有限的费用不能保证幼儿园发展和教育设施的及时配备。

（四）教育资源利用

《幼儿园教育指导纲要（试行）》中强调，城乡各类幼儿园应从实际需要出发，根据本地的实际情况开展素质教育，为幼儿今后的发展打下坚实的基础。相较于城市，农村地区有着天然的优势，有着广袤的田野、美丽的自然风光以及多样性的生态系统，这些都为农村幼儿接触大自然提供了便利条件。除了地理优势以外，农村淳朴的民风和当地的农村文化都是重要的教育资源，调查资料显示，不少省份的公办中心园能结合农村特有的自然条件，开发一定的园本课程。

但是普通乡村幼儿园的不少教师由于自身的专业素养不足，没有意识和能力去开发园本课程，也缺乏相关指导。这就需要幼儿园的管理者与政府形成合力，由政府主导，邀请专家、公办中心园的骨干教师和有关部门多方协同，共同商讨和制定相应的对策，形成独特的课程体系；要充分利用农村优越的地理和人文优势，发掘教育资源，增强对这些教育资源的开发和专题研究。政府领导、专家和幼儿园的管理者、教师共同讨论，形成适合当地的独特的园本方案，建设农村幼儿园独特的课程体系，改变当前盲目模仿城市幼儿园的现状。对农村幼儿园教师进行培训以提升他们的专业素养，从而提升幼儿园的保教质量。调查显示，农村地区幼儿园教师大都有着强烈的学习欲望，只是苦于没有很好的途径去提升自己。因此可以由政府组织，将普通乡村幼儿园与公办中心园进行对接，形成互助联盟，帮助农村地区教师学习当下新的教学理论，开拓视野、举一反三。城市幼儿园教师也可以来农村进行教学，感受自然风光。通过政府积极组织该类型的活动，园所间可以共享教育资源，提升自身的教育教学质量，这样也有助于缩小城乡差距，推动教育公平的发展。

二、公办中心园示范引领内涵的认识

（一）"示范引领"概念的理解

"示范"，在字典中的解释是指做出某种样子，供大家学习借鉴。"引领"是指带动事物跟随主导者向某一方向运动、发展。示范引领并不是单一方面的行为，在这个过程中，不仅有示范者的示范，也有学习者的学习，这两个部分是同样重要的。如果没有示范对象的学习，就没有示范方的示范，因此示范双方共同参与才能构成示范的过程。优质公办园能够顺利地完成示范引领，需要基于示范者对示范对象的明确认知，示范者首先要了解示范对象，尤其是民办园现有的课程与管理等，在理解示范对象的前提下促成其健康发展。示范过程中既包含公办中心园教师的示范，也包括普通幼儿园教师自我的学习，两者相促相生，共同发展。但在研究过程中发现，针对"如何看待公办中心园的示范引领活动"这一问题，不少教师对示范引领概念的理解不是太到位。

Q教师：作为一名普通教师，我认为公办中心园的示范引领活动非常有必要，可以让我在足不出园的情况下，学习到先进的思想和技能。但很多情况下，我觉得公办中心园的示范活动就是经验介绍，或者成果展示，每次活动开展流程都比较简短。参加活动有时会耽误我的工作进程。活动过程中，大部分是骨干教师和领导发言，我们普通教师发言和提出的问题少，参与感较低，感觉就是为了示范而示范。我们还是希望能够在活动中与其他教师交流已有的经验，提升自己的教育技能。

其实，示范引领活动的作用并非单向的，不管是主动的引领者，还是被动的接受者，都在示范辐射活动中得到了应有的发展，满足了自我发展的要求。公办中心园引领其区域内其他幼儿园的发展，是促进公办中心园自身发展的一种形式，在公办中心园示范引领下，公办中心园与普通园协同发展，从而促进农村学前教育的发展，实现学前教育的"一花独放不是春，百花齐放春满园"。

（二）公办中心园"示范引领"的内涵

中共中央、国务院印发的《乡村振兴战略规划（2018—2022年）》中提出"发展农村学前教育，每个乡镇至少办好1所公办中心幼儿园，完善县乡村学前教育公共服务网络"。农村的学前教育发展越来越得到重视，公办幼儿园与普通乡村幼儿园都开始逐步发展。如今适龄学前儿童数量大，对幼儿教育的需求高，为确保4～6岁学前儿童对幼儿园的需求，提高学前教育毛入园率，我国的学前教育需要得到充分的发展。我国大多数地区的公办中心园占比小，数量少，只依靠公办园还不足以满足幼儿的入学需求，因此出现了许多普惠性幼儿园及普通幼儿园，这些幼儿园良莠不齐，存在各种各样的不足之处。

随着观念的更新，人们对学前教育的重视程度越来越高，农村地区的学前教育发展与城市地区之间还存在较大差距，而公办中心园作为农村地区学前教育的航向标，承担着示范、引领、辐射的重任，在协调区域农村学前教育的发展中发挥着积极的作用[①]。2003年，《国务院办公厅转发教育部等部门（单位）关于幼儿教育改革与发展指导意见的通知》（简称《通知》）中指出"示范性幼儿园要参与本地区各类幼儿园的业务指导，协助各级教育部门做好保育、教育业务管理工作，形成以省、地、县、乡各级示范性幼儿园为中心，覆盖各级各类幼儿园的指导和服务网络"。公办中心园是农村区域的优质幼儿园，《通知》从功能的角度指出了优质幼儿园示范辐射引领的价值是"带动本地区幼儿教育事业的整体发展和教育质量的提高"，指出发生示范辐射的三点要求：第一，优质幼儿园要与普通幼儿园的实际结合进行示范辐射；第二，在具体的实践过程中起到指导的目的；第三，促成普通幼儿园的发展，实现示范成果在普通幼儿园的落地[②]。

根据问卷调查得知，公办中心园开展示范活动主要是由于教学计划。从现实情况来看：一方面，公办中心园开展一次示范活动要花费较多的时间、精力、物力、财力，这对于本就艰难发展的中心园来说实在是心有余而力不

[①]杨翠美.农村优质公办园示范性作用发挥的路径探析[J].佳木斯职业学院学报,2020,36(1):296-298.

[②]罗超,王小为.论优质幼儿园示范辐射的内容和方式[J].汉江师范学院学报,2020,40(6):94-98.

足；另一方面，公办中心园没有意识到履行学前教育法规政策是自己的责任，也就没有将发挥示范作用当做自己的责任和义务，很难深入认识示范作用的重要性，难以发挥自身优势推动农村学前教育不断发展。总之，公办中心园对示范活动的内涵理解不足且示范活动的目的性不强，对于自己肩负的重要责任还不甚清晰。针对"如何理解示范引领活动内涵"这一问题，有81.82%被调查的公办中心园选择了"完成幼儿园教学计划"；有72.73%的公办中心园选择了"上级主管部门的要求"；有54.55%的公办中心园选择了"文件法规的要求"；只有18.18%的公办中心园选择"村办园的需求"，如图2-7所示。

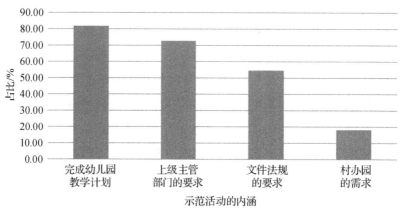

图2-7 公办中心园对示范引领活动内涵的理解及占比

综上，公办中心园的示范引领过程，是以该区域内公办中心园的经验和成果为基础，根据普通乡村幼儿园的实际情况与需求，在公办中心园的示范引领下，促进普通幼儿园发展，从而带动整个学前教育发展的过程。公办中心园所进行的示范引领活动整个过程是从公办中心园的示范起头，以民办普通幼儿园生成示范效果结尾，从而有效地促进民办普通幼儿园的发展，在这个过程中实现示范、引领、发展。在公办中心园示范引领与普通乡村幼儿园的学习过程中：一个方面是公办中心园为主导，在进行课题研究、教学组织等活动时，主动让普通乡村幼儿园参与其中，使普通乡村幼儿园了解公办中心园的发展过程，得到自我管理的启发；另一个方面是双方共同分析普通乡村幼儿园的不足之处，在公办中心园的带领下，针对具体问题，分析对策，共同解决问题,并共享成果。

三、公办中心园示范引领活动的开展

公办中心园示范引领的内容并没有一个明确的规定。《通知》中提出:"要充分发挥示范性幼儿园在贯彻幼儿教育法规、传播科学教育理念、开展教育科学研究、培训师资和指导家庭、社区早期教育等方面的示范、辐射作用。"根据这个文件,有研究者提出,作为示范性幼儿园,它所示范辐射的内容就是"依法执教、保教、管理、教师专业成长"[1]。但是根据各项文件的解读,我们可以看出,文件中规定的内容,对于公办幼儿园与普通幼儿园来说,只是一个大体的指引,并不是示范引领的具体内容。例如,根据《3—6岁儿童学习与发展指南》(简称《指南》)的规定,学前教育不划分具体科目,分为健康、语言、社会、科学、艺术等五大领域,根据《指南》对各个年龄阶段幼儿的具体要求,分五个领域设计幼儿园教学活动,但是这五个领域仅仅是整个幼儿园教育活动的基本教学的方向,只是一个大体内容的概括总结,并没有真正构成教学内容。在一些具体活动的设计实践过程之中加上教师的加工处理所能产生出来的内容,才真正是教学的内容。公办中心园具体的示范引领的内容不局限在公办中心园所取得的成果和经验上,也不受相关政策文件中给予的示范内容方向的局限,具体的示范内容应该是在具体示范活动中,由示范学习的双方共同合作、讨论,根据普通幼儿园实际需要和公办中心园已有的成果经验来确定。所以,经过调查分析和查阅资料,研究得出公办中心园示范引领活动的开展主要包括选择立足于公办中心园经验的示范内容,基于共同发展的示范过程,着眼于解决问题、引领发展的示范组织等步骤。

(一) 立足于公办中心园的经验和成果

公办中心园的优势主要表现在园所管理、课程开发、教师培训、保育教学等方面,其在示范过程中占据主导地位,起到主导作用。因此,优质公办中心园利用自身优势取得的成功经验和丰富的管理经验就组成了示范引领的基础部分,主要内容包括两大类七个方面。

---

[1] 罗超,王小为.示范性幼儿园的示范内涵、内容及途径[J].教育导刊(下半月),2015(2):13-16.

两大类主要指保教工作示范和管理工作示范。保教工作示范是指教育教学与保育工作的指导。公办中心园起到的核心示范作用在于保证幼教工作的顺利开展，促进学前教育事业的腾飞。教育水平参差不齐是制约幼儿园发展的重要因素。所以，在示范引领过程中，提升普通乡村幼儿园教育教学的质量是重点部分。对于公办中心园的示范而言，在示范引领的过程中需要保障其保教水平的稳定发展。因此，幼儿园保教人员的工作责任意识必须符合示范的严格要求，才能真正起到带动普通幼儿园水平提升的作用，推动幼儿园保教工作健康发展。

第二大类就是管理工作示范，这也是公办中心园示范的重要部分。良好的园所管理可以帮助幼儿园整体和谐健康地运行，是一所幼儿园保教工作顺利开展的基础。幼儿园的管理工作包括园所管理、班级管理、后勤管理、业务管理、教师管理、幼儿管理等部分，这些都是公办中心园管理示范的组成部分，管理工作可以充分展现出一所幼儿园的专业水平。有效的幼儿园管理不仅可以使幼儿园向前发展，还可以使教师的精神面貌、行为习惯、教学方式都有良好的提升。需要注意的是，管理工作的示范是以科学的、合理的管理为主，并非严控或无原则的放任型管理①。

七个方面的内容包括园所管理理念、特色办园经验、环境创设、保育教学、家园合作、课程开发、教师培训，这些都是公办中心园相对于普通幼儿园所具有的优势。不过，公办中心园所开展的示范引领的活动内容并不是固定不变的，而是要根据普通幼儿园的需要与实际情况，进行具体调整，以优质幼儿园的经验和成果构成七个方面的内容，实现示范双方的共同发展。

（二）基于共同发展的示范过程

在示范引领过程中，如果公办中心园将知识、经验、做法、制度等直接原封不动地传递给普通幼儿园，普通幼儿园单纯地将其原有的园所形式改为示范形式，那么示范活动并不会取得较好的效果。公办中心园要在示范的过程中，将其优质的办园理念、管理经验、课程开发理念、教学设计形式等融入各类活动中，选择合适的形式进行示范。因此，关注示范的形式也是非常重要的。对于普通乡村幼儿园而言，从公办中心园获取的经验，是他人实践

---

①田咏荭.如何让省级示范幼儿园发挥示范作用[J].读写算,2020(5):35.

后得到的知识或能力。只有将获得的知识经验与自身相结合，促进共同发展，才有意义。所以，公办中心园教师在示范引领的时候需要注意到，传授成果经验时要结合具体的活动与普通幼儿园的实际情况，要让普通幼儿园教师真正理解示范的内容。在公办中心园教师的引领示范之下，普通幼儿园教师把这些经验变成具体可操作的知识，才能起到真正的效果，带动普通园的发展。

同时，在国家对学前教育的关注逐步加深的情况下，不断调整的学前教育新政策使幼儿园的发展随时可能产生变动，在各类新的教育指导理论、新的政策指引下，幼儿园可能会存在不知该如何做的困惑，这时就要借助公办中心园的引领。公办中心园可以针对政策的具体要求，采用合适的形式，对普通乡村幼儿园的困惑进行答疑，解决区域内所涉幼儿园面临的发展问题，使全部幼儿园得到全面的发展。因此在示范引领的过程中，公办中心园的示范形式是需要注意的，要加强双方的交流，避免一方独大，要在双方平等的情况下，形成合作关系，引领区域内学前教育的发展。示范活动不是示范者一方的活动，要看示范是不是起到了效果，只有将示范的成果应用到工作实际中，为普通幼儿园提供发展所需要的经验，促成普通幼儿园的发展，才能称之为完整有效的示范引领活动。当然，在此过程中，示范的形式也是重点内容。

（三）着眼于解决问题、引领发展的示范组织

公办中心园的示范引领归根结底就是要解决普通幼儿园存在的不足之处以及困惑之处，例如师资培训、园所管理、环境设计、课程开发等方面，所以针对各个幼儿园存在的问题进行具体指导，就是示范引领的重要内容。公办中心园对示范的内容进行传授讲解，是示范引领活动的前半部分，是起到引导作用的部分，而之后就需要普通幼儿园在具体的实际活动中，让公办中心园总结、传递的经验成果得到落实。在活动的过程中检验示范取得的成果是否可行，在示范引领下，促进普通幼儿园成长蜕变。

在示范活动的后半部分，示范活动的主导方逐渐转变为普通乡村幼儿园这一方。但要注意公办中心园的指导也是至关重要的，在示范成果运用的过程中，公办中心园要结合具体情况开展指导，根据实践中所遇到的困境来解决问题。这个过程是示范双方学习和交流的过程，可以有效地解决示范成果

的适用范围、理论与实际的联系等问题,并发现问题产生的原因及解决途径等。

总而言之,农村学前教育的示范引领活动不仅要由公办中心园来指导和传授,普通乡村幼儿园的配合与学习也是重要的,要针对普通乡村幼儿园的具体问题具体分析。公办中心园获得的丰富的经验和成果是示范引领的基础性内容,普通乡村幼儿园需要在公办中心园的引领下进一步理解与体会,将其转变为普通幼儿园的程序性知识。只有真正有效地促进普通幼儿园的成长发展,让程序性知识内化为教师的经验才能代表示范引领真正有价值①。

四、公办中心园示范引领活动的形式

公办中心园发挥示范辐射作用,不是去普通幼儿园开个讲座,请负责人一起开会讲解就解决问题了,这样是没有太大效果的。要想真正地实现公办中心园引领作用,不能单独的用讲授这种单一的形式,可以通过构建以活动为中心的示范辐射体系,以及优秀教师的示范课等形式带动幼儿园的发展。经过调查发现,在选择示范的形式上,大多数幼儿园仍然选用参观园所、观摩课和讲座等一些较传统的形式,这种示范形式的特点是可以充分发挥公办园的主导作用,缺点是示范的效果并不太理想。

为了能够有效地发挥示范效果,公办中心园在示范的过程中,可以采用多元化、多形式的示范方式。例如,科技的迅速发展为示范提供了多种形式,利用快速发展的多媒体技术,采用线上和线下相结合的方式,通过资源共享、网络视频、电视会议等,丰富示范引导的形式,提高示范效用②。在示范形式上拓宽思路,采用多种形式,确保示范有效。从示范引领到成果获得,主要分为公办中心园主导示范、双方交流合作两大部分,可以通过多种形式开展。在两大部分中,公办中心园主导示范的活动包括观摩学习、示范课展示与总结、教师培训、园长集中培训等。

---

①罗超,王小为.论优质幼儿园示范辐射的内容和方式[J].汉江师范学院学报,2020,40(6):94-98.
②李凤艳.示范性幼儿园对普惠性幼儿园的引导作用研究[J].焦作师范高等专科学校学报,2019,35(4):63-65.

(一) 公办中心园主导的示范形式

公办中心园作为示范引领的主体，应发挥主导作用，以公办中心园为主体开展观摩学习、示范课展示、教师培训、园长集中培训等活动，促进普通乡村幼儿园的教师与管理者的专业成长。

1. 观摩学习

观摩指观看彼此的成绩并互相学习研究。公办中心园在农村地区居于引领地位，有着其他普通乡村幼儿园没有的优势，获得的经验成果有着学习和借鉴的价值。但是公办中心园是怎么发展的、发展得怎么样、取得了哪些成果，从听讲座或者单纯的讲述中是无法切实感受到的。只有让普通幼儿园教师走进公办中心园，通过参观学习的形式，亲身体验到公办中心园在教育教学、管理、环境创设等方面的优秀经验，才能真正地改变其原有的知识经验、旧理论，得到新经验，获得理论与实践的双重更新。观摩学习，不只是普通乡村幼儿园到公办园的单向学习过程，也是公办中心园对自己取得成果的展示与反思的过程。在示范的同时，公办中心园探索出更深的发展道路，帮助普通幼儿园建立自身发展的信心，在经验的总结中寻找发展的最优形式。在这个过程中，普通幼儿园逐步地学习新知识，产生改变以往幼儿园管理和教学的底气。

2. 示范课展示与总结

示范课，顾名思义就是对教育教学起到"示范"作用的课程活动，组织者有目的、有计划、有组织地向示范者展示其优质部分。示范活动的主题明确，设计完整，引领教师向完美的优质课程靠拢。这是一种校本教研活动，可以在本园中开展，也可以和其他幼儿园共同进行。公开的示范课是学校教研的主要形式，是一项最常见、最基本、最典型的教研活动，有利于教师间、学校间观摩、交流。公开的示范课可以帮助示范的教师反思自己的教育教学中是否存在问题，不断地提升自我的专业度。同时，这也成为同行讨论的良好机会，示范过程可以有效地给被示范者以启示，促进教学的改革和教师的专业成长。

公办中心园示范课的作用主要有以下几点：一是帮助普通幼儿园提高教育教学质量，提升教师的职业素养；二是提升示范园的课程教学质量。公办中心园定期举办示范公开课活动，邀请普通乡村幼儿园的教师来交流学习，能够给普通乡村幼儿园提供一个完整的、优质的教学活动的案例，通过示范课引导教师将总结的优秀经验应用于自我的实践中，提升自我的教学组织能力。另外，示范课还有助于教师掌握活动课程开发设计理念，有效地对活动进行组织管理；还能够开拓环境创设等方面的思路，帮助他们更好地改善教学活动、组织游戏活动等，为普通乡村幼儿园的教育管理、课程模式开发、教学模式创新提供建议、指导。定期举行公开示范课是公办中心园的责任，也是其发挥示范引领作用的重要途径。

3. 教师培训

开展教师培训的目的是使教师专业能力得到提升、专业理念得到更新，激发教师的积极性和主动性，促使教师更好地组织教育教学工作，同时引导教师树立终身学习的思想信念，更好地开展教育研究。教师培训在公办中心园发挥示范引领作用的活动中属于最常见的形式，是有效地将知识和经验传递给他者的有效形式。公办中心幼儿园对普通乡村幼儿园教师开展培训的内容主要是公办中心园总结的建设成果和经验（既包括园所管理、课程理念、活动设计、环境创设等方面的已有知识经验，也包括学前教育的前沿理论、热点话题、教育政策等最新思想或成果），以及围绕普通幼儿园的发展所需解决的问题，培训方式主要有园外专家或园内优秀教师直接授课，开展主题讨论，专家与参与者共同交流以及提出问题学者作答等。通过培训，公办中心园可以全面而又精确地实现示范引领，帮助普通幼儿园教师获取知识经验，这是一种很好的传授知识、达到示范的方式①。

4. 园长集中培训

除了对教师进行培训之外，对一所幼儿园的园长进行培训也是必不可少的。当好一名幼儿园的园长必须具备目标意识，高瞻远瞩，审时度势，擅于分析和整合已有的信息与资源。这就像当一名队长，不仅要能干，而且要能根据队员的个性特征，让每一位队员都能发挥所长。这样，队员也可以各司其职，共同为了队伍而凝聚在一起。首先，园长要把握幼儿园的发展目标；其次，园长必须要树立法治意识，管理幼儿园要依法进行，园长必须了解教

---

① 罗超,王小为.论优质幼儿园示范辐射的内容和方式[J].汉江师范学院学报,2020,40(6):94-98.

育法规和劳动法等，要做到学法、守法、护法；再次，园长要有规则意识，合理建立园所管理制度，对教师的管理、幼儿的管理都合理有序地进行，后勤管理等要做到有专人负责，办事有标准，有奖有罚有序开展各项工作；最后，园长需要有民主意识，对幼儿园的管理，要注重民主性，幼儿园的每一个人都有发言权，才利于园长凝聚集体的大智慧，赢得家长的信任。一所幼儿园的园长是非常重要的，因此在公办中心园的示范引领过程中，对幼儿园园长的培训是必要的。可以经常召集园长开会，共同商议问题，提升园长的责任感、使命感。

（二）双方交流合作的示范

在示范引领的过程中，一枝独秀是无法实现长远发展的，单向的互动远不及双向的交流更有效果，不能只是公办中心园或者普通乡村幼儿园一方主动，而要双方共同交流合作，才能达到理想的效果。在示范活动中，公办中心园教师要全面地展现出自己幼儿园的特色、优点，并能适时地与其他幼儿园教师进行交流和互动。其他幼儿园教师也要虚心地向示范教师请教教学经验，同时和幼儿园的实践活动相结合，探寻幼儿园共同发展创新的发展道路，最终达到共同发展的目标。公办中心园是一个乡镇的优质幼儿园，它有着丰富的教育资源，因此，公办中心园可以定期组织优秀教师到普通乡村幼儿园开展交流活动，进行专业指导，对普通乡村幼儿园的教师开展培训，充分发挥示范性幼儿园的示范引领作用。

在调查中发现：有些公办中心园组织优秀的教师到普通乡村幼儿园中，根据普通乡村幼儿园设置的教学计划开展一日活动，制定活动内容、活动结构、活动方式等，结合活动开展的实际情况提供专业指导，帮助普通幼儿园教师提升教育水平，妥善地处理在教育过程中出现的各种问题；有些公办中心园每年定期组织部分优秀幼儿园教师下乡，通过各种交流研讨活动来分享工作经验；还有些公办中心园教师通过共同撰写教学论文等方式来共享教学工作经验，促使广大普通幼儿园教师及时总结自己以往教学工作的情况，查漏补缺，提高专业技术水平和专业教学工作素养，促进他们专业素质能力的发展，培养优秀学前教师。双方交流合作的示范引领活动主要包括专题研究、课题引领、跟岗学习、结对"帮扶"、资源共享、跟踪指导等。

1. 专题研究

专题研究是指针对一个主体进行深入细致的研究,它是针对一个大项目的某一具体部分进行的,起到辅助的作用,以便支持整个主题的研究。因此,它是整个可行性研究过程中的一个重要环节,在大规模投资建设中其意义更为明显。在幼儿教育行业中,专题研究,是指幼儿教师根据幼儿的兴趣和对自我能力的把握,与同事、家长等选定一个幼儿的相关主题,进行一系列有意义的研究。可行性分析,是指在研究的基础上确定是否可以开展这个活动。这个专题研究的过程包括资料的收集、整理、分析等,最后根据得出的结论来指导实际的活动。

公办中心园作为示范引领的主体,应当适时开展专题研究,选择当前幼儿教育的热点问题展开讨论,并结合普通乡村幼儿园实际存在的问题,根据自身的已有经验成果开展专题研究。公办中心园与普通幼儿园一起开展专题研究,可以建设一批优质的幼儿园教学共同体,推动区域内幼儿园的共同发展。在这个过程中,普通幼儿园与公办中心园之间的交流可以加深,公办园可以把自身总结的经验成果传给普通幼儿园,普通幼儿园可以把获得的经验成果运用到具体的实践活动中。通过交流加深双方教师的思想认识,提升教师的专业能力,更好地开展各项活动。

在开展专题研讨的过程中,要注意发挥公办中心园的示范引领作用,根据现有的研究热点问题与幼儿园的实际情况,大家共同探究,分析普通乡村幼儿园需要提升的部分,解决实际问题,帮助教师提升自我,实现幼儿教育的迅速成长发展[1]。

2. 课题引领

课题引领也是发挥示范作用、促进双方交流的良好形式。采取课题引领的方式,根据实际的教学情况,组织双方教师分析存在的教学问题,确定研究的主题,组成课题小组,沿着研究问题、做出假设、提出方案、验证实效的步骤展开研究,促进双方对同一个问题的研究更有深度,提升解决问题的能力。在学校教学研究水平、教学质量和教师专业化水平的提高上,课题引领是非常有效的途径。

---

[1]罗超,王小为.论优质幼儿园示范辐射的内容和方式[J].汉江师范学院学报,2020,40(6):94-98.

课题引领的形式，可以让公办中心园和普通乡村幼儿园的教师形成科研统一体，在示范的过程中共同探索与研究，针对问题展开讨论，让普通幼儿园教师加入公办中心园教师的实践活动中，获取相关经验。在这个过程中，普通乡村幼儿园的教师可以深入研究相关课题，了解幼儿教育面临的难题，了解自身发展的途径，从而提升自身的理论与实践水平，收获更好的幼儿教育资源与成果，更好地在幼儿园开展相关研究，促进幼儿园的发展。

通过课题研究引领示范活动，解决幼儿教育上遇到的各种问题，针对问题开展交流合作，既有利于公办中心园自身的发展，也促进了教育事业的发展。在公办中心园的引领下，普通乡村幼儿园可以深入回顾自己办园的过程，对具体问题进行具体分析，并找到解决问题的方法。

3. 跟岗学习

跟岗实习在职业教育中比较常见，是指学前教育专业的学生，经过一系列的理论学习后，由职业学校统一组织到实习单位的相应岗位，在相关教师的指导下参与部分实际的教育教学工作的活动。而跟岗学习就是指教师到优质地区，在真实的教学环境中观察优质教师的教学实践，从而获得经验的学习过程。

公办园示范引领学前教育发展阶段的跟岗学习是指普通幼儿园的教师脱离原有的岗位，到公办中心园进行学习，与公办中心园的教师交流，在公办中心园的一日生活活动中，观察公办中心园的生活安排和各类教育教学等活动的组织，以此积累经验。跟岗学习的形式可以让普通幼儿园教师真正感受到优质公办中心园的成功经验和优秀成果，并在后续的工作中有这些经验与成果应用于自己园所的教育活动中，有效地提升自我的专业能力与专业素养[1]。在这个过程中普通乡村幼儿园与公办中心园的教师共同进步，在公办中心园优秀教师的帮助下促进普通乡村幼儿园教师的成长。这个过程为示范的落实提供了途径，能够有效地促进示范成果的落地。

4. "结对"帮扶

"结对"帮扶是优势群体帮助扶持相对弱势群体的形式和手段，具有以先进带动后进，优势带领劣势的作用，具体包括一对一、多对一、多对多三种

---

[1] 罗超,王小为.论优质幼儿园示范辐射的内容和方式[J].汉江师范学院学报,2020,40(6):94-98.

结对方式。这种方式能够运用的地方非常广泛，包括学校、公司、街道等。在教育领域，"结对"帮扶的形式可以有效地促进双方教师的沟通交流与合作，是一种常见的促进双方提升的措施。通过"结对"帮扶可以搭建城乡学校信息交流的平台，促进资源共享、优势互补，缩小双方教育存在的差距，有效地促进教育公平与教育均衡发展。

公办中心园的"结对"帮扶，分为教师之间的对接以及园所之间的对接两种形式。教师之间的对接是指公办中心园和普通幼儿园中选出教师代表，实行一对一的对接或者是多对一的对接，双方之间沟通交流，共同成长，是示范引领的良好形式。园所之间的对接以区域农村幼儿园的内涵建设为重点，充分发挥公办中心园的示范辐射作用。如公办中心园园长前往现场，作专题讲座传授宝贵的管理经验、进现场对幼儿园做整体规划等，促进幼儿园的保教水平和办园质量的提升。通过公办园教师与普通幼儿园教师之间的沟通合作，给予普通幼儿园课程开发、活动组织、环境创设等方面的启示，起到帮扶的良好效果。以"结对"帮扶的形式开展示范引领活动，可以促使普通幼儿园教师深入学习公办中心园的优秀之处，在获取知识经验后从自身幼儿园的实际情况出发，在实践活动中完成对问题的解决。这既可以促进幼儿园的提升，也可以有效地提升幼儿园教师的成长，是公办中心园发挥示范引领作用的形式之一。

5. 资源共享

幼儿教育的资源有多种，如环境资源、社区资源、设施设备、教师资源、课程资源、历史文化资源等，各种资源的供给和有效的利用，能够更好地促进园所的发展。在各种资源的利用上，不同的幼儿园之间存在差距，公办中心园的资源供给会好于普通幼儿园，因此在公办中心园示范引领的过程中，资源的共享也是普通幼儿园发展的有效途径。

对部分普通幼儿园来说，其自身条件并不是很好，存在一定的短缺，获取的资源主要是创办者带来的，相对来说发展受到限制。所以，为了促进学前教育事业整体的提升，应该采取一定的措施，促进资源的共享，使普通幼儿园也获得相应的教育资源。资源的共享包括优秀教师共享、先进教育经验共享、优秀管理经验共享等。通过资源共享，推动公办中心园更好发挥示范引领作用，让普通幼儿园吸取其他优质幼儿园的优势，在资源共享中得到优化,从而促进区域内幼儿教育的整体发展。

6. 跟踪指导

跟踪指导就是指示范者对学习者进行具体指导,学习者获得经验后,内化为实践操作性知识,在教学活动中转化为自身的成果,在示范者的具体指导中获得相应的成长。在公办中心园的示范引领中,普通幼儿园不能直接将从公办中心园获取的经验应用于自身,必须与自身的实际情况结合,才能获得成果。因此,公办中心园在示范时,要及时派遣教师到普通乡村幼儿园跟踪指导,通过观察他们的一日活动安排、保教工作、各项活动开展情况等,全方位地了解普通乡村幼儿园的日常组织情况、管理制度等,结合实际情况帮助他们提升能力,最终提升教师的专业水平和普通乡村幼儿园的办园质量。

以上所提出的公办中心园主导的示范和双方之间的交流合作是当前公办中心园示范引导的主要形式,应根据示范实施具体内容的不同,选择适宜的形式。这些活动开展的目的都是促进双方共同的发展,促进幼儿园的"成长",实现农村学前教育事业的腾飞。

五、公办中心园在农村学前教育中发挥的作用

《规划纲要》实施十年来,随着国家对农村学前教育发展扶持力度的不断加大,各地积极推进公办中心园建设,不仅公办中心园建设的覆盖率显著提升,在发挥公办中心园对村级幼儿园的示范指导作用方面也取得了显著的成效。以基础比较薄弱的中西部农村为例,根据《中西部教育发展评估报告》,2018年中西部地区23个省份中,共有25 419个乡镇,乡镇中心幼儿园17 397所,公办乡镇中心幼儿园覆盖率达68.4%。共有2 169个区县制定了乡镇中心幼儿园业务管理措施,占比92.4%[1]。国家相关政策的设计和一些省市的地方政策与实践表明,已经建成的公办中心园在不同程度上发挥了示范、辐射和引领作用,带动了辖区内农村学前教育的发展。乡镇公办中心园是保证农村学前教育质量和提升农村幼儿园教师素质的关键和中坚力量。近年来,各省市积极探索乡镇公办中心园的建设和业务管理职能发挥的制度与

---

[1] 刘占兰. 乡镇中心幼儿园的作用与农村幼儿园教师的专业发展[J]. 中国教师, 2020(8):84-87.

方式。乡镇公办中心园对辖区内的各类村级幼儿园进行业务管理，充分发挥业务指导、辐射和示范作用，成为辖区内农村幼儿园教育的教研中心、培训中心、指导中心和咨询中心。许多公办中心园还承担了巡回支教的任务，是各类村级幼儿园（班）保教质量提高的重要依托。总之，农村乡镇公办中心园在保证村级幼儿园质量和提升村级教师专业水平方面有着不可或缺的作用。

从农村幼儿园教师专业成长的现状看，近年来政府加大了对农村幼儿园教师的培训力度。《规划纲要》明确要求在"推进农村学前教育"的重大项目时，对农村幼儿园园长和骨干教师进行培训。《国务院关于当前发展学前教育的若干意见》强调建立幼儿园园长和教师培训体系，五年内对幼儿园园长和教师进行一轮全员专业培训。《幼儿园教师专业标准（试行）》《关于加强幼儿园教师队伍建设的意见》《幼儿园教职工配备标准（暂行）》等文件的出台也极大地推动了农村幼儿园教师队伍建设。《教育部办公厅 财政部办公厅关于做好2015年中小学幼儿园教师国家级培训计划实施工作的通知》提出"2015年起，'国培计划'主要面向乡村教师，采取顶岗置换、送教下乡、网络研修、短期集中、专家指导、校本研修等有效方式，对教师进行专业化培训"。

尽管对农村幼儿园教师的培训力度如此之大，但缺口大、欠账多等多种原因导致农村幼儿园教师与城市幼儿园教师相比差距依然巨大。鉴于农村幼儿园教师专业基础比较薄弱的现状，加之农村幼儿园教师的稳定性也比较差，仅依靠各种培训来提高农村幼儿园教师的专业素养是不够的，加强日常教研、建立合理有效的教研制度是提高农村幼儿园教师专业素质的基本途径。因此，发挥县、乡两级优质幼儿园及骨干教师的引领示范作用成为事业发展的必需。应该说，在过去的数十年中，国家和地方对与公办中心园相关的制度设计已经非常全面，但还没有完全落实到位，在公办中心园的建设、覆盖程度和多中心作用发挥上，仍然需要加快步伐。

第三节　公办中心园示范作用发挥的现状及效果

在推进区域内学前教育的发展方面，公办中心园应充分发挥其示范、辐射功能来带动其他幼儿园发展。为了解公办中心园开展示范的实然状态，包括示范的频率、示范的途径和方式、示范的效果,以及如何保障公办中心园更好地发挥示范作用,研究者通过自编"公办中心园示范作用发挥情况调查问卷",于2020年9月至2021年12月选取山东、江苏、河南、安徽4个省份的农村地区18所公办中心园、90所普通乡村幼儿园为调查对象(其中公办中心园园长30名,普通乡村幼儿园园长及教师185名,从中随机抽取8名进行访谈),采用文献法、问卷调查法、访谈法和实地观察法等多种研究方法就公办中心园发挥示范作用过程进行了比较深入的研究,以揭示区域农村公办中心园示范作用发挥的状况及实施效果。

一、公办中心园示范网络初具规模

从4个省份的18所公办中心园及所辐射的普通乡村幼儿园的发展情况来看,我国农村地区基本形成了点线面结合的公办中心园示范普通幼儿园的空间网络结构。从公办中心园的空间分布看,如图2-8所示,普通乡村幼儿园教师通过走路或借助交通工具能在半小时之内到达公办中心园的占比为84.60%,这也就说明普通乡村幼儿园教师在空间距离上参加公办中心园示范活动比较便利。

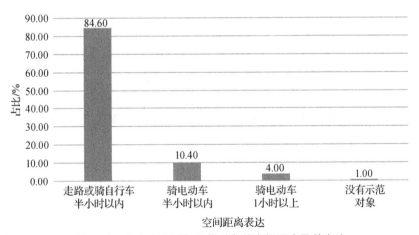

图 2-8 公办中心园与示范对象的空间距离及其占比

从示范活动的辐射范围来看,如图2-9所示,65.50%的幼儿园表示公办中心园的示范活动有固定的幼儿园,但也有不固定的幼儿园。其中有30.50%的幼儿园表示,示范活动只有一两个固定的幼儿园,其他示范对象分布的范围比较广。

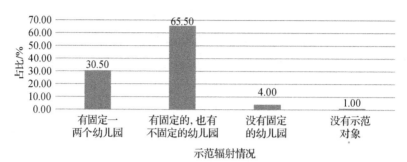

图 2-9 公办中心园示范辐射情况及其占比

从参加示范活动的情况来看，如图 2-10 所示，只有 58.00% 的幼儿园定期参加了示范园的示范活动。也就是说，公办中心园的示范空间网络已基本形成，但是也有相当一部分幼儿园没参加过公办中心园开展的示范活动。

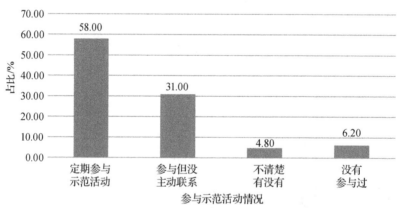

图 2-10 普通幼儿园参与示范活动情况及其占比

二、公办中心园示范责任意识

（一）公办中心园对发挥示范作用的认识不够

以哲学的观点来看，示范是一种意识活动，是主体发现客体对其有所作用和影响后，通过认识意识的指挥，主动进行的行为。如果公办中心园没有很好地认识到自己有责任发挥示范作用，那么为开展示范活动所做的准备、示范的过程和所取得的效果就不会太理想。乡镇公办中心园开展示范活动的目的是帮助普通乡村幼儿园科学办园，得到相应的发展，同时引导普通乡村幼儿园教师用专业素养和专业方法开展幼儿园保教工作。所以，开展示范活动，应立足于普通乡村幼儿园领导和教师的困惑与需求，这是示范活动必须要注意的。然而多数公办中心园在开展示范活动时忽略了这一需求，以致指导思想存在偏差。

公办中心园在发挥示范作用的认识上目的性不强，研究者深入所选农村的公办中心园进行了调查，发现该地区大多数优质公办园在自身所起的示范作用的认识上存在偏差，他们普遍认为："整个市区那么多幼儿园，指望我们搞一两次示范活动是不起什么作用的，关键是政府的投入。再说我们自己中心园的压力也蛮大的，管好我们本园的孩子就不错了，哪有时间发挥什么示范作用？"这种认识上的偏差导致这部分优质公办园发挥示范作用的责任意识淡薄，他们在实践中没有做过也没有想过发挥示范作用，甚至有3所幼儿园近几年都没有开展过示范活动。当然也有部分幼儿园向其他幼儿园开展了一些示范活动，至于为什么要开展示范活动，他们则认为："从事幼教行业平时工作很辛苦，上级行政部门还要求我们每学期开展一两次这样的示范活动，每开展一次就要花费大量的时间、精力、财力，这不是增加额外工作量嘛？我们真是有苦说不出啊！"他们普遍认为开展示范活动不属于分内之事，行动起来积极性当然不高。

（二）公办中心园开展示范活动动机不清

从研究结果来看，公办中心园并没有承担起自己的示范任务，没有将发挥示范作用当做自己的责任和义务，没有深入认识示范作用的重要性。公办中心园举办示范活动的原因主要是教育部门要求或是文件政策的规定，并不是针对普通乡村幼儿园的真实需要积极主动地开展活动。这种意识主导下的示范活动，很难对农村学前教育的发展起到预期效果。从与公办中心园园长交谈的结果来看，其中一部分园长对于示范作用的认识不够深入，认为只要管好自己园，照顾好自己园所的小朋友就好，并未意识到中心园的责任义务是要发展好自己的同时带领普通乡村幼儿园向好的方向发展，甚至一些园长还表示抵触。从上述分析可知，不少公办中心园开展示范活动主要目的是应付公事，且针对性比较弱，并"没有从执行学前教育政策法规的高度和发挥示范辐射作用方面主动意识到要积极带动区域学前教育整体向前发展"。究其原因可能就是激励措施不够，评估体系不健全，公办中心园认为"无利可图"，提不起示范的自觉性和主动性。

根据调查数据可知，在公办中心园开展的示范活动中，有62%是为了完成上级教育主管部门的任务。在选取的18所公办中心园中也不乏主动承担起对农村其他幼儿园开展示范活动的园所，如代表区域农村学前教育的发展水平的某中心幼儿园，此类园的办园理念和意识较为超前，具有资金和师资方面的优势，但此类优质园数量较少，因此主动开展示范活动的比例也比较少，只占16%。公办中心园在开展示范活动中主动带动民办园发展的意识薄弱，仅有15%的公办中心园选择了根据"普通乡村幼儿园的诉求"来设计开展活动。可见，多数公办中心园开展示范活动缺乏主动性，而是在被动的情况下实施示范活动。毫无疑问，这将影响区域内普通乡村幼儿园办学质量的提升。

三、公办中心园开展示范活动的计划及频率

（一）公办中心园开展示范活动计划

研究发现公办中心园开展示范活动主要是为了完成任务，上级教育主管部门在学年计划中会做出具体要求，公办中心园应积极主动地发挥示范引领的辐射作用，但是规定也仅仅停留在计划层面，对于公办中心园应如何发挥示范作用、采取什么方式等并没有作出详细规定。所以，乡镇公办中心园在执行该要求时不够认真、相对随意。

通过实地调查发现仅有8所公办中心园会根据示范对象园的实际情况来开展示范活动，但这样的公办中心园占了不到一半的比例。公办中心园在开展示范活动方面也没有意识到要制订相应的示范计划。在乡镇中心园的示范效果方面，普通乡村幼儿园教师谈道："我对某乡镇中心园教师的教学进行了学习和观摩，也收获了一些教学方面的知识和经验，但是下次想继续来园观摩也不知道会是什么时候了，乡镇中心园对开展示范活动没有一个具体的示范计划，我们也不清楚自己什么时候能再有机会来这里进行交流和学习。"这也间接反映出了公办中心园在发挥其示范引领作用过程中对示范活动缺乏计划，并没有把示范活动真正地列入本幼儿园的工作计划之中。

访谈者：贵园会在对普通乡村幼儿园进行示范活动前制订系列的示范计划吗？制订计划的根据具体是什么呢？

A园长：一般来说我们是没有制订相应的示范计划的，会在教学任务不是太紧张的时期开展，主要就是看我们自己园的方便。

B园长：我们主要是根据上级主管部门的要求再结合园区的实际情况，自己决定开展示范活动的时间，没有固定的示范活动计划。

C园长：如果上级部门对我们园开展示范活动有具体要求的话，我们就会根据要求来开展对普通乡村幼儿园的示范活动。其他情况的话就是我们自行安排。

D园长：我们一般是选择每学期的期中阶段来开展对普通乡村幼儿园的示范活动。前期的话我们会提前联系普通乡村幼儿园，与普通乡村幼儿园进行沟通，了解一下他们的一个基本需求与困惑，然后再开展相关的活动。

很多乡镇中心园在制订学期计划时，都没有将发挥示范作用纳入其中，而是将其看作幼儿园的额外附加活动，在安排示范活动开展时间和内容等方面主要考虑自身因素，而忽视普通乡村幼儿园的实际情况。有些中心园开展示范活动也是临时安排的，准备过程仓促，没有详细的计划，因此效果也不理想。

（二）公办中心园开展示范活动频率

从某种角度说，公办中心园开展示范活动的频率反映了其对自身示范性作用发挥的重视程度。在问及"贵园多长时间开展一次示范活动"时，他们大多回答："教育局要求每学年至少1次，我们完成目标就好了，示范的次数多花费经费太多。"在回应开展示范活动的频次低时，他们普遍认为："开展示范活动时示范对象幼儿园表现的热情不是很高，以至于我们渐渐地也不怎么对他们开展活动了，感觉效果不大；再说我们保教人员也比较紧张，如果将太多精力用在对其他幼儿园开展示范活动上，可能会影响我们的教育质量。"

从调查的18所公办中心园了解到，各公办中心园为了提高师资质量，会定期安排教师外出参观学习、进修、培训，那么公办中心园自身向普通幼儿园所做的示范活动就寥寥无几了。根据回收问卷所得数据可知（如图2-11

所示):为完成上级任务,有 5 所公办园每学期举行一次示范活动,平均每学期组织 2 次及以上示范活动的有 3 所,这些活动中还不乏公办中心园参加省市比赛拿奖后的展出活动,并不是专门针对性活动;9 所公办中心园每学年向普通乡村幼儿园开展一次示范活动,更有 1 所公办中心园在一年中没有对普通乡村幼儿园开展过示范活动。从中我们可以看出资金短缺、师资匮乏、办园理念等因素制约着公办中心园对普通乡村幼儿园开展示范活动的频率,从而影响其示范作用的发挥。

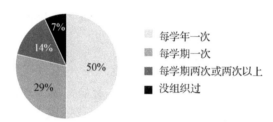

图 2-11　公办中心园开展示范活动的频率

四、公办中心园开展示范活动的内容

(一)示范活动的具体内容

调查结果显示,教育政策法规、幼儿园及班级环境创设、教育科研、保教队伍等组成了公办中心园开展示范活动的主要内容。公办中心园示范活动的主要目标是提升教学技能、传授教学经验等,有利于教师选择合适的教学手段,提升专业素养。多数公办中心园倾向于选择简便、具有显著效果的内容来展示,而对新兴课程、教学理念的展示显得薄弱一些,如保育工作、班级管理、家长工作、利用本土资源进行玩教具制作、利用社区资源、科研工作、幼教政策宣传等内容鲜有甚至没有出现过。2016 年,在安徽淮北地区公办中心园开展的 95 次示范活动中(如图 2-12 所示),教育科研占 33.0%,这与教育部门每年所开展的各项比赛和评比的次数密切相关。另外:公办中心园选择将自己如何落实教育法规的经验介绍给乡村其他幼儿园,且此类示范活动开展相对容易,其比例为 23.5%;保教队伍和家园共育分别占 17.0% 和 16.0%;而环境创设作为淮北市大多数幼儿园的薄弱项,也是最容易被幼儿园忽略的,其示范活动的比例只占了 10.5%。

◇第二章　公办中心园引领农村学前教育发展的现实状况

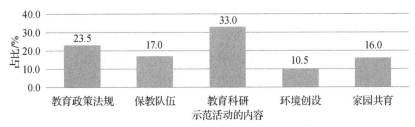

图 2-12　开展示范活动的内容及其占比

从图 2-12 中可以看出，优质公办园开展示范活动的内容主要包括教育政策法规、保教队伍、教育科研、环境创设、家园共育几个方面。公办中心园所进行的示范内容侧重理论和科研，很少关注幼儿园管理和环境创设方面。从对园长的访谈中也得出同样的结论，公办中心园的示范活动"是依据自身方便开展发挥示范作用的活动"[①]。公办中心园没有从普通乡村幼儿园的实际出发选择更适宜的内容进行示范，示范活动具有重复率高、示范内容单一的缺点，不利于帮助普通乡村幼儿园教师全方位快速成长，最终导致示范效果不尽如人意。

（二）示范活动内容的针对性

示范内容是支撑示范活动开展的中介实体，示范活动的目标没有达成与所选取的示范内容具有很大的关联性。示范内容只有从普通乡村幼儿园的需求角度出发，符合普通乡村幼儿园的实际发展要求，才能更好地促进普通乡村幼儿园的发展，取得良好的示范效果。从调查的结果来看，总体上，公办中心园向普通乡村幼儿园开展示范活动次数是非常少的，在示范的内容上主要倾向于教师教育教学技能的展示，在形式上主要采用公开课、点评结合的方式进行幼教理念的传播。而且，在开展示范活动中，公办中心园更倾向于选择室内区角的设置、利用自然物进行教学环境的布置和教玩具的制作等，这些活动能够具有显性效果，且容易学会，见效快。

公办中心园开展示范活动所选择的内容主要是根据自己园所的实际情况来定的，公办中心园认为开展示范活动就是展示自己所擅长的东西，"开展示

[①] 王晓芬，石廷希. 发挥乡镇中心幼儿园示范作用的对策探析[J]. 教育导刊（下半月），2008（6）：34-36.

范活动嘛，就是树立榜样，我们当然把最擅长的幼儿园管理经验、环境的创设、教学活动的组织等内容展示给他们。至于园本教研活动、课题申报、农村课程资源开发等我们自己都搞不明白，就无法给他们示范"。而对示范对象的普通乡村幼儿园的实际需求（课程开发利用、家长工作、幼教政策解读、园本教研等）缺乏实地调查，知之甚少；在传播幼教政策理念、教育科学研究、课程开发等理论性较强方面选择少，整个示范内容显得简单化，而且在选择示范内容时多是站在公办中心园自身的角度，较少考虑普通乡村幼儿园的实际需要，以致公办中心园示范的内容显得重复、单调，缺乏针对性，难以达到预期的效果。

五、公办中心园采用的示范方式

除了示范内容会影响示范效果，示范形式也对示范效果的发挥有重要影响，因此选择合适的示范形式也至关重要。从调查来看，公办中心园示范活动展开的方式单调，没有创意，主要方式是观摩听课、教学竞赛、理论讲座和集体教研。在所调查的18所公办中心园中，8所公办中心园认为在开展示范活动中邀请普通乡村幼儿园教师进园参观、听课学习是最普遍现象，"理论讲座是我们常用的一种方式，因为我们和高校联系较多，邀请专家相对比较方便。我们会采用高校教师和一线骨干幼儿教师一起参与此类活动的形式，这种示范活动耗资耗力比较少，所以也是公办示范园示范的一种常见形式"。竞赛是在短时间内提高教师技能的最快方式，且容易调动教师的主动性、积极性，在调查中有9所公办中心园采用教学技能比赛的方式，让教师在竞技中获得提升。但是在幼儿园间进行集体教研的示范方式却很少有公办中心园采用。在所调查的18所公办中心园中，只有2所公办中心园采用过集体教研的方式。

访谈者：公办中心园开展的示范活动主要包括哪些内容呢？

Y1：我们在开展示范活动时，主要包括设计活动方案以及活动开展方式等内容，也是希望能提高教师的专业技能和素质。

访谈者：贵园主要以哪些形式对普通乡村幼儿园进行示范活动的呢？

Y2：我们园选择最多的方式是上公开课，邀请普通乡村幼儿园教师来园听课，学习新的教学方式，或者开讲座传授经验，进行交流学习，或者就是主动选派本园的优秀教师去其他幼儿园进行上课的示范,以此对普通乡村幼儿园的教师在教学方法和过程等方面进行指导。

总体上,公办中心园开展示范活动形式较为单一,使用最为普遍的示范形式是"在公办中心园上公开课,请普通乡村幼儿园教师来观摩",而这种示范形式的弊端较多:普通乡村幼儿园教师只能看到教学活动组织形式和外显的教学方法,无法理解其背后起支撑作用的理论依据,更没法看到其他活动环节的科学组织方法。相比较而言,"开展讲座""送课下乡""结对子师徒帮扶""中心园教师包点支教""乡村园教师到中心园跟班见习实习""乡村园教师到中心园上示范课,请中心园教师提建议"等对普通乡村园教师而言更为有效,更易达到示范的效果,但在实际中较少出现这些形式的示范活动。公办中心园开展示范活动在一定程度上起到了示范指导作用,但由于形式一直重复,没有创新,很难让教师产生兴趣,所以整体效果欠佳。

六、示范活动后的反思及落实情况

(一)示范活动后的反思

由于公办中心园和普通乡村幼儿园之间的各种差异,公办中心园开展示范活动的理想示范效果和普通乡村幼儿园实际得到的示范效果会存在一定的差距,要想提高示范效果,就需要双方在一次次的示范活动中进行交流、反思、总结。

从公办中心园教师示范活动结束后和普通乡村幼儿园教师交流频率的调查中发现(见表2-2),结束后基本不交流的占比50.67%,很少交流的占比37.33%,而经常交流的占比为12.00%。公办中心园教师在示范活动结束后和普通乡村幼儿园教师的交流频率,很真实地反映出他们只是完成相应任务,并未想到过需要总结和反思,以此来提高对普通乡村幼儿园的示范效果。公办中心园教师这种想法就很大程度地体现了公办中心园的低要求,自身缺乏对示范效果的总结和反思。

表 2-2 示范活动结束双方交流的频率

交流频率	交流次数/次	比例/%
经常交流	9	12.00
很少交流	28	37.33
基本不交流	38	50.67
总计	75	100

J2普通乡村幼儿园教师：我们普通乡村幼儿园教师去乡镇中心园开展的示范活动进行学习后，乡镇中心园的教师完成了园区要求的示范内容就结束了，私底下乡镇中心园教师和我们普通乡村幼儿园教师是没有太多交流的。

J3普通乡村幼儿园教师：在示范活动学习后，我们普通乡村幼儿园教师对于示范效果其实都是有一些自己的看法的，但是对我们开展示范活动的乡镇中心园基本上不会验收他们自身的示范效果，我们就算有些自己的想法，也很少会自己主动提出来。

总的来说，由于乡镇公办中心园开展示范活动形式单一、内容贫乏，在结束示范活动后，示范效果的检验程序经常会被忽视。即使有部分园领导和教师在示范后进行了反思总结，但往往局限在从微观层面对自己教育教学的形式和内容做细节上的分析和总结，不能从宏观层面对示范活动的后续进行展望与调整，对于普通乡村幼儿园教师在活动过程中出现的问题以及示范效果如何都没有深入了解与讨论。

（二）示范活动落实情况

在对18所公办中心园教师的调查中，针对"普通乡村幼儿园教师学习是否积极"，选择"否"选项的公办中心园教师占比60%，而选择"是"选项的公办中心园教师仅仅占比40%。公办中心园的示范引领作用不只是依靠公办中心园这一方，更依赖于普通乡村幼儿园自身。示范活动需要在主体和客体的共同作用下才能发挥其最优效果。普通乡村幼儿园教师学习的积极性会影响着公办中心园教师的示范热情。在访谈过程中，较多的公办中心园教师谈道："我们按照园区的相关要求，做出系列准备以开展示范活动。但是在活动中发现部分幼儿园教师对我们开展的示范活动貌似并不感兴趣，他们学习主动性不高，我们自己示范的热情也会随之减弱。反正上级主管部门主要看我们是否开展示范活动及开展的频率、内容等，对示范效果没有明确的要求，所以我们觉得开展了活动，任务完成后就可以交差啦。"

从中不难发现，上级教育主管部门对公办中心园发挥示范引领的作用有着约束、促动和监督的作用。在被调查的几个地区中，教育主管部门均对公办中心园的示范引领工作采取了一定的监督措施，这在一定程度上反映出上级教育主管部门对公办中心园示范引领学前教育发展工作的重视。据调查，发挥监督作用的部门主要是中心校，也有部分地区是县教育局。上级教育主管部门的主要监管形式是"要求公办中心园在一学年中多次上报示范作用发挥情况""指派专人定期随公办中心园到指导工作现场进行督导"。不同的监督形式获得的效果是不一样的，"指派专人定期随公办中心园到指导工作现场进行督导"是最富实效性的监督方法，督导人员在示范活动现场身临其境，亲身体会示范活动效果，并和公办中心园共同反思活动改进策略，发挥了有效的监督作用。"要求公办中心园在一学年中多次上报示范作用发挥情况"这种形式的效果相对较弱，因为无论口头还是书面上报，都只是公办中心园一家之言，如果有失实之处也很难被发现。要求多次汇报体现了监管部门在一定程度上对公办中心园工作的重视，而"要求公办中心园在学年末上报示范作用发挥情况"基本就是形式化的监督了，实际的效果并不会多么好。此外，将公办中心园发挥示范功能的情况纳入对公办中心园和园长工作业绩考核，将是一个极富成效的监管措施。然而调查结果显示，极少有教育主管部门真正采取这样的措施，这间接造成普通乡村幼儿园教师学习主动性不够，示范效果不佳，示范活动流于形式。

七、调查结论

公办中心园发挥示范作用的现状的问卷调查和访谈，表明示范活动开展虽有一定的效果，但实际效果并不理想。

公办中心园在发挥示范作用的认识上尚不够到位，没有充分认识到向普通乡村幼儿园开展示范活动是自己应尽的职责和任务，只当作完成上级教育部门规定的任务。只是把示范活动的开展当作一件额外的硬性任务在完成，没有真正地从心里接受，主动性不够强，对发挥示范辐射作用上的认识不够深入，存在一定程度的偏颇。

就公办中心园向普通乡村幼儿园开展示范活动的频率而言，政府部门对示范活动的计划制订和督促不够严格，没有相应的政策、规范作为保障。基于政策的不明确性，绝大多数的公办中心园会响应发挥示范作用这一要求，但每学期只开展一次示范活动，开展的频率过低。一学期一次示范活动的开展是不可能达到帮扶作用的，对普通乡村幼儿园没有起到真正意义上的帮扶。

示范的内容对示范活动的效果起着决定性的影响，但多数乡镇中心园在进行示范内容的选择时都是站在自己的立场，选择自己拿手的、优秀的内容进行示范，很少从普通乡村幼儿园的实际情况出发，没有考虑普通乡村幼儿园到底需要什么样的示范，什么样的示范内容对普通乡村幼儿园来说才是最有帮助的。这在一定程度上导致了示范的效果降低。

从示范活动开展的方式来看，示范方式的单一性较明显，主要有三种形式：公办中心园送课下园，上示范课；普通乡村幼儿园来公办中心园观摩，听示范课；开展讲座，进行理论和经验介绍。公办中心园示范活动的开展，在一定程度上起到了对普通乡村幼儿园的示范指导作用，但整体示范效果欠佳。

◇第三章
公办中心园示范引领农村学前教育发展的制约因素

公办中心园是农村学前教育人力、物力、财力最集中的资源地，在农村学前教育系统中充当着骨干力量，是农村学前教育的示范基地，被寄予发挥示范辐射作用、带动普通乡村幼儿园发展、促进本地区农村学前教育整体均衡和谐发展的厚望。正是考虑到此点，研究者进行了深入实地的调查研究。经调查发现，公办中心园确实也在履行着作为中心园所应尽的义务，但在发挥示范作用的过程中遇到了不少困境，也出现了诸多问题，多数公办中心园埋首于自身的建设和发展，并没有很好地发挥示范作用，并且在示范过程中存在一些问题，致使示范效果发挥不够理想。作为农村学前教育的示范基地，公办中心园的重要职责就是要充分发挥其在区域内的示范指导作用。现对制约公办中心园示范引领作用发挥的因素进行分析。

第一节　制约公办中心园示范引领农村学前教育发展的宏观因素

近年来，随着我国学前教育规模的不断扩大，教育资源也随之丰富起来。截至 2023 年，全国幼儿园数量达到 27.44 万所，全国共有学前教育在园幼儿 4 092.98 万人。2017 年，《教育部等四部门关于实施第三期学前教育行动计划的意见》就曾指出，到 2020 年，要基本建成广覆盖、保基本、有质量的学前教育公共服务体系，全国学前三年毛入园率由 75% 提升至 85%。随着我国经济体制和社会结构的转型，社会力量受到鼓励积极办学，然而在这一过程中学前教育出现了一系列问题。首先，包括幼儿园在内的学前教育机构呈指数级增加，但专业人员在数量与质量上缺乏保障致使机构中的保教职能有所欠缺；其次，未能建立健全完整且行之有效的学前教育专项财政保障，以及缺乏保证学前教育发展质量的成本分担机制；再次，现有学前教育机构存在一定程度的安全隐患和管理漏洞；最后，全国范围内普惠性幼儿园的欠缺和亟待转变的幼儿教育观等。针对现阶段学前教育发展过程中出现的一系列问题，社会各界都呼吁出台学前教育领域的专门法，其目的是建立健全领域内相关管理规范、建设并扩充高质量教师队伍、保障学前教育专项经费投入等。学前教育法等24件法律案已在2022年提请全国人大常委会初次审议。2022年3月8日，全国人大常委会工作报告中明确将学前教育法列入年度立法计划，意味着学前教育立法进程进入了一个快车道。2023年6月2日，国务院常务会议讨论并原则通过《中华人民共和国学前教育法（草案）》。本节主要基于国家层面关于学前教育政策的制定与执行情况进行宏观因素的分析。

一、学前教育政策文件缺乏针对性

（一）总体定位不清晰

教育方针和政策的制定往往反映了政府对于教育的总体管理和把控，因此不同的时代和社会背景下会产生极具特点的教育管理模式。20世纪80年代，由于国家经济体制面临转型，面对新的教育背景，相关部门未能明确自身职能且未对自身定位做出及时有效的分析。此外，由于我国学前教育起步较晚，对教育理念和本质存在一定程度的曲解，出现一些诸如执行落实效率低下、部门间推诿责任等消极现象。2003年3月，国务院办公厅转发教育部等部门（单位）的《关于幼儿教育改革与发展的指导意见》，其中指出，"以社会力量兴办幼儿园为主体"，进一步促使学前教育事业发展出现了比较明显的社会化和市场化转向[1]。2010年11月，《国务院关于当前发展学前教育的若干意见》明确提出"政府主导"发展学前教育，并对各部门的发展职责作

---

[1] 范明丽,庞丽娟.当前我国学前教育管理体制的主要问题、挑战与改革方向[J].学前教育研究,2013(6):5-9.

了一些明确规定,相比以往政策有了很大进步。即便如此,政府对于如何明确自身主要指导地位以及如何在学前教育阶段发挥引领作用仍然无法明晰,且缺乏具体规定。此外,政府居于主导地位并不是指简单地办园,许多地方公办中心园都出现了概念方面的误区,导致地方政府办园观念狭隘,在一定程度上影响了学前教育的发展,同时削弱了政府在改善质量、制定政策、统筹全局等方面应当发挥的重要作用。

(二)政策制定没有做到与时俱进

自学前教育在我国普及和发展以来,各级各类幼儿园就以燎原之势在全国范围内快速建立起来,在学前教育高速发展的同时,对园所的质量要求也愈发受到国家及社会各界重视。由于教育资源、地理环境、师资队伍等方面的差异,国内主要城市的学前教育质量较高,理念也较为先进,但与之相对应的是乡镇及农村幼儿园在学前教育方面存在制度保障缺乏、经费投入较低、教师素质有待提高等一系列问题。除了教育资源投入方面的问题外,园所的兴办扶持、政策制定及师资队伍培训等方面的政策制定也存在一些问题,其中职责定位不清晰这一问题体现得较为明显,政府应在地方学前教育事业中彰显主导地位,而非过去固化思维中的"政府办园"。近年来地方政府颁布的教育法规增多,一定程度反映其对学前教育事业的重视,侧面印证其对学前教育的认知日趋全面,摆脱了对"政府主导"与"政府办园"两类概念的混淆,但未详细说明政府主导的具体途径,一定程度上弱化了政府在学前教育事业发展中统筹规划、政策引导、质量提升等方面的重要职责[①]。

近年来,虽然出台了一系列关于加强乡镇及农村幼儿园建设方面的政策,但总体职能定位则较为缺乏,相关部门的工作重心应当包括园所建设和方向指导,这就需要用具体政策来明确相关部门的职责。不仅如此,社会的高速发展要求教育质量的提升和教育模式的改变,因此政策的制定也需要考虑即时性。相关部门应该有处于当前社会背景下的清晰定位,以主导视角针对现阶段乡镇幼儿园学前教育事业出现的问题制定有关政策,并做到与时俱进,结合实际情况,深化其在乡镇公办幼儿园中的引领作用。

---

① 范明丽,庞丽娟.当前我国学前教育管理体制的主要问题、挑战与改革方向[J].学前教育研究,2013(6):5-9.

(三) 缺少专项资金的设立

教育不仅能够促进人的全面发展，还能从整体上提高人的综合素养。百年大计，教育为本，教育是中华民族崛起和进步的重要支柱。学前教育作为正式教育的起点，衔接着家庭教育和学校教育，为终身教育奠定了早期基础。教育投入作为发展教育的重要物质基础，对于国家未来发展有着十分重大的战略意义，是长远的有效投资。政府应当将教育放在发展的首要战略位置，强化资金使用管理，提高资金使用效益。

当前，国家将学前教育作为十分重要的社会公共服务纳入国家公共财政支持范围，公办园所和民办园所相互扶持，共同发展。为了改善农村学前教育、建立公办中心示范园，还需要采取专项拨款、专款专用等措施，从学前教育阶段开始完善农村基础教育。《规划纲要》实施以来，政府不断扩大普惠性资源供给，提升保育教育质量。2020年，全国学前教育毛入园率为85.2%，比2010年提高28.6%；全国共有幼儿园29.2万所，其中公办幼儿园12.4万所，民办幼儿园16.8万所，分别是2010年的1.9倍、2.6倍和1.6倍；全国共有幼儿园专任教师291.3万人，是2010年的2.5倍，且"十四五"规划中提出了要将"学前教育毛入园率提高到90%以上"的重要目标。因此，学前教育作为基础教育更应受到重视。不断增长的入园率，意味着更多教育经费的投入。2019年全国学前教育经费总投入为4 099亿元，同比增长11.63%；2020年全国学前教育经费总投入为4 203亿元，同比增长2.39%；2021年全国学前教育发展资金预算为198.4亿元，较上年增加10亿元，增幅为5.31%。由此可以看出，国家在学前教育经费方面的投入不断增加，体现了学前教育在国家阶段教育体系中占据的地位愈发重要。

在这一背景下，专款专用对公办中心园引领农村幼儿园示范作用的重要性更加显而易见。例如幼儿园餐费的收取和使用情况，卫生部（现国家卫生健康委员会）2012年5月发布了《托儿所幼儿园卫生保健工作规范》，明确要求幼托机构儿童膳食费必须专款专用，每学期膳食收支盈亏不超过2%[①]。这在很大程度上保障了幼儿园食品质量，清晰划分了餐费与总经费间的界限，使得餐费与其他各项活动经费互不干涉。但即便如此，公办中心园仍未做到

---

① 卫生部.托儿所幼儿园卫生保健工作规范[J].中国妇幼卫生杂志,2012(5):239-256.

为周围普通乡村幼儿园教师来园学习、本园教师到普通乡村幼儿园指导、开展专题讲座等活动设立专项经费。这就造成公办中心园在开展示范引领和学习活动时需要考虑到这些环节在整体经费中所占比重，从而增加了园所的顾虑和负担，甚至由于难以平衡培训活动经费，部分公办中心园可能会选择降低活动标准以达到削减经费支出的目的，这在一定程度上也会对农村整体学前教育质量造成负面影响。

（四）部门间协同合作机制尚未建立

"十年树木，百年树人。"教育作为一个国家的发展重点，需要各级各类政府部门有序地进行协调合作，教育的相对独立性说明其作为社会的一个子系统，既具有自身规律，也无法独立于政治、经济、文化等社会发展的其他方面。同样，在教育政策的宣传和落实过程中，也需要政府部门间进行相互配合和正确对接，保证教育政策能够顺利完成由中央到省市再到区县乃至最基层农村地区的过渡，真正做到对各类教育政策的深入贯彻落实。

但在具体实施过程中则会发现政策的落实往往流于形式，各级政府间的联席会议制度在具体合作方面存在着一些问题。一方面，联席会议制度未能在各层级间得到合理实施，导致此协同合作管理政策自中央下达到各级政府过程中并未得到充分有效的落实，地方政府无法有效地从上级学习到相应政策，政策落实在前期环节出现了卡壳现象，多数县乡级行政管理部门内出现制度缺失，或出现仅有空架子的情况。另一方面，由于政策落实主要由各级各类教育部门负责，无论是在落实过程中需要与同层级行政部门协同合作完成工作，还是为具体任务进行工作分配，如果没有上级政府部门的全力支持，都不可能完成，因此在工作过程中往往容易出现无人呼应的尴尬局面，这在一定程度上打消了各部门的工作积极性，削弱了联席会议制度的统筹力度，大大降低了部门间的协同工作成效，也从侧面反映了政府各职能部门间的协同合作机制尚未有效建立①。

（五）学前教育观方面导向性不足

传统观念中人们对政府在公办中心园建设和发展过程中所体现的职能仅

---

① 范明丽，庞丽娟. 当前我国学前教育管理体制的主要问题、挑战与改革方向[J]. 学前教育研究，2013(6)：5-9.

限于教育资源配置、园所硬件设施、教师团队招聘等方面，但实则不然，政府真正意义上的职能还包括引领和导向，通过政策制定、方针落实、加强监管等方式对公办中心园的运作进行规范，并以此强化其在普通乡村幼儿园的示范引领作用，从而对区域农村学前教育事业产生一定的影响，从整体上提高农村学前教育质量。

现阶段农村学前儿童教育存在着诸多问题，其中学前教育小学化的问题较为突出。幼儿园教育小学化倾向目前还没有统一的概念，国内对幼儿园教育小学化看法不尽一致，有代表性的定义是黄绍文的界定，他认为，幼儿园教育小学化指的是把幼儿当做小学生进行教育[1]。由此可见，切不可将幼小衔接与幼儿园教育小学化画上等号。幼小衔接是指让幼儿在学前阶段做好上小学的准备，这里的"准备"更多是指思维能力、行为习惯、交往适应能力等方面的准备。而"小学化"是指在学前阶段，采用偏小学化的教学内容和模式对幼儿进行教学，忽略了幼儿的身心发展规律。2018年7月5日，教育部办公厅印发了《关于开展幼儿园"小学化"专项治理工作的通知》，明确指出严禁幼儿园教授小学课程内容，纠正"小学化"教育方式[2]。2021年3月20日，教育部印发《关于大力推进幼儿园与小学科学衔接的指导意见》，针对长期以来存在的幼儿园和小学教育分离、衔接意识薄弱、衔接机制不健全等问题，提出了一系列有针对性的重要举措[3]。然而由于普通乡村幼儿园办学理念与公办中心园存在差异，加之对新时代背景下学前教育的发展趋势理解不够深刻，容易导致忽视幼儿主体性、教学内容固化等结果。且农村家长文化程度普遍低于城市家长，他们对学前教育的认知存在偏误，认为学前教育是小学前的阶段，幼小衔接就是幼儿提前学习小学知识，便于其日后进入小学校园时有"好成绩"，实则恰恰相反。重复型教育会影响学生进入小学后的学习积极性，且固定死板的学习方式和内容只会使得幼儿对学习产生抵触心理和负面情绪，从而更容易出现厌学行为，这也与当前社会推崇的终身学习思想

---

[1] 黄绍文.幼儿教育小学化现象辨析[J].学前教育研究,2005(9):10-11.
[2] 教育部.关于开展幼儿园"小学化"专项治理工作的通知[EB/OL].(2018-07-05)[2022-03-20]. http://www.moe.gov.cn/srcsite/A06/s3327/201807/t20180713_342997.html.
[3] 教育部关于大力推进幼儿园与小学科学衔接的指导意见[J].中华人民共和国教育公报,2021(4):35-54.

背道而驰。不仅如此，在现阶段以人为本、以幼儿为主体的视角下，"小学化"本就是不顾幼儿身心发展特点的"揠苗助长"行为，急功近利往往只会适得其反。

2021年7月24日，中共中央办公厅、国务院办公厅印发《关于进一步减轻义务教育阶段学生作业负担和校外培训负担的意见》①，即"双减"，其针对的不只是学龄儿童，需要从学前教育的角度深化落实。我国的教育方针是为社会主义现代化建设服务，与生产劳动相结合，培养德、智、体等方面全面发展的社会主义事业的建设者和接班人。而在部分普通乡村幼儿园的固有观念里，幼儿园课程中设置小学化内容并无任何不妥，甚至有些幼儿园还会以此为特色吸引生源。由此可见，这些普通乡村幼儿园在幼小衔接方面并没有正确的理解和认识，这是由固有观念难以改变所导致的。在学前阶段贯彻"双减"政策，应该积极响应国家政策，正确理解幼小衔接这一专业概念的内涵，进一步落实幼儿园课程去小学化，做到学前教育领域内的深化改革。

二、各级部门政策执行贯彻不力

（一）未能结合区位优劣做到扬长避短

当前情况下，我国学前教育仍处于发展阶段，与世界上其他学前教育萌芽较早且理论完善的国家仍存在一定差距。新中国成立以来，我国的学前教育工作者就一直致力于学前教育的发展，其中陈鹤琴的"活教育"和陶行知的"做中学"教育思想更是意义重大、影响深远。但我国学前教育起步较晚，虽然自二十世纪起就开始迅速发展，可教育理念仍受大量国外思潮影响，并且在国内传播发展初期缺少本土化思考，在一定程度上导致了我国初期学前教育发展表现出一定迟滞性。

要想从整体上提高农村学前教育质量，就必须充分发挥中心示范园的引领作用，而对于地理位置处在乡镇的公办中心园来说，如何更好发展其特色以影响周边农村幼儿园就显得更为重要。现阶段，多数乡镇公办中心园并未

---

①教育部. 关于进一步减轻义务教育阶段学生作业负担和校外培训负担的意见[EB/OL]. (2021-07-24)[2022-03-20]. http://www.moe.gov.cn/jyb_xwfb/gzdt_gzdt/s5987/202107/t20210724_546566.html.

考虑到所处区域和地理位置因素,仅仅将一些教育理念和教育思想完全复制粘贴过来,并未考虑它们在当前环境下是否适用于本园,更不必说以此为理论基础对周边园所开展宣传和指导,其影响空泛且成效甚微。反观一些早期出现的国内教育模式,将理论和区域位置有机结合,实现了教育理念的本土化,例如:陶行知的生活教育理论是对杜威实用主义思想的本土化改造和创新;劳动教育思想是结合我国基本教育理念衍生出来的;"安吉游戏"生根发展于中国,是一种结合区域环境促进幼儿发展的综合性户外活动,成了世界学前教育学习的新模式。

我国幅员辽阔、地大物博,分布于全国各地的乡镇公办中心园所处区位存在地理位置差异,因此就更应该因地制宜、扬长避短,例如西北地区的幼儿教育活动中应该体现对民族文化的重视,北方地区应利用地理优势开展冰雪文化学习和户外冰雪活动等。当前,由于思维固化,乡镇公办中心园即便拥有优美的自然环境和开展天然教育活动的地理位置优势,也未结合当前所处区位环境,因地制宜、有针对性地发展出相应的幼儿教育教学模式。这不仅表示乡镇公办中心园没有结合具体环境调整自身情况,也在某种程度上说明其对普通幼儿园缺少了解和实地调研。仅仅向周边普通幼儿园传递教育理念显得单调空泛,在实践层面不具有可操作性和说服力,容易使教师和幼儿出现无法适应当前教育情况的局面,从而导致教育质量下滑的反向结果。

(二)职责定位不明确,权责配置随意性大

针对国家出台的教育政策和下发的教育文件,各级地方政府应当明确自身定位,相互协同配合做好落实工作,省、市、县、区各级教育部门环环相扣,做到责任与权利相统一,确保各级政府权责分配合理,且严格按照行政等级层层划分。但在实际的教育政策落实过程中往往会出现落实不理想的问题。产生这一问题的原因通常是缺乏对各级政府发展学前教育权责的明确划分,导致在实际执行过程中不同层级政府间职责不明。目前,我国实行"地方负责,分级管理"的学前教育管理体制,出现了一系列问题。一方面,中央政府发展学前教育的职责定位不明确;全国性学前教育法律政策缺位,学前教育专门法、教师队伍建设制度等缺失;学前教育发展不均衡,政府在总体把控各区域间发展过程中存在失衡。另一方面,地方各级各类政府间权责失调。分税制财政体制改革时中央与省、县、乡镇的财政权分配未作刚性规定，导致在学前教育管理中，上级政府往往依靠其行政权力把责任推给下级政府，却不提供履行职责所需的足额配套资金，从而出现"上级请客、下级买单"的尴尬局面①。

此外，各级政府部门间还存在权责配比失衡、划分缺乏合理性以及未能明晰自身职责定位等问题。2003年，国务院办公厅转发教育部等部门（单位）《关于幼儿教育改革与发展的指导意见》首次明确规定了教育部、财政部、建设部、民政部、卫生部、劳动保障部、中央编办，以及国务院妇女儿童工作委员会和全国妇联等相关部门发展学前教育的职责。然而，政策对各部门间的权责配比错位，导致了监管失调、权责交叉、缺位越位等一系列问题。例如，教育部、民政部及工商部门等均有资质注册民办幼儿园，但由于不涉及专业领域、缺乏有关专业知识，因此民政部及工商部门并不负责包括资格审查和园所运营后的监督管理等方面的有关事宜。教育部是必须由多部门协同合作方能有效运作的庞大系统，学前教育是幼儿教育的起点和重要环节，其健康发展更需要各级各类政府部门的关注与支持。但在现阶段有关学前教育的管理规定和行政条例中，主要强调的却是教育部门的职能，对学前教育事业发展中起着至关重要作用的城乡建设、国土资源、劳动人事等相关部门的职能要求则有所缺乏。

综上所述，我国在学前教育发展方面切忌生搬硬套，避免出现"水土不服"的现象。现阶段我国学前教育的发展在不同地域、层级和城乡之间表现出了明显的失衡。从地域上看，在学龄前儿童毛入园率和学前教育发展水平方面，东部地区明显高于中西部地区，经济水平较高、发展较好的省市学前教育普及率和教育水平明显优于欠发达地区；从层级上看，公办中心园在师资队伍、硬件设施、办园理念等方面都明显优于普通乡村幼儿园；从城乡上看，城市、乡镇、农村的学前教育普及程度不断递减。因此，政府应对学前教育管理体制进行综合考量，并根据实际情况逐层逐步落实，以满足不同环境中受教育者的实际需求。

---

① 范明丽，庞丽娟. 当前我国学前教育管理体制的主要问题、挑战与改革方向[J]. 学前教育研究，2013(6):5-9.

(三) 园长培训管理制度不完善

幼儿园园长是幼儿园的领军人物，幼儿园的发展就是靠幼儿园园长带领的。园长作为幼儿园的管理者、调控者、计划者和决策者，对于一所幼儿园的正常运作来说往往起着统筹兼顾的作用，扮演着幼儿园的核心角色。那么对教育行政管理部门来说，也就意味着需要实行园长聘任制和行政问责制。园长聘任制是指为强化幼儿园内部管理，提高保教质量和政策实施效率，落实教育管理部门规划，促进幼儿园发展，根据国家机关人事制度和相关教育法规实行的聘用制度。行政问责制是指为了贯彻落实有关教育体制改革的精神，使得幼儿园党政职能划分明确，提高管理能力和责任意识，做到奖惩统一，更加有效地开展幼儿园的一系列教育教学活动所实行的法人责任制度。因此要明确园长的岗位职责与工作目标，奖惩分明。对公办园内部来说，同样要推行聘任制与问责制，坚持"因事设岗"，在确定的工作周期对每位教职工都应进行工作目标与工作成效的对比评价，充分体现实事求是的原则和民主管理的精神。

现阶段上级教育管理部门对园长进行培训管理往往只把重心放在聘任和问责上，并未在园长专业培训和园长管理安排方面给予重视，这就造成了公办中心园在开展教育理念讲座等宣传活动时，周围地区农村幼儿园教师参与度不够、积极性不高等问题。一方面，由于上级教育部门对园长培训的支持力度及政策宣传远远不够，因此农村幼儿园的园长并不能积极响应参与培训的号召；另一方面，上级教育部门对园长群体的综合管理力度较小，且组织安排的方式方法存在问题，使得园长队伍缺乏有序组织形式，阻碍了园长群体间在办学经验、管理模式、园所基本情况等方面的互相沟通，进而阻碍了乡镇公办中心园与周围农村幼儿园的联系，使得乡镇公办中心园最新的教育政策、教育理念、教育经验无法传递到周围农村幼儿园，导致乡镇中心示范园本应起到的示范带头作用微乎其微。

(四) 农村幼儿园生态建设存在不规范

幼儿园作为幼儿人生中首次接受正规教育的场所，在环境上的要求与小学以及初高中相同，都有着严格的标准，包括地理环境和人文环境。为了保证园所建筑质量以及功能设施安全、卫生、美观等基本要求得到满足，我国推出了《托儿所、幼儿园建筑设计规范》以及《幼儿园建设标准》。其中对于幼儿园选址的要求包括：应建设在日照充足、交通方便、场地平整、干燥、排水通畅、环境优美、基础设施完善的地段；不应与大型公共娱乐场所、商场、批发市场等人流密集的场所相毗邻；应远离各种危险及污染源，并应符合国家现行有关卫生、防护标准的要求等①。由此可见，园所周边建设对幼儿园存在着相当程度的影响。

大部分乡镇区域小于城市，但各类基础设施又需要建立健全，从而导致乡镇范围内的建筑拥挤，以至于乡镇幼儿园的地理区位要求难以得到保障，园所周边环境很难达到标准要求。在幼儿园前期选址建设时，应该将其所处的地理位置和周边环境作为考量的重要因素，如果政府不能对区域中各类基础设施所处位置进行合理安排，或者做不到对已经投入使用的园所周边环境进行调控整改，那么园所各类教育教学活动的开展将会受到一定程度的影响，生源、教学环境、师生健康问题等也会受到影响。

幼儿园选址过程中还需考虑下列问题：园所门口及附近是否畅通无阻、道路环境是否相对安全、周围环境是否整洁无污染、园所周边是否存在规范的交通秩序等。但在乡村振兴和乡镇城市化不断发展的当今，由于人民不断增加的物质需要和日益提高的生活条件，乡镇及农村的人口居住范围持续扩大，原本的交通环境变得更加拥挤。加之地方政府调控力度不大、缺乏有力解决途径，且幼儿入园离园时家长接送会出现短暂的人流量增加等情况，因此很容易造成幼儿园周围交通拥堵，在很大程度上存在安全隐患，不符合幼儿园建设的标准，阻碍了园所未来进一步的发展。

总体上看，我国学前教育资源与庞大的学前儿童基数之间确实存在失衡现象。为满足学龄前儿童的入园需求，党中央、国务院近年强力出台政策明确要求加快发展学前教育，如《规划纲要》和学前教育"国十条"均明确提出到2020年全国要基本普及学前教育，同时明确提出了"政府主导"学前教育事业发展，这对我国学前教育管理体制改革特别是政府相关部门权责划分和分工协作提出了更具体的要求。一方面，随着城镇化进程不断推进，农村

---

①信房和城乡建设部. 托儿所、幼儿园建筑设计规范[EB/OL]. (2019-09-07)[2022-03-20]. http://www.gov.cn/xinwen/2019-09/07/content_5428122.html.

乡镇中心园和小区内部配置园所数量不断攀升，这就需要政府明晰教育、土地、财政和人事等部门职能并进行统筹协调，明确教育部门权责，正确行使审批、管理和监督权。另一方面，现阶段民办园已逐渐成为学前教育的中流砥柱，其数量之多、规模之大使得民办园所的重要程度不断增加，因此，政府部门在日常监督管理中要明确教育、卫生、工商等相关部门的具体职能，防止缺位越位、监管失调等问题出现。为切实保障教育部门的行政执法权，部分地区确立了教育部门归口管理制度，为我国学前教育管理体制改革提供了积极的启示和借鉴。

第二节　制约公办中心园引领农村学前教育发展的中观因素

从整体上看，我国教育起步较早、源远流长，但学前教育并未能够形成体系，直到19世纪末期，我国学前教育机构才真正开始建立。20世纪初期颁布的《奏定学堂章程》，第一次将学前教育列入学制系统。1912年，中华民国建立后，我国的学前教育机构开始不断发展，学前教育思想也开始随着西方学前教育理论的传入而不断更新。此外，国内也涌现出一批有思想有抱负的教育家，由此拉开了幼儿教育理论与实践研究创新及实验工作的序幕。教育部公布的统计数据显示：2022年全国共有幼儿园28.92万所，比上年减少5 610所，下降1.90%。其中，普惠性幼儿园24.57万所，比上年增加1 033所，增长0.42%，占全国幼儿园的比例84.96%。相比2021年，2022年全国幼儿园总数量有所下降，但普惠性幼儿园增加了1 000余所，普惠性幼儿园占比进一步提高。教育部发展规划司介绍，2023年，全国学前教育毛入园率为91.1%，比上年提高1.4%，提前完成"十四五"规划目标。截至2023年，全国共有幼儿园27.44万所。其中，普惠性幼儿园23.64万所，占全国幼儿园的比例86.16%，比上年增长1.20%。在入园幼儿数量方面，2020年在园幼儿4 818.26万人，达到峰值。2021年，学前教育在园幼儿比上年减少13.06万人，下降0.27%。2022年，当前教育在园幼儿比2021年减少177.66万人，下降3.70%。2023年全国共有学前教育在园幼儿4 092.98万人，其中，普惠性幼儿园在园幼儿3 717.01万人，占全国在园幼儿比例为

90.81%，比上年增长 1.26%。

虽然我国学前教育事业取得了长足发展，但仍存在教育资源分配不均、教育财政投入不够等问题，这一定程度上反映出我国地区间学前教育发展不均衡的现状，无法有效发展乡村学前教育。因此，提高农村幼儿接受优质教育的机会，进一步推动区域教育资源的均衡发展是未来学前教育发展所面临的首要问题。尤其是现阶段学前领域的城乡教育水平和资源存在差异，师资数量、师资水平、办学条件、各学段教师资源都存在一定失衡，如何通过公办中心园引领农村幼儿园发展，从而在整体上提高我国学前教育水平，是需要社会和政府认真思考的问题。本节主要以区域农村学前教育管理为核心，对制约公办中心园示范引领农村学前教育发展的中观因素进行分析。

一、区域学前教育管理机构管理不到位、经费投入不均衡

部分区域农村学前教育管理文件中存在部分条例缺乏操作性、规章制度不够清晰的问题，尤其表现在学前教育师资和人员配置以及行政管理方面，这就直接导致了学前教育师资队伍及人员设置较为随意、行政管理方面缺位及职位失调等一系列问题。有研究发现，"省市幼教行政机构，除北京、天津等极个别城市外纷纷撤销，由基教处一名同志兼管，不少省市甚至没有幼教专职干部，或专职干部不'专干'，大大削弱了该地区幼教实际领导力量"[1]。2005年国家教育督导团对北京、河南、山东、江苏、吉林、湖南六省市学前教育进行督导后发现，除北京外其他五省中许多市、县没有专门的幼教管理机构和人员，学前教育管理机构设置及其人员配置的严重缺位直接导致学前教育事业发展规划、组织领导和评估督导等失去基本保障。

（一）区域农村学前管理机制不健全，无监管评价体系

调查发现，不少乡镇政府教育行政部门管理力度不够，发展学前教育责任意识不强，绝大多数乡镇无专人负责管理。乡镇政府作为农村学前教育发展政策的制定者，担负着促进农村学前教育发展的重任。但其在制定农村学前教育发展方案时没有把公办中心幼儿园的示范作用考虑在内，检查学前教

---

[1] 庞丽娟,胡娟,洪秀敏. 当前我国学前教育事业发展的问题与建议[J]. 学前教育研究,2002(1):40-42.

育工作时也没有把公办中心幼儿园应当发挥示范作用作为工作检查的指标。也就是说，乡镇政府对于幼教这一块不管是在管理方面，还是在政策制定或人员配备等方面都没能很好地"在其位谋其政"，显得相对薄弱。如很多乡镇都没有对农村学前教育的发展进行长期规划或制订相应的短期发展计划，没有配置专门的幼教管理人员，即使少数乡镇有幼教管理人员，但都是非学前教育专业出身，而且任职幼教的管理人员往往同时还兼任其他职务，他们受时间等因素的限制，对学前教育疏于管理。乡镇政府对学前教育不够重视的态度毫无例外地将学前教育的发展推至边缘地带。

乡镇教育部门在农村学前教育管理方面既缺乏相应的监管措施，也缺乏实施力度。教育主管部门规定，乡镇公办中心园发挥示范作用时，由县、乡教育主管部门对其进行监督管理。然而，在实施过程中，权责不清、工作繁忙、人力不足等导致主管部门对乡镇公办中心园示范活动的监督力度不够。通常乡镇公办中心园只有在每学期结束时才能向上级主管部门汇报示范作用的情况。乡镇公办中心园在对普通乡村幼儿园开展示范活动之后几乎不会收集示范效果的反馈，只是单纯地完成相应的示范任务。究其根本原因，还是在于上级部门只对示范活动的次数做了相关要求，并没有将其发挥示范引领作用的效果纳入评估监督范围。这种不健全的监管评价体系，严重影响了乡镇公办中心园示范作用发挥的有效性。

(二) 教育经费投入不均衡，示范活动开展困难

调查显示，公办中心园在发展方面遇到的最大困难就是资金不足。在我国，学前教育实行的是地方负责、分级管理和相关部门分工负责的管理体制，公办中心园主要属于地方乡镇政府。乡镇政府财力相对薄弱，加上对幼儿教育重视不够，资金投入不足，使农村学前教育没有足够的资金维持后继的发展，加剧了城乡学前教育发展的不平衡。

一名乡镇学前教育管理人员谈道："我们乡镇的经费来源本来就少，占教育经费总支出的3%左右，分摊到学前教育这块则更是少之又少，有时根本就没有进行投入。这个比例比世界主要国家及地区幼儿教育经费占教育总经费的平均水平还要低很多。"(Y1老师)

一名乡镇教育主管部门的主任说道："我们乡镇幼儿园的费用主要是靠幼

儿园自己解决。目前来说，学前教育还没有被纳入义务教育体系内，导致上级主管部门没有投入，所以我们乡镇普通幼儿园的运行基本上是靠收取的保教费在维持着。"（Y2 老师）

充足的经费保障是幼儿园得以稳步发展的基础，由于公办中心园经费不足，公办中心园在发展过程中受到了诸多限制。乡镇公办中心园的经费本应由县乡两级财政拨付，但调查发现仅 28.5% 的幼儿园经费来源于财政拨款，乡镇公办中心园的绝大部分经费还是来源于自己所收取的保教费。受农村经济水平的限制，乡镇中心幼儿园收取的保教费标准偏低，每月收费标准在 200 元以内的幼儿园占 78.5%。一些经济状况不好、地理位置偏远的乡镇，每月收取的保教费还不足 100 元，幼儿园的正常运转都难以为继。受政府财政拨款不均衡和幼儿园自身收费较低的双重影响，公办中心园的经费来源有限、资金短缺，办园经费普遍非常紧张，因此出现了种种问题，比如没有多余的资金进行幼儿园园所的改建、教育活动实施设备的添置，无法聘请到高学历、专业性强的幼儿教师，导致公办中心园普遍出现师幼比过低、班级规模过大等问题。不少公办中心园自身的保教质量都有待提高，在这样的前提下，根本就不能，也没有相应的条件发挥公办中心园的引领示范作用。

政府要重视学前教育的作用，积极引导农村地区的幼儿教育工作，把学前教育和当地的经济与社会发展放在同样重要的位置上。政府应加大对农村地区学前教育的财政投入，确保幼儿园有足够的经济基础来采购教学设备和硬件设施。当然，对于农村地区占比最多的普通乡村幼儿园，国家更要加大扶持力度，确保办园质量。同时还要保障幼儿教师的工资收入，通过财政投入，减少农村幼儿教师的流失，让更多教师留在岗位上。

二、区域农村学前教育人员管理规范性不够

（一）学前教育人员资格审查缺乏规范性

洪秀敏等在《当前我国托育人员队伍建设的瓶颈与对策》中提出，"当前我国托育人员队伍建设存在资格证书混乱、适当贴切性不足，无证上岗现象较为严峻；师资供给紧缺，低师幼比突出；专业培训机会难求，内容单一；

工作付出与回报失衡，人员流动性高等问题。"① 由此可见，现阶段我国学前教育从业人员水平参差不齐，在教育资源配置较高的一二线城市，学前教育教师学历高，专业素养也相对较好，但对于教育水平相对落后的农村幼儿园来说，缺少可供选择且满足条件的学前教育教师。农村幼儿园教师资质参差不齐，甚至有一些教师并未接受过系统的学前教育专业培训，不具备幼儿园教师资质，因此相对于教学，他们的工作内容更偏向于保育。专业能力的缺乏使得农村幼儿园教师在幼儿活动设计和安排上存在较大问题，拉低了园所整体教学水平，严重影响了农村学前教育质量。在师资不足的情况下，幼儿园往往会聘用不满足学前教育从业资格的人员，虽然此举能够满足人员方面的需求，但也使得农村学前教育整体教师质量下滑。因此，在乡镇公办中心园教师与周围农村幼儿园教师进行交流沟通时，往往会出现教师专业水平不足导致其对学前教育专业知识理解不到位的情况。

现阶段，与学前教育相关人员及师资队伍配置标准相关的文件界定过于模糊，不具备相对有效的执行性，对各地执行政策的指导性不强。这使得学前教育各领域间人员配比不均衡，出现师资队伍和管理人员失衡的状况，使得学前教育发展受到一定程度的阻碍，对未来发展方向的预估结果造成干扰，对上级教育机构的监管评估工作产生了一定影响。

（二）学前教育从业培训、定期学习及考核机会不足

纵观我国各阶段的教育发展现状，学前教育相对于其他阶段的教育发展仍较为落后，尤其是位于偏远贫困的农村地区，学前教育是整体教育中最为滞后的阶段。现如今全国范围内普惠性幼儿园数量不足，质量亟待提高，幼儿园大班额成为普遍情况，且学前教育师资队伍建设混乱无序，教育教学质量提升存在较大困难。从师资队伍建设方面来看，学前教育专业教师短缺，现有教师专业知识不足且存在差异。在专业培训和教师队伍水平提升上也存在欠缺，具体表现在农村幼儿园教师培训机会有限、定期学习次数少、考核制度不完善等方面。

随着"国培计划"深入推进，我国教育的总体质量呈正比例提升，但仍

---

①洪秀敏,张明珠,朱文婷.当前我国托育人员队伍建设的瓶颈与对策[J].中国教师,2020(2)：79-83.

需要不断完善相应保障措施，反思培训内容和方式等，尽全力为学前教育教师的专业发展提供充分的条件保障，以满足教师成长的实际需求。尤其是对于乡镇中心园和农村幼儿园的教师来说，他们获得培训的机会少（培训质量相较于城市园所来说也逊色几分），缺少定期进修学习的机会，因此公办中心园应肩负起为农村幼儿教师提供培训的责任，不仅要起到示范引领作用，还应该将当下的学前教育理念和观点传输给农村基层幼教工作者。然而，当前多数公办中心园对讲座或培训学习活动并不重视，而是把更多精力放在本园的管理和教学方面。因此，现阶段在乡镇公办中心园广泛设立的情况下，多数农村幼儿园仍然几乎没有专业培训机会，这使得园内教师的专业水平和教育理念无法得到更新发展，在很大程度上阻碍了我国农村学前教育整体水平的提高。

三、区域农村学前教育信息化建设不足

（一）教育管理的信息化缺口较大

随着科技发展和社会进步，经济基础不断推动着上层建筑以适应生产力的变革，此时人类对学前教育变得尤为重视。一方面，正式的学校教育从学前教育阶段开始，并以此为起点引领人走上终身学习的道路，这对当前信息化时代来说是十分重要、不可忽视的；另一方面，人们对学前教育愈发重视的态度和日新月异的理念促使学前教育更好更快发展，但同时也面临更多的挑战。因此，学前教育如果想要做到与时俱进，并结合时代背景形成属于自己的时代特色，就必须将信息化技术渗透到自身的教学活动中来。但由于学前教育阶段的受重视程度、资金投入、办学规模等一直都处于劣势地位，因此在教育信息化方面幼儿园远不如小学、中学等其他教育阶段。现如今，加强学前教育信息化建设已经成为一项亟待解决的问题，也是我国学前教育面向未来、不断创新的发展趋势。

然而，在教育资源和物质条件相对落后的农村幼儿园，虽然近年来国家加大了对部分地区的学前教育经费投入，但信息化建设仍然是一大短板。教育信息化不仅可以作为更好对接上级教育部门并配合落实政策文件的工具，还是建立教师资料档案和幼儿成长档案的好帮手，便于幼儿园更加快捷地进

行教育记录。除此之外，在家园联系方面，教育信息化的普及利用也能加强幼儿园与家长间的有效沟通，侧面帮助幼儿园健全管理系统。但很多幼儿园的信息化意识和教育管理方面意识薄弱，甚至并未建立过幼儿信息化档案。因此，乡镇公办中心园向农村幼儿园传递信息过程存在阻力，农村幼儿园对公办中心园的模仿学习也无从下手，使得公办中心园的示范和引领作用大打折扣。

（二）教育教学的信息化使用存在误区

教育信息化虽然是当今社会与时代背景下教育的发展趋势，但正如事物发展存在相互对立的两个面，教育信息化在普及和使用的过程中也存在着一些误区，尤其是在教育教学阶段。教师在开展各领域活动时，使用信息化教育的确能够让教学过程变得更轻松，比如播放绘本讲述视频、音乐舞蹈视频，还有各种各样的图片展示。但教师在习惯这种活动开展模式的同时往往会忽视一些本应出现且能够帮助幼儿发展核心经验的重要环节。例如科学领域活动中十分重要的就是让幼儿进行观察，在教育信息化的背景下，教师往往会出示一些图片而非实物，这在某些方面看来为活动提供了便利条件，但让幼儿脱离实物进行观察会使其无法联系实际，无法将知识提炼为自身经验，不利于幼儿好奇心和创造性的培养。这类问题往往存在于接触程度不高、运用不熟练的农村幼儿园中。农村幼儿园的硬件设施逐渐增加和完善，一定程度上改善了幼儿园的物质条件，但教师也只能根据乡镇公办中心园学习到的一些基本操作和使用方法组织教学，对于其背后所蕴含的学前教育信息化理念并不能很好理解，以至于在使用过程中无法将设备与人工有机结合起来，容易形成依赖设备、滥用设备的不利局面。

除此之外，幼儿园还需要兼顾幼儿的身心发展规律，包括生理层面的视力、听力等。美国儿科学会建议，2~5岁的孩子每天看屏幕时间不应超过1小时，但在一些幼儿园中，为了更便捷地开展教学活动，几乎除户外活动和区域活动外教师随时都在用电子触控屏。不仅如此，他们还会在午间的饭后睡前或一日生活接近尾声时给幼儿播放动画片，这使得学前儿童使用电子产品时间远远超过建议时长，对幼儿的视力、听力、感知觉发育都造成了一定程度的影响，违背了学前教育信息化的初衷。此外，对信息化设施的固有观念也使得公办中心园对周边园所的培训难以获得显著成效，不利于公办中心园在所处环境中对其他幼儿园进行有效示范和正确引导。

（三）缺少阶段成长分析，新媒体窗口搭建不完善

教育信息化的另外一个优势就是能建立本园、城市、地区乃至全国范围内的教师和幼儿信息库，但目前学前教育信息化普及和使用与中小学相比稍有落后。全国中小学生学籍信息管理系统的建立，使得全国范围内学籍管理实现无缝衔接和互联共享，师生个人档案和成长记录明确具体。因此，现阶段学前教育应当将教育信息化放在重要地位，这也有助于学前教育结合时代特色发展出专属自身的特点。由此可见，教育信息化能够在全国范围内形成一张数据化网络，在当前大数据时代背景下，学前教育建立信息化数据库是必然趋势。学前教育信息化网络的建立能够让资料变得数据化、可视化，便于在一定范围内进行学龄前儿童的成长差异等方面的研究。但现有条件下乡镇和农村幼儿园并不具备条件及专业理念，有些园所甚至连本园幼儿的成长档案都无法提供，由此造成了某些方面的信息闭塞，使得公办中心园无法了解周围幼儿园的具体情况并进行有针对性的指导，妨碍了基层学前教育系统整体水平的提升。

在信息化时代的今天，无论是孩子还是大人，都已经深处"媒介化"生存环境当中。新媒体愈发广泛地影响着身处其中的人们，并成为人们获取信息的重要途径。由于当前信息化时代所带来的影响，人们往往习惯了生活中各种新媒体窗口所带来的信息资源。因此，学前教育更应该以此为契机，通过教育信息化背景下建构的平台，将本园、区县等范围内的新媒体窗口搭建起来。新媒体窗口包括但不限于社交平台如微信（公众号、朋友圈）、各类视频平台等，相应的安全教育、亲子活动等都可以将幼儿纳入进来，并且受众不限于幼儿家长，可以扩大目标群体。因此教师和幼儿园可以将幼儿在园活动、游戏、生活等环节以视频的方式上传至各类社交平台，或将先进的育儿理念通过公众号进行宣传，还可以每天在朋友圈分享幼儿睡前故事。这些搭建新媒体窗口的手段往往在大城市的学前教育领域有所体现，而乡镇和农村的信息化进程相对来说较为落后，主要体现为新媒体窗口的缺失，而对这一情况的忽视带来的影响就是公办中心园在学前教育信息化普及方面的示范作

用未能得到充分体现,无法发挥其正向引领作用。

四、区域农村公办中心园角色定位不明确

(一)公办中心园性质不明确

所谓公办幼儿园,即一切财产均属公有的幼儿园。园长由教育局任命,建设经费、办公经费、教师及保育员工资均由财政拨付。由此看来,政府举办公办幼儿园的目的主要是:其一,从全民意义上规划学前教育,保证所有幼儿在学前阶段拥有平等的受教育机会;其二,建立并维护良好的办学秩序,主导学前教育机构的办学方向,实现学前教育事业健康、有序发展;其三,实施学前教育"保底"策略,不仅能够为弱势群体的子女提供良好的入园条件和平等的受教育机会,而且能够确保整个学前教育公共服务体系是有基本质量保障的,从而促进教育起点公平的真正实现。

但对一些公办中心园来说,公办性质在除财政以外的其他方面表现得并不明显。公办中心园在自身定位方面存在的问题进一步导致其忽视幼儿园本身应该履行的职责,如对周边地区其他幼儿园的示范指导作用、对先进的幼儿教育观的普及、作为上级教育部门和基层幼儿园间的对接联系等。可一些公办中心园认为公办性质仅仅体现在做好本园的教育教学和行政管理方面,往往对示范学习活动并不重视,偶尔开展的讲座或培训也只是为了完成上级教育部门下发的任务,目的只是达成相应指标。王晓芬等在《发挥乡镇中心幼儿园示范作用的对策探析》中指出,通过实地调研发现,"一部分中心园在实践中根本没有发挥示范作用,也未履行县教育主管部门规定的培训和指导学前班教师的任务,其园长也没有协助乡镇教育主管部门做好全乡镇幼儿园的幼儿保育教育、业务管理和业务指导工作;另一部分中心幼儿园虽然开展了发挥示范作用的活动,但他们依旧认为发挥示范作用是上级的规定和附加的工作量,而不是自身分内之事,因此在发挥示范作用时往往积极性差"[1]。

由此可见,在现有环境下公办中心园对于自身的定位显得尤为重要,如果幼儿园不能正确认识到公办性质的重要意义,仅将重心放在教育教学本身,

---

[1] 王晓芬,石廷希.发挥乡镇中心幼儿园示范作用的对策探析[J].教育导刊(下半月),2008(6):34-36.

那么也就无法有效引领周围其他幼儿园，区域学前教育的发展就会变缓甚至停滞不前。

（二）示范引领功能不清晰

示范性幼儿园是为了提升区域内学前教育整体质量，由政府专门设置的，在一定地区起带头、示范作用的幼儿园。为推动幼儿教育事业的发展，我国各省（自治区）、市、县教育行政部门，按示范园考核标准，陆续评定出一定数额的示范幼儿园，成为本地区观摩、参观、交流经验、代培师资活动的中心。2003年，国务院办公厅转发教育部等部门（单位）《关于幼儿教育改革与发展的指导意见》进一步明确了示范园的示范职责，该文件第15条提出："要充分发挥示范性幼儿园在贯彻幼儿教育法规、传播科学教育理念、开展教育科学研究、培训师资和指导家庭、社区早期教育等方面的示范、辐射作用。示范性幼儿园要参与本地区各类幼儿园的业务指导，协助各级教育部门做好保育、教育业务管理工作，形成以省、地、县、乡各级示范性幼儿园为中心，覆盖各级各类幼儿园的指导和服务网络。"[1] 然而现阶段公办中心园反映出来的示范引领积极性不高、组织形式单一、未结合普通园需求等问题，在一定程度上影响了示范园本应发挥出的作用。

首先，乡镇中心示范园除示范作用外还要兼顾本园的教育质量，并接受阶段性质量评估，这种高要求就使得幼儿园在示范活动开展的积极性方面大打折扣。而且幼儿园本身可能就认为提升教学质量、促进幼儿更好发展才是本职工作，而开展培训、举办讲座以及到乡村幼儿园指导等活动属于上级部门下发的额外任务，是因为幼儿园的公办性质，不得已才接受。由于活动质量、开展次数、组织积极性都大打折扣，疲于应付的态度只会使示范引导活动流于形式，从而失去了其对周边幼儿园真正意义上积极有效的影响。

其次，在示范形式上，一般以讲座培训和公开课观摩活动为主，对接帮扶、合作教研等形式极少被使用。在示范内容上，以教师专业素养培训为重心，而对于传播现阶段先进科学的幼教理念、开展园本课程开发培训等方面

---

[1] 国务院办公厅.国务院办公厅转发教育部等部门(单位)关于幼儿教育改革与发展指导意见的通知[EB/OL].(2003-03-04)[2022-03-20]. https://www.gov.cn/gongbao/content/2003/content_62048.htm.

的示范则显得较为薄弱。

最后,因办园主体、园所文化、园长理念等多方面的差异,每个示范园都有其优势和不足,实际上是不能要求示范园面面俱到的。示范活动实质是普通园与示范园深入合作,共同解决普通园的某些问题,从而促进普通园能力提升的过程。但在现实中,普通园的学习过程多是机械式地对现有知识经验的搬运,没有认真考虑这些知识经验能否在普通园得到有效运用[①]。总体上看,这种缺乏思考的"依葫芦画瓢"式学习方法并不能对园所间的示范和学习活动产生积极有效的帮助。

(三)资源共享理念落实不到位

当前时代背景下,我国社会的主要矛盾已经由人民日益增长的物质文化需要同落后的社会生产之间的矛盾转化成人民日益增长的美好生活需要和不平衡不充分的发展之间的矛盾,其在教育层面体现为对扩大教育机会和提升教育质量的要求。学前教育阶段教育机会和教育质量的短板正是由教育理念的落后、硬件设施缺乏、学习机会不多等造成的,这使得幼儿园难以有效提高教育质量,不利于落实教育政策中对于乡村幼儿全面发展的要求和我国学前教育整体水平的提高。

幼儿园资源共享模式不仅仅是表面上看来的信息共享和思维共享,还包括以下几类互动项目。首先,乡镇及周边幼儿园教师间能够互动,包括知识、经验、理念等方面的交流;其次,在资源共享中,乡镇公办中心园能够通过分享游戏活动的开展、教具的使用等方式使农村幼儿园进行硬件设施的补充;再次,乡镇公办中心园还可以在幼儿园间开展互动交流活动,开拓周边园所幼儿视野;最后,示范园教师外出参加知名幼教专家讲座、科研知识培训、特色教研等学习活动时,可以邀请乡镇及周边幼儿园的相关领导、教师一同参加,以此实现资源共享,促进区域农村学前教育专业水平的提升。但事实上,基层幼教系统在资源共享方面所表现出来的情况并不理想,在以上所列举出来的各种资源共享模式中,真正得到体现的仅有一些教育理念的共享和教师间的低频率互动,因此资源共享模式和内容在公办中心园的示范活动中

[①] 李晓敏,张建忠.示范性幼儿园示范作用发挥现状与存在问题探析及其完善建议[J].学前教育研究,2016(5):15-24.

表现得十分匮乏，进而影响其对周边园所的引领作用。

第三节　制约公办中心园引领农村学前教育发展的微观因素

　　从已有的调查中看出，农村地区的幼儿教育存在园所建设更新慢、师资力量不足、保教水平较低、教学管理理念较差等方面的问题，这些问题对乡镇中心园乃至村办园的整体发展都产生了严重影响。幼儿的健康发展与幼儿教育的实际情况相关联，农村幼儿教育存在的问题也会影响幼儿的发展。乡镇中心园肩负着引领普通乡村幼儿园、促进农村学前教育发展的重担，起着示范、指导的作用，为一些发展较薄弱的农村幼儿园提供了前进方向。但乡镇政府和上级教育主管部门支持力度不够，致使乡镇中心幼儿园面临诸多困境：少编制，使得幼儿园临聘教师与在编教师比例差距较大，由于师资队伍中临聘教师待遇较低，且学前教师流动性本就较大，因而难以形成具有明显年龄梯度的教师队伍，无法形成教学方式和实践经验的传递，不利于学前教师的专业成长；缺资金，使得幼儿园招聘不到足够多的老师，师资短缺加大了现有在园教师的工作压力，且导致师生比严重低于国家标准等一系列问题。因此公办中心园没资金、没精力也没足够的能力去带动周边乡村幼儿园共同发展。故而导致当前乡镇中心园在发挥示范作用时存在诸多问题，效果不够理想。本节主要对公办中心园自身的示范引领做微观层次的分析。

一、公办中心园对"示范"认识有偏差

　　乡镇中心幼儿园作用的发挥，主要取决于公办中心园自身的办园水平。在对 18 所公办中心园的调查中发现，他们的示范内容仅仅局限于对教育理论、相关方针政策的解读，虽然也涉及教师专业技能，但是教师的教学水平还比较有限，无法起到很好的示范效果。开展课题研究这种形式在乡镇中心幼儿园示范内容中的占比只有 5.3%，这从本质上来说跟公办中心园自身对示范引领角色的认知有很大关系。

(一) 对"示范"认识不足

公办中心园在示范引领的过程中,因对示范引领的认识不足,忽视了示范的本质要求,造成了示范活动在实践中寸步难行的实践误区,影响了示范的效果。

调查中发现,公办中心园的示范活动以普通乡村幼儿园掌握了示范成果为终点,从而结束示范活动。从公办中心园的示范,到普通乡村幼儿园的接受与成果掌握,两者共同处于一个示范活动阶段,公办中心园做出示范行为,普通乡村幼儿园在接受与内化之下掌握了示范的成果。当公办中心幼儿园结束自身的示范活动时,整个示范活动也便画上了圆满的句号,但是示范成果的掌握不以公办中心园自身的示范行为结束而结束,而要把公办中心园的示范成果真正地纳入示范对象的知识结构中,因为公办中心园示范活动的目的是促进普通乡村幼儿园的发展。要在具体的实践中对公办中心园的示范成果进行检验,确认其有效、可行,这是示范成果的检验过程,同样也是示范活动的一部分。如果公办中心园的示范成果在实践之中产生困境,未被普通乡村幼儿园真正地掌握,或者学习成果有误,那示范活动就不会随着示范行为的终结而结束。换句话而言,示范指向公办中心园对普通幼儿园的经验引导与传承,也同时构建对示范成果的真正转化与内化。如此,那种对公办中心园的示范活动仅仅是其成果展示的认识失之偏颇,也是导致公办中心园示范效果不佳的主要原因。

(二)"示范"与"示范活动"的错误定位

在中国传统文化中,我们鼓励见贤思齐,但传统文化中也有金无足赤的劝警。政府最初设置公办中心园制度时,对其定位是区域农村"最好的幼儿园",是业务的"多面手"。然而,公办中心园虽然通过了评估,但因办园主体、园所文化、园长理念等多方面的差异,每个幼儿园都有其优势和不足,并不能要求其做到"面面俱到",而且其示范活动也并不是单向的知识和技能的传递过程,其实质是普通乡村幼儿园与公办中心园深入合作,共同解决普通乡村幼儿园的某些问题,从而促进普通乡村幼儿园能力提升。但在现实中,普通乡村幼儿园学习公办中心园的过程多是机械地搬运现成的知识、技能与经验的过程,多是观摩、参观、听讲座等学习模式,这些模式能否适应普通乡村幼儿园的"生态"未被深刻考虑。这种对"示范"与"示范活动"的错误定位导致了现实中示范活动"泛"而"浅"的现状。

二、 公办中心园课程管理上存在误区

（一）园本课程开发不足

园本课程是指按照国家与地方课程的基本精神，根据幼儿园和当地的实际条件，进行课程选择、重组与整合而形成的具有本幼儿园特点的课程。园本课程作为以幼儿园为主进行开发的幼儿教育课程，虽然能够充分利用幼儿园现有教育资源，凸显幼儿园特色，有效提高课程与实际教学之间的契合度，但也同样会在开发阶段对幼儿园提出更高要求。《幼儿园教育指导纲要（试行）》中指出："幼儿园应为幼儿提供健康、丰富的生活和活动环境，满足他们多方面发展的需要，使他们在快乐的童年生活中获得有益于身心发展的经验。"[①] 结合幼儿园自身情况开展教育教学活动，可以将具有教育价值的生活内容纳入园本课程范畴，让幼儿在生活中实践，从而促使幼儿身心和谐发展。

但现阶段园本课程的设计与开发存在着诸多问题，"如何开发出适合本园的高质量园本课程"对大多数公办中心园来说是一大难点。例如有些幼儿教师虽然教学能力较强，但教研能力与课程开发能力却比较薄弱，且缺乏课程开发的相关经验，即便能够积极参与到园本课程开发活动中来，也难以保证开发出高质量的园本课程；有些幼儿园在开发园本课程的过程中，存在着园外课程资源利用不足的问题，通常仅关注幼儿园自身掌握的教学资源，很少会对当地文化、民族风情、自然环境、人文景观及家长、社区等课程资源进行利用，使园本课程的主题选择与内容设计受到了很大限制。此外，缺少恰当的园本课程评判标准，导致幼儿园或教师无法正确且客观地分析园本课程设计中存在的问题。

园本课程的开发不仅需要有教学经验和学术能力的专业教师共同参与研讨，还要结合园所环境、已有条件、办园特色、教育理念等具体问题进行具体分析。因此，公办中心园如果在园本课程的设计开发上不能作出榜样和示范作用，那么周围地区的其他乡镇及普通乡村幼儿园就更难以凭一己之力进

---

① 中华人民共和国教育部.幼儿园教育指导纲要(试行)[M].北京:北京师范大学出版社,2001.

行开发。优质且适宜的园本课程能够使得园所的教育水平和教育理念得到整体层次上的提升，其重要性体现在从教育管理到活动设计等方面。园本课程的缺失不仅会使得公办中心园失去理论支撑，对周围乡镇及普通乡村幼儿园的指导作用也会大打折扣。

（二）课程设置存在误区

在幼儿园教育教学中，课程设置占据了核心地位，现阶段幼儿园以五大领域课程为主，围绕幼儿核心经验开展各种类型的活动。《基础教育课程改革纲要（试行）》中明确要求了课程设置必须"体现课程结构的均衡性、综合性和选择性"①，由此可见课程设置在学前教育中的重要性。而且，由于公办中心园具有政府办学的公办性质，其课程模式、教育理念以及教育内容都应当具有新颖性和时效性，但即便如此，其在课程设置上仍然免不了存在一些误区，主要包括以下几个方面。首先，在以往的分科教学活动中只需要完成该学科（领域）的课程目标即可，自综合性课程推广以来，课程目标要从多个维度去实现，因此其难度也就有所加大，需要教师具有综合的素养和能力。习惯于分科教学的老师在开展综合性课程时，容易将不同领域的内容生拼硬凑在一起，从而失去整合的意义。其次，在教育理念上，学前教育理论和学前教育专家认为幼儿的主要活动应该是游戏。然而，一些教师在操作层面上将其过度泛化，认为只要是由教师发起的、有目的有计划的活动都称作游戏，模糊了幼儿自己生成的活动与教师预设的活动之间的界限，这样不仅难以使儿童获取游戏中的教育价值，也难以实现教学活动原本应达到的教育目的。再次，幼儿园作为课程的实施场所，对什么样的课程才是最适合幼儿身心发展的最具有发言权，然而这并不代表每个幼儿园都具备开发园本课程的水平和能力，一味追求开发新课程，可能会使园本课程的质量得不到保障。尽管近年来幼儿园师资的整体水平有了明显提高，但课程开发并不是一件容易的事，因此，在园本课程开发上仍需仔细斟酌。最后，虽然新课程改革建议改变过去的终结性评价，多进行过程性评价，然而在实际操作过程中，教师们还是会过多关注教育目标的完成度。如幼儿是否能独立完成对 10 以内数字的点数，而不是在学习过程中以兴趣为出发点主动探索数字间关系；幼儿是否

---

①基础教育课程改革纲要(试行)[J]. 人民教育，2001,(9)：6-8.

能够完整复述故事，而不是在这一过程中体会故事情感；幼儿是否能连续拍10个球，而不是关注与上一次相比多拍了几个；这些都体现了教师对幼儿个体差异性的忽视。在幼儿教育中，不应该以一样的标准去要求所有的幼儿，课程评价也应以过程性为主，只要幼儿个体与以前相比有所进步，教师就应该予以鼓励，鼓励他们在原有的基础上不断进步。

以上课程设置方面存在的误区，致使公办中心园自身在教育教学环节出现问题。作为能够辐射影响周围区域其他幼儿园的榜样示范园，这一问题必将对其正面引导行为和示范作用产生不利影响。

三、公办中心园教师队伍管理失范

学前教育改革与发展过程中，相关制度的缺失是导致乡村幼儿园处于不利竞争地位的主要原因。公办中心园在办学经费、教师配备与设备添置等方面都有着稳定的来源，而一些普通乡村幼儿园资源配置不足，在竞争中缺乏制度性保护。很多农村幼儿园教师都存在学历水平偏低的现象，甚至连园长的学历水平都不达标。他们在任职的时候没有相应的教师资格证或者教师资格证为中小学类，缺乏相应的管理教学经验，对幼儿教育一直处于摸索的状态。由此可见，从园长到教师队伍的建设，普通乡村幼儿园相对而言都更为落后，这一现状也使得其与公办中心园对接出现问题，无法较好配合公办中心园的各类示范活动并使其发挥引领作用。

（一）师资力量薄弱，保教队伍不健全

一是师生比过低。劳动人事部、国家教委1987年颁发的《全日制、寄宿制幼儿园编制标准（试行）》规定，全日制幼儿园教职工与幼儿比例为1∶6～1∶7，每个班要配备2名教师、1名保育员。在农村，配备比例可以适当放宽，乡镇中心幼儿园按照1∶10～1∶15的比例进行师资配备，每班配备2～3名教师；村办园的师幼比为1∶15～1∶20，平均每班配备1.5～2名教师[①]。我们所调查的18所公办中心园的师幼比平均为1∶25，幼儿教师配额比例严重不达标。在所调查的农村地区，幼儿教师的工作强度比较大，有很多乡镇

---

① 唐荷花.乡镇中心园对村办园示范作用发挥研究：基于教育均衡发展的视野[D].重庆：西南大学，2012.

幼儿园都是按照师班比1∶1进行教师的配置，即由一名教师包管一个班，全园共用少数的几名保育员。有一个乡镇中心幼儿园只有4个教学班，4名专任幼儿教师，2名保育员，然而幼儿却达到了238名，师幼比、师班比严重不达标。

二是幼教专业人员匮乏。由于农村幼儿园师资匮乏，师幼比例失调，教师数量无法满足基本的办学需要，因而在教师招聘方面对教师要求很低，专业门槛较低，有点文化知识的都可以来当幼儿园教师，导致从业人员素质参差不齐。"乡镇中心园幼儿教师的素质普遍偏低，她们主要由两类人员构成。一类是由小学转岗而来的教师，一类是从社会上聘请的非专业人员。由小学转岗来的教师，因长期受聘于小学，明显带有小学教学的特征，在进行幼儿园教学过程中这一特质更加明显。她们在面对幼儿时更多的是贯以小学教学的方式进行幼儿教学和组织课堂，在教学内容的选择和实施方式上都更倾向于小学化，违背了幼儿的身心发展特征和学习特征，导致幼儿教育小学化倾向严重。从社会上聘请来的教师她们的学历和资质都相对较低，更多的时候是充当保育员的角色。"[①] 幼儿园对于这些从社会上聘请的教师几乎不进行任何面试和职前培训，让其直接上岗。这些直接上岗的教师大部分是没有教师资格证的，并且其自身的综合能力和知识水平比较欠缺，因此乡镇幼儿园的教师素质偏低。在农村幼儿园，大多数教师是代课老师，没有接受过正规的专业培训，文化水平低，保教能力比较弱。而且这些教师没有任何编制的约束，流动性较大，找到更好的工作就会离开，这对教师队伍的稳定性影响十分大，教学质量也会随之下降，直接影响农村学前教育教师队伍的健康发展。这种非专业和低素质的人员加入幼儿园教师队伍，在很大程度上制约了乡镇中心园教育质量的提高。

（二）培训制度不完善，专业发展困难

公办中心园幼儿教师的培训力度不够，教师职前和职后培训有严重的脱节现象，幼儿园为教师提供的培训机会太少，使得教师缺乏进一步学习提升的机会，在职培训不能够兼顾教师的不同需求，针对性不强，往往都是采用

[①] 唐荷花.乡镇中心园对村办园示范作用发挥研究：基于教育均衡发展的视野[D].重庆：西南大学，2012.

统一的培训方式，无法让教师认识到自身的问题，从而无法提高教师的专业素质。再者，由于公办中心园培训经费的不足，并不是每个人都能有培训的机会，往往是给能力较强的教师提供培训需求，因为他们能够给幼儿园的发展带来保障。这就导致忽视了对没有经验或者工作能力不强的教师的培训，限制了一部分幼儿教师素质的提高，不能够为幼儿教师的发展提供很好的发展平台。教师培训机会少，专业发展困难，不能够及时掌握学前教育的专业知识，从而不能从根本上解决教学中的问题。教师的在职培训是终身教育不可或缺的一部分。农村幼儿教师队伍的整体素质较差，专业水平较低，对其进行系统而专业的培训是一项长期又艰巨的任务。

公办中心园教师中专业幼儿教师所占比例较低，很大一部分幼儿教师不是幼教专业的，这导致幼儿教师队伍先天素质不高。而且，幼儿教师在职后接受继续教育的机会也很少。调查结果显示，农村幼儿教师外出参加职后培训的机会很少，因幼教工作繁重，平时教师之间组织的学习或交流的机会也较少，再加上农村信息相对闭塞，图书资料少，教师很难通过业余的学习提升自己的专业素养，农村幼儿教师在专业发展的道路上受到了重重阻碍。这种后天资源不足的情况严重阻碍了教师专业素质的提高，其自身教育技能和理论水平得不到提高，也就没有能力进行示范，即使进行了示范，示范效果也会大打折扣。

四、示范者与示范对象双方主动性不够

（一）公办中心园示范氛围缺失

园风是幼儿园在自身现有条件的基础之上，结合办学理念和教育宗旨形成的具有本园特色的思想，旨在形成精神标杆，为幼儿园的进步发展和更好办园树立目标，与园本建设有着异曲同工之妙。园风建设是幼儿园的立足之本，教师是园风的真正建设者。建设优良的园风不光要靠老师，更需要园内领导和管理层的参与。反过来，良好的园风也在督促着教师和园长坚守教育初心，时刻牢记公办中心园示范引领其他幼儿园的使命。作为乡镇公办中心园，不仅要对周边地区其他园所开展指导和培训活动，还需严格要求自身，保证时刻以优秀的榜样形象向社会各界展示。园风建设作为精神文化层面的

重要内容，彰显了公办中心园的高质量办园水平和高标准要求。然而当前部分公办中心园存在着重视物质条件和硬件设施，却忽视精神文明建设的错误思想，这一现状不仅使得园所本身失去了正确的信念支撑，同时也对其他园所产生了不良影响。

（二）普通乡村幼儿园积极性不够

首先，由于不少普通乡村幼儿园经费以创建者自筹和幼儿缴纳学杂费为主，且多数园所办园规模较小、生源较少，办园经费相对缺乏，园舍建筑不符合办园标准，幼儿园教育教学必需的玩教具、图书等物资匮乏。因此即便园所教师和园长参加公办中心园组织的培训，或是外出学习了先进的教育理念，但在物质条件被束缚的情况下，这些幼儿园仍然难以从本质上做出改变。

其次，因为公办中心园由政府直接拨款，所以不管是园所硬件设施方面还是玩教具方面都有着更加优越的条件，但针对周边园所教育材料匮乏的情况，公办中心园并不会将部分玩教具与其他园所共享，以此促进周边幼儿园的有益发展并发挥积极模范作用。调查中发现，普通乡村幼儿园为迎合家长需求，招揽生源，往往不计后果地对幼儿进行揠苗助长式的拼音识字教学，体现出严重的小学化倾向，且由于具有部分错误的教育理念，其办学具有比较大的随意性和盲目性，因此尽管有公办中心园传经送宝，其小学化趋势仍难以改变。此外，普通乡村幼儿园本身对公办中心园的示范引领不上心也是影响示范效果的重要因素。调查中发现，有58.6%的普通乡村幼儿园教师认可公办中心园的帮扶工作，36.4%的教师认为帮扶可有可无，还有5.0%的教师认为中心园对其的帮扶完全无必要。

最后，在环境设计上，公办中心园仅对本园做出了相应环境创设，一些公办园不仅结合地区及民族特点采用了具有特色的班级名称和室内环境创设，还在室外为幼儿创设了农作物区域，方便幼儿观察和认识一年四季的不同植物，以此扩展幼儿认知，丰富教学内容。但在周边园所的环境创设方面，公办中心园缺乏对周边环境的考量，未能结合具体问题进行具体分析，如在户外场地较大的农村幼儿园，可以建设幼儿玩沙玩水区域，或是根据地理优势，结合森林教育、安吉游戏等先进的幼儿教育理念给出环境建设方面的建议。仅仅将本园适用的已有经验直接传授给其他幼儿园，其他幼儿园往往容易出现"水土不服"的情况，会完全依赖经验主义进而导致教条化，不利于示范指导行为的开展。

　　虽然如今学前教育获得了更多更广泛的关注，国内关于幼儿教育的整体情况也有所好转，但是农村学前教育仍然处于教育的薄弱环节。资金缺乏、条件限制、政策不完善等因素导致农村幼儿教育机构发展缓慢而艰难，乡镇中心幼儿园示范活动达不到预期效果，主要体现在活动意识缺乏、内容单一、形式缺乏创意、活动缺少计划性等。上级教育部门对学前教育发展不够重视，政策倾斜不明显，资金投入也较少。因此，笔者建议：政府要落实学前教育相关政策，从经费上支持幼儿园建设与发展，加强幼儿园师资队伍建设；教育主管部门要完善评价体制，建立完整的教师准入和培训制度，确保乡镇中心幼儿园能够进行有效的示范活动，产生最佳示范效果。

◇第四章
公办中心园引领农村学前教育发展的创新路径

农村学前教育体系是我国完善城乡现代教育管理服务创新体系的重要组成要素，在从落后的国家计划经济体制向社会主义市场经济体制过渡的过程中，农村学前教育体系建设也面临时代挑战。但是城乡二元结构问题使得当代中国农村学前教育体系及规划建设落后于现代城市学前教育的发展，甚至制约和影响了我国教育未来的进一步发展。2019年，《国务院关于学前教育事业改革和发展情况的报告》中指出着力补齐农村学前教育短板。推动各地完善县乡村三级农村学前教育服务网络，一是推动每个乡镇原则上至少办好一所公办中心幼儿园，切实发挥乡镇中心幼儿园对村幼儿园的辐射和指导作用，带动乡镇学前教育的整体发展和质量提升。二是根据实施乡村振兴战略和行政村适龄人口的实际需要，完善农村幼儿园布局，大村设中心园分园或独立建园，小村联合办园，人口分散地区提供巡回指导，满足幼儿的入园需求①。由此可见，促进农村教育发展迫在眉睫。因此，要切实把握好乡镇中现有的中心园在整个现代化农村学前教育体系布局中的核心地位优势和龙头带动作用，充分发挥其重要辐射引领的作用，使其在协调区域农村学前教育的发展中发挥积极的作用。一方面，政府应该为农村优质公办园的示范引领作用保

---

① 全国人民代表大会.国务院关于学前教育事业改革和发展情况的报告［EB/OL］.（2019-08-22）［2022-03-20］. http://www.npc.gov.cn/npc/c30834/301908/1c9ebb56d55e43.cab6e5ba08d0c3b28c.shtml.

驾护航，加大经费投入，完善财政经费投入和督导机制。另一方面，村办园及其他发展相对薄弱的幼儿园各方面发展水平的差异，导致其所需的指导和服务内容的广度和深度也不同。公办中心园在发挥引领示范作用时，应根据引领示范对象的不同及其所需进行示范和带动，促进农村学前教育的发展，这"对建构适应新时期农村学前教育发展需要的农村学前教育体系具有重要的实践指导意义"①。

第一节　着眼长效，构建农村学前教育经费投入

经济基础决定上层建筑，上层建筑对经济基础产生反作用。教育事业作为上层建筑，其影响因素之一就是经济基础领域的教育经费②。学前教育经费，即学前教育中的财力资源，是学前教育事业发展的根基，财力资源可以转化为人力资源和物力资源，为学前教育带来人力与物力。学前教育经费投入总量以及总量是否能满足当前及近期学前教育事业发展的实际需求和学前教育经费的使用效率是影响学前教育良性发展的两个关键因素。学前教育经费投入足够，学前教育机构就有足够的财力资源完善其设施、提高人员的素质，从而更好地为幼儿带来适合其身心发展的教育。

一、加大学前教育经费投入的必要性

学前教育本属于一项大型社会公共福利事业，学前教育的资金要通过社会多方力量去筹措。由于学前教育具有公益性以及其定位是公共服务性事业，因此政府在管理学前教育的同时要发挥学前教育的公益性以及其社会服务的功能。关于教育经费，《中华人民共和国教育法》中有明确的表达："国家建立以财政拨款为主，其他多种渠道筹措教育经费为辅的体制。"③ 学前教育中财

---

① 杨翠美.农村优质公办园示范性作用发挥的路径探析[J].佳木斯职业学院学报,2020(1):296-298.
② 王丽.黑龙江教育经费问题研究[D].哈尔滨:黑龙江大学,2018.
③ 中华人民共和国教育部.中华人民共和国教育法[EB/OL](2021-07-30)[2022-03-20]. http://www.moe.gov.cn/jyb_xxgk/xxgk_jyfl/flfg_jyfl/202107/t20210730_547843.html.

政投入是支持学前教育事业发展的主要经济力量。财政预算是财政投入的第一步,学前教育财政预算是否单列以及其在财政预算中的比例都可以反映出政府是否足够重视学前教育的发展。但是基于社会环境复杂的现实情况,对学前教育的财政投入不可能全部实现资金投入,因此在投入过程中,就需要采用多样化、灵活性较强的财政投入方式,将有限的财政投入效率最大化。财政的投入与学前教育的发展息息相关,对农村学前教育来说更为重要。

农村学前教育长期以来处于落后的状态,其园所环境、园所教师质量以及幼儿的发展教育都和城镇地区的学前教育相差甚远。农村学前教育是整个学前教育组成中的重要一环,农村学前教育长期不稳定的发展,也使得整个国家的学前教育难以提升,所以我们要努力发展农村学前教育,缩小城市与农村之间学前教育的差距。为了更有针对性、有效快速地促进整个农村学前教育均衡全面发展,国家在每个乡镇设立公办中心园,以公办中心园的示范引领作用带领该区域其他幼儿园的发展,从而带动该区域学前教育的发展,提高该区域学前教育的质量,缩小城乡差距。学前教育质量、公共服务水平很大程度依赖学前教育经费投入,目前我国学前教育发展不均衡,一个重要的原因在于缺乏充足经费保障[①]。公办中心园是由政府管理的,园所的经费大部分由政府投入,因此,充分发挥公办中心园的示范引领作用离不开政府的财政投入。但是调查发现,政府对公办中心园的经济投入并不充足,仅仅能够维持公办中心园的正常开销以及教师工资,几乎没有剩余,这严重限制了公办中心园示范引领活动的开展。为了更好发挥公办中心园的示范引领作用,应该加大对其的经费投入,使之有足够的经费去完善园所的设施和提升教师的教学质量,为示范引领活动增添内容。假使政府能充分发挥其功能,加大对公办中心园的财政投入,使公办中心园有充足的资金开展各类多样化的示范引领活动,充分发挥带头引领的作用,带领其他幼儿园共同发展,农村学前教育则能更上一层楼。

---

① 王佩君.供给侧结构性改革背景下学前教育公共服务均等化问题研究[D].重庆:重庆大学,2018.

二、发达国家财政投入的经验与启示

我国很早之前就十分重视幼儿的发展，但是到了近代社会，由于社会的动荡，幼儿教育发展比较迟缓，新中国成立后才开始重视学前教育的发展，因此对学前教育的财政投入有许多需要完善和改进的地方。而国外许多发达国家（如德国、芬兰、美国）的学前教育事业在国际社会中遥遥领先，其中有多个方面值得我国借鉴和学习。

（一）德国对学前教育的财政投入

德国是学前教育的发源地，其对学前教育相关事业及其发展的动态研究，是非常值得我国学习和借鉴的，特别是学前教育产业的财政投入方面。德国的教育财政投入不仅有法律为其保驾护航，而且相关的财政投入机制及制度也十分健全，具有公开透明性。德国的学前教育与我国有相同之处，即学前教育都不在义务教育的范畴之内，但是德国政府对学前教育的投入却与我国不相同。德国政府花费大量财力与精力来促进学前教育的发展。相关资料显示，德国政府2018年为学前教育公共财政总支出305亿欧元。该项支出在2019年至2021年期间持续增加，分别为337亿欧元、362亿欧元和377亿欧元。除此之外，政府以外的社会团体以及公益人士也十分重视学前教育的发展，如教会捐款和社会公益团体的捐助等，先后为学前教育投入了大量社会资金。由此可知，德国政府与民间资本的投资庞大，充分展示了德国政府与民众对学前教育的支持与重视。

（二）芬兰对学前教育的财政投入

在现今国际社会，芬兰的学前教育（Early Childhood Education and Care，简称ECEC）处于领先状态，并超越了英国和美国，成为学前教育最发达的国家之一，受到各国的关注与学习。芬兰学前教育发展的主要保障是政府对学前教育的高度支持。相关资料表明，芬兰的学前教育资金几乎都来源于政府。即使私立的幼儿相关机构，政府对其补助力度也非常大。芬兰对学前教育这么大的财政支出不仅因为国家和民众重视学前教育的发展，还源于芬兰政府财政的运作机制。芬兰会为年轻的职业母亲提供学习社会技能的机会，让年轻的职业母亲能够在市场上运用这些技能去创造出更多的财富,这样政府才能更好地服务于孩子们,比如提供托育服务。

(三)美国对学前教育的财政投入

美国不仅是经济强国,也是教育强国。美国联邦政府对幼儿教育的财政投入,不像北欧国家的政府投入在幼儿教育投入体系中占据主导地位,但是政府也为学前教育投入了不少资金,著名的"开端计划"项目是美国政府发起的一项幼儿教育项目,旨在为贫困地区和社区的幼儿提供重要的基础教育设施,让贫困地区的幼儿能够接受早期教育,为他们提供教育、卫生和其他的服务。"自从1965年'开端计划'(Head Start)推行以来,美国联邦政府通过财政投入的方式支持各州学前教育发展,从加强宏观政策引领的角度出发,出台了一系列学前教育财政投入政策,逐步增加学前教育财政投入规模,完善学前教育财政投入方式,形成了学前教育财政投入评估与监管体系。1965年到1980年,美国联邦政府以'开端计划'为起点,进入学前教育财政投入政策的探索期,以弱势儿童与家庭为财政投入对象,以'开端计划'项目为依托,对学前教育进行投入,以期实现补齐美国学前教育短板的政策目标;1981年到2001年,美国联邦政府以正式修订的《开端计划法》(Head Start Act)为起点,进入学前教育财政投入政策的建设期,以扩大的儿童群体与家庭为财政投入对象,以'儿童保育与发展专款'等项目为依托,增加学前教育财政投入规模,以期实现提升学前教育整体质量的政策目标。"[①] 再比如《不让一个儿童掉队法》,该法的建立是因为儿童的阅读、数学、科学水平持续下降。此外,美国联邦政府针对儿童的阅读问题设立了"早期阅读优先"项目。"2002年到2020年,美国联邦政府以强调投入成效的《不让一个儿童掉队法》(No Child Left Behind)为起点,进入学前教育财政投入政策的完善期,以儿童、学前教育工作者、家庭与社区为财政投入对象,以'力争上游——早期学习挑战'等项目为依托,扩大学前教育财政投入规模,以期实现学前教育优质化发展的政策目标。"[②] 资料表明:美国联邦政府关于"早

[①]赵雨萌.美国联邦政府学前教育财政投入政策演进研究(1965—2020)[D].长春:东北师范大学,2022.

[②]赵雨萌.美国联邦政府学前教育财政投入政策演进研究(1965—2020)[D].长春:东北师范大学,2022.

期阅读优先"项目的拨款逐年增加,此项目从2002年开始实施,就得到了联邦政府财政上的大力支持。2002年联邦政府拨款75 000 000美元,2005年增加到104 160 000美元,2007年达到了117 666 000美元。不断增加的财政投入表明了联邦政府对幼儿阅读教育的积极关注①。美国联邦政府对学前教育的财政投入以及解决学前教育中所出现问题的决心和魄力是值得每一个国家学习的。

(四) 其他国家对学前教育的财政投入

欧盟委员会保育协作组织1996年建议欧洲各国至少把GDP的1%投入学前教育和保育事业,目前一些国家已经达到或接近这一水平,还有一些国家甚至超出了这一投入水平,如丹麦幼教投入占GDP的2%,瑞典占1.7%;芬兰还为6~7岁班另加占GDP 0.3%的拨款,用于提升入学准备水平②。虽然近些年受到国际国内环境的影响,欧洲各国削减了对学前教育的财政投入,其支出总额占比呈下降趋势,但学前教育占教育总经费预算的比重仍然处于上升态势。并且,其他各国在学前教育方面的投入额占政府教育经费的比重也在不断上升。

除了欧美国家对学前教育的投资在不断上升,南美洲以及亚洲国家对学前教育的投入也在不断上升。如俄罗斯曾经在20世纪90年代经济转型中将幼儿园推向市场,造成了学前教育体系崩溃、幼儿受教育机会难以保证等问题。近年来,俄罗斯政府积极出台各种新政策,要求全面"恢复"因为私有化而受到严重损伤的国家学前教育系统,加大财政投入。目前,学前教育投入已经占该国GDP的0.6%,占教育总经费的14%;莫斯科市为解决近几年需求高峰期入园难的问题,更是将教育经费预算的30%用于发展幼儿园,并将许多属于政府管理的大楼拿出来办幼儿园。又如巴西《1988年宪法》即规定政府有义务向6岁及以下年龄儿童提供保育和教育。2001年《国家教育计划》的目标是到2010年,将该教育计划普及到50%的4岁以下儿童和80%

---

① 赵莉.美国"早期阅读优先"计划对我国幼儿园阅读教育的启示[J].早期教育(教师版),2012(10):10-12.

② 冯晓霞,周兢.构筑国家财富:联合国教科文组织首届世界幼儿保育和教育大会简介[J].学前教育研究,2011(1):20-28.

的 4～5 岁儿童。幼儿教育纳入联邦基金。目前，该国教育经费总额占 GDP 的 5.6%，学前教育经费占总教育经费的 8%，这使得巴西的学前教育事业近年取得了引人注目的发展[1]。在学前教育财政投入总量攀升的同时，学前教育经常性公共支出占国民生产总值（GNP）的比例亦不断提高，如北美与西欧国家总体水平在 5 年间（1999—2004 年）提高了 0.1 个百分点；匈牙利、以色列分别在已有较高投入水平基础上，即在 1999 年的 0.7%、0.6%基础上分别提高了一个百分点；波兰则从 1999 年的 0.4%提高到 2004 年的 0.5%。学前教育财政投入水平的持续提升为发展一国（区）学前教育事业奠定了坚实的物质基础，也使得学前教育发展战略从蓝图逐步走向现实[2]。

在亚洲，不少国家对学前教育十分重视，相关政府对学前教育的财政投入也十分大，比如泰国、韩国、日本、老挝、马来西亚等。其中泰国的学前教育投入经费占比最高，其次是韩国、日本、老挝和马来西亚。

由此可知，无论是发达国家还是发展中国家，各国政府都十分重视对学前教育的投入，并且随着学前教育越来越重要，各国也在不断提高学前教育的投入占比，以此促进学前教育的高质量发展。

三、政府加大对公办中心园的财政投入

公办中心园示范引领作用的有效发挥，需要各方积极配合和努力，仅仅依靠幼儿园单方面的力量无法将示范引领的效果最大化，教育部门对幼儿园的财政投入与政策支持也是相当重要的。政府对公办中心园的财政支持是充分发挥公办中心园示范引领作用的基础。目前，公办中心园运行的资金主要由四方提供，分别是教育部门、幼儿园、个人和赞助单位。其举办活动的资金也主要由这四方承担。公办中心幼儿园的引领示范活动的资金主要由教育部门、幼儿园和教师这三方承担，教育科学研究所、幼儿园和教师三方会协商分担少量关于科研方面的活动资金。总体而言，公办中心园的资金来源主要依赖于教育部门和幼儿园自身对幼儿的收费。如果要让乡镇中心幼儿园的

---

[1] 冯晓霞,周兢.构筑国家财富：联合国教科文组织首届世界幼儿保育和教育大会简介[J].学前教育研究,2011(1):20-28.

[2] 庞丽娟,夏婧.国际学前教育发展战略：普及、公平与高质量[J].教育学报,2013,9(3):49-55.

引领示范作用成为常规，并能继续下去，资金支持即是一块不可缺失的基石①。

(一)政府要充分认识到财政投入的重要性和紧迫性

与上述所提到的国家相比，我国对于学前教育的投入比较少，特别是对于农村学前教育的投入。因为资源短缺、条件比较落后，所以在农村办幼儿园困难重重。如果没有政府对其进行资金投入和管理，农村学前教育的发展可谓寸步难行。因此政府要充分意识到财政投入对学前教育发展的重要性，充分利用财政投入，打造一个优异的公办中心园，以此来带动农村学前教育的发展。财政投入是支持国家长远发展的基础性、战略性投资，是发展教育事业的重要物质基础，是公共财政保护的重点②，也是农村公办中心园发挥其示范引领作用的前提与基础。新中国成立以来，党中央和国务院从始至终都坚持优先发展教育，把教育放在首位，同时也特别重视对教育的财政投入，先后出台了一系列关于加大财政教育投入和高效使用教育方面财政投入的相关政策措施③。各地区、各有关部门在党中央的引领下，对教育方面的财政投入呈现上涨趋势，占比也在不断上升。2001—2010年，我国公共财政教育投入从约2 700亿元增加到约14 200亿元，年均增长20.2%，高于同期财政收入年均增长幅度，其中教育支出占财政支出的比重从14.3%提高到15.8%，已成为我国公共财政的第一大支出④。财政教育投入的大幅增加，为教育改革发展提供了有力支持。当前，"我国城乡免费义务教育全面实现，职业教育快速发展，高等教育进入大众化阶段，教育公平迈出重大步伐，办学水平不断提高"⑤。政府需要意识到学前教育的发展和义务教育、职业教育、高等教育是同等重要的，不应厚此薄彼，应该"一视同仁"。特别是在财政投入上，学前教育是幼儿正规学校教育的开端和义务教育、终身教育的基础，政府更应

---

① 杜亚平.幼儿骨干教师引领示范作用的研究:以宁波市为例[D].宁波:宁波大学,2013.
② 王美.高等教育经费构成与配置问题分析[C]//全国农村院校教育学科研究生教育协作组.第三届全国农林院校教育科学类研究生学术论坛论文集,2011:5.
③ 刘静.论陈鹤琴幼儿教育思想的现实意义[J].亚太教育,2016(12):4.
④ 中国学前教育发展战略研究课题组.中国学前教育发展战略研究[M].北京:教育科学出版社,2010.
⑤ 国务院关于进一步加大财政教育投入的意见[J].司法业务文选,2011(28):40-43.

该重视学前教育的发展,加大财政投入,为学前教育的发展提供坚实的经济基础。

(二)完善农村学前教育经费体制

美国著名的教育行政专家罗森庭格指出,"学校的经费如同教育的脊椎",这表明了教育经费对教育发展的重要性。的确,充足的教育经费才能为农村带来更好、更优质的学前教育。总体上看,我国农村学前教育发展缓慢的一个很重要的原因是资金不足。因为资金不足,农村学前教育的供给不足,出现一个班有三四十个幼儿的现象;因为资金不足,农村学前教育的教师处于紧缺的状态;因为资金不足,农村学前教育的一些场地选址得不到很好的保障。现阶段所出现的农村学前教育问题大部分都可以归结为资金不足问题,因此保障学前教育发展的一个重要前提条件是投入充足的教育经费。学前教育的经费投入,直接关系到园所的办园条件、教师工资待遇,也直接影响学前教育质量。《规划纲要》明确指出,"加大政府投入,完善成本合理分担机制,对家庭经济困难幼儿入园给予补助"①。因此,保障学前教育事业经费的投入,政府应该从以下几个方面进行。

1. 设立农村学前教育专项经费

前文我们已经提及,美国联邦政府对学前教育的投入占比比较大,在国际上位于前列,这也是美国学前教育发展比较好的原因之一。美国联邦政府除了对学前教育的财政投入外,也会针对所出现的学前教育问题设立专项经费。比如 1965 年的"开端计划",该计划是以贫困儿童为主要群体,为低收入家庭特别是处境不利家庭的儿童、残疾儿童提供接受学前教育的机会而设立的学前教育专项计划。从 1965 年到现在,"开端计划"大约培育了 2 000 多万名幼儿,让贫困地区的幼儿能够接受学前教育。从这里可以看出,美国学前教育之所以位于国际前列,很大一部分原因是美国联邦政府不仅重视学前教育的整体发展,而且关注部分贫困地区幼儿教育的发展,通过设立专项资金来提升学前教育发展的短板。但是,在我国,学前教育的财政投入并未单独列入国家财政性教育预算中,学前教育的经费一直包含在中小学的教育预

---

①中华人民共和国中央人民政府.国家中长期教育改革和发展规划纲要(2010—2020 年)[EB/OL].(2010-07-29)[2022-03-20].http://www.gov.cn/jrzg/2010-07/29/content_1667143.htm.

算之中①。笔者建议，我国学前教育经费的投入可以借鉴美国的相关做法。我国政府应支持公办中心园引领示范作用的发挥，针对农村学前教育这一块短板，设立专项"公办中心园引领示范计划"，带动区域幼儿园的发展，让农村幼儿可以进入高质量的幼儿园学习，使农村幼儿的教育状况得以改善。"公办中心园引领示范计划"专项经费主要用于公办中心园组织多样化的引领示范活动及其质量提升，提高公办中心园的办园条件，加强公办中心园师资队伍建设，保障公办中心园教师的工资待遇，等等。

2. 建立和健全专项经费投入体制和保障机制

政府确立了"公办中心园引领示范计划"专项之后，要对其进行经费投入。为了让专项经费用在该用的地方，应坚持公开透明、公平公正的原则，对资金进行科学管理。钱由谁来管理、用到哪里、怎么用、用多少，这些问题都需要政府相关部门仔细斟酌，须让每一分钱都用到明处、用到实处，唯有如此才能增强公信力，因此相关政府部门要建立和健全专项经费投入机制和保障机制。关于经费投入机制，政府可以通过对农村地区的调查，最大限度地加大对"公办中心园引领示范计划"专项的经费投入。我国农村地区比较多，"公办中心园示范引领计划"的专项经费如果仅仅依靠政府投入是不够的，政府还可以通过募捐等方式，让社会人士或者慈善机构关注"公办中心园引领示范计划"专项，对该专项进行投资，多渠道进行资金的筹集，将所筹集的资金投入专项计划中。因为对该计划的投资还包括了社会群体的投资，政府应该建立一个公开透明的经费管理模式，让社会群体了解自己所投入资金的使用情况，同时也可以让其发挥主人翁精神，对资金的使用进行监督。

3. 优化经费投入结构

教育经费犹如一张"大饼"，对其配置好似划分"大饼"，"大饼"的划分与"大饼"的大小和政府制定的政策息息相关。因此，政府对财政的投入以及对投入的财政进行划分是学前教育发展的前提和基础。国家应一步步提高对学前教育的财政投入和支持，加大对学前教育的投入力度，优化经费投入的结构。国家对农村公办中心园的财政投入除了用于改善幼儿园的办园条件、

---

① 陈红梅,阎瑞华.论农村留守儿童学前教育公共服务体系的建立[J].哈尔滨学院学报,2014, 35(12):127-129.

提高和保障教师的工资待遇和吸引人才补充相应的教师岗位外，还应该用于特殊情况——引领示范活动，这样才能打造优质的公办中心园并发挥公办中心园的引领示范作用，带领其他幼儿园共同发展。国家对学前教育的投入，主要是投入城镇公办园和农村公办园，由于城镇公办园所处的地理环境较好且经济水平比较高，城镇公办园的资源比较丰富，而农村的经济水平比较低且资源比较匮乏，所以农村公办园发展落后于城镇公办园。因此，政府在对学前教育进行财政投入时，可以适当加大对农村学前教育的投入。乡镇政府收到农村学前教育的财政投入之后，应该合理划分经费投入结构，完善学前教育经费投入机制，规范使用教育经费，提高其使用效率。乡政府还可以加大人力和物力的投入，比如给幼儿园提供所需物品和公办中心园示范活动的场所，还可以派遣相关人员帮助公办中心园进行示范引领活动。此外，乡政府可以进一步拓宽学前教育经费来源渠道，将农村学前教育经费列入财政预算，实现"三个先行"，即计划先行、投入先行和资源先行，保障农村学前教育资源优先供给的特权。在对公办中心园的教育投入上应当适当增加投入金额，并不断扩大其投入比例，直至满足农村公办中心园的资源需求。

4. 完善学前教育公共服务投入机制

在西方，许多国家出台了学前教育法来保障学前教育的发展和学前教育财政的投入。法律的强制性和唯一性不仅可以保障经费的持续投入不受外界各种因素的干扰，而且可以保障教育经费优先于其他公共服务的投入[①]。学前教育是新时期中国教育发展最快的一个部分，也是当前中国教育最大的一块短板。教育部部长陈宝生2018年3月在十三届全国人大一次会议记者会上指出，中国学前教育存在一些问题，如保教人员数量不足、水平不高，普惠性幼儿园不足，财政保障和成本分担机制没有建立，管理和安全存在漏洞和薄弱环节，幼儿教育观念需要进一步转变等。针对学前教育发展中面临的问题，社会各界广泛呼吁，出台一部专门针对学前教育的法律，在经费投入、教师队伍建设、管理规范等方面予以保障。

结合本国的国情制定学前教育法，加快对学前教育法的颁布，这样才能更好地保障政府对公办中心园的财政投入。《教育部2018年工作要点》也明

---

① 曾晓东,范昕,周惠. 范前那教育困惑与抉择：入园何时不再难[M]. 南京：江苏教育出版社,2011.

确提出，推进学前教育立法，通过立法进一步明确各级政府和有关部门发展学前教育的责任，加大对办园违法违规行为的惩治力度，依法保障学前教育健康可持续发展。2023年6月2日，国务院总理李强主持召开国务院常务会议，讨论并原则通过《中华人民共和国学前教育法（草案）》，决定将草案提请全国人大常委会审议。2023年8月28日，草案提请十四届全国人大常委会第五次会议初次审议，共八章74条，包括总则、规划与举办、保育和教育、教师和其他工作人员、投入与保障、管理与监督、法律责任和附则。不难预见，学前教育法的出台已进入倒计时，以法治的力量，为学前儿童托举起权利保护的天空。

第二节　提高质量，完善农村学前教育督导评价机制

农村学前教育的公办中心园示范引领作用的发展在最初时应把握好整体方向和做好相关规划，然后在示范引领的过程中示范幼儿园与示范对象园不断地完善自我的硬件设施、提高教师队伍的素质、做好示范引领作用的监督与评估工作，这样才能使公办中心园的示范引领作用达到令人满意的效果，满足农村幼儿园对质的发展需求，达到每家每户幼儿都能上幼儿园并接受与城市幼儿差不多教育的理想结果。想要达到这种理想结果，各级政府需要在过程中付出适配的努力。为了更好地发挥公办中心园的作用，政府需要建立相关监督机制，将公办中心园的示范引领作用的状况列入乡镇政府的政绩考核，使乡政府"在其位，谋其事，担其责，尽其职"，强化各级政府对公办中心园示范引领作用的重视程度。

"农村优质公办园示范引领活动开展的目的是提高农村其他幼儿园的管理水平及教师基本素质的提升，进而促进区域农村幼儿园整体发展，但最终效果的体现则是幼儿的身心健康发展。"[1] 区域农村幼儿的健康发展是农村优质公办园开展示范活动的出发点和归宿，也是检验示范活动效果的唯一指标。

---

[1] 杨翠美.农村优质公办园示范性作用发挥的路径探析[J].佳木斯职业学院学报，2020，36（1）：296-298.

为了保证其示范引领的效果，政府非常有必要建立一套督导机制。特别是在监管制度层面，政府要明确自己在农村学前教育发展过程中的责任和工作的重点，科学地规划农村学前教育的发展，合理地调整促进农村学前教育发展的布局。公办中心园主要由乡政府监管，因此乡政府要承担对农村学前教育的监管责任，对公办中心园的引领示范作用进行监督，负责农村学前教育的管理业务和考核评估等工作。乡政府要以农村公办中心园为中心，带领其他幼儿园共同发展，着眼于农村公办中心园的示范引领作用，坚持将其示范引领作用的有效性作为督导工作的重点，加大对幼儿园活动开展等情况的督导检查力度。具体由乡镇政府、片区、家庭为主要社会力量建立示范活动的外部评估机制，督导示范者的行为，同时对农村公办中心园和被示范园双方建立的内部督导机制进行监控，及时掌握农村公办中心园与被示范园之间的示范效益。同时，可由农村公办中心园和其他普通幼儿园共同建立一套内部督导机制，监督公办中心园示范活动的具体安排，确保优质公办中心园示范活动实施的效果以及被示范园的接受情况，保证这是一个双向过程，不是单向过程。在"内外双重"监督机制下，确保农村优质公办中心园示范引领活动的有效性。

一、国外学前教育监督的经验与启示

政府职能的履行是公办中心园示范引领作用有效发挥的基本条件，通过政府履行其职能，能够切实解决公办中心园在示范引领过程中作用发挥不当、有效性较弱的问题。部分西方国家在中央政府（联邦政府）与地方政府、政府与学校、学校与社会的职责关系等方面做了许多有益的调整。政府作用更多地表现为制定相关法律与政策，提供财政支持，加强对教育的监督管理和绩效评估。

（一）将标准化管理作为监管的主要手段

20世纪下半叶，标准化思想开始引入西方的公共服务领域，但还远远没有达到普及的程度。80年代开始，由于信息网络技术的发展，西方公共服务实践中开始应用到许多企业管理的模式，其中最主要的就是标准化管理在公共服务领域的广泛应用①。比如美国在 1981 年将标准化的管理思想和管理技术引入了教育体系，提高了政府的教育管理水平，为公众的教育提供了更优质的服务；加拿大公布了基本的公共服务国家标准，按照标准进行管理和监督，使公共服务具有比较性。学前教育是公共服务中的一部分，政府对公办中心园示范引领作用进行监管时需将标准化管理作为主要手段，通过政府机关制定相关的法律与政策，从国家层面保障其示范引领作用的有效发挥，以及为公办中心园的监管提供法律依据，使其更加标准化。

（二）推进公共服务绩效评估制度化

随着世界各国公共教育投入的规模日益增长，在追求公平性的同时，教育公共服务的绩效成为关注的焦点。"建立以中介评估为主导的多元化教育绩效评价体系符合教育发展趋势。"② 近年来，许多国家都密切关注教育公共服务的绩效，并在评估机制上进行了积极的改革。尤其是对于公共财政的转移支付，各国均制定了规范细致的绩效评估制度，加强对转移支付的资金监管。基本教育公共服务体系下的教育均等化，不是简单地均等切分教育资源，而是有质量、有效率、有重点均等化。绩效评估对基本公共教育服务的过程和结果进行监测，是保障教育质量、教育效率及阶段性教育发展重点的重要机制体制。

美国是世界上最早实施公共部门绩效评估的国家之一。在预算理性主义的指导下，为了总结和固化历次预算管理制度革新的有益经验，为有效地推进公共部分绩效评估活动，美国出台了许多相关的法律、法规。1993 年的《政府绩效与结果法案》秉承了美国新公共管理运动以来一贯的政治理念，以立法形式确立了政府绩效评估制度。它是美国推行政府绩效评估的纲领性文件。简言之，该法案强调联邦政府有责任精明地使用资源并实现项目目标，要求政府部门制订计划并自行考核计划的实施情况并基于考核情况做出是否进一步拨款的决定，并把绩效情况通报国会和向公众公开。这标志着国会对行政部门的监督开始转到"绩效"和"结果"上来。这个法案作为美国政府

---

① 赵茹.我国政府公共服务标准化研究[D].南京:南京大学,2016.
② 蒋云根.我国现阶段教育公共服务存在的问题及对策研究[J].天津行政学院学报,2008(1):53-58.

绩效管理的基本法律，以国家财政预算改革作为切入点，全面规定了立法目的、战略规划、年度绩效计划、年度绩效报告、管理责任等内容，并着重鼓励行政管理中的放权与减少程序控制[①]。我国应学习国外关于教育方面的监督体系，建立标准化的监督管理手段和评估制度，在制度层面确保监督评估的实施，不让任何人钻空子，从而促进教育的有效发展。

二、建立内部督导机制

由公办中心园与其他普通幼儿园共同建立一套内部督导机制，从示范者与被示范者的角度去监督与评估公办中心园示范活动的具体安排。过程是否存在敷衍欺瞒，示范的内容是否满足其他普通幼儿园的需要，对其他普通幼儿园是否有利，以及公办中心园的示范活动是否能促进发展，这些都需要通过制定一个完善的内部督导制度去进行督导，了解公办中心园示范活动的有效性以及其他普通幼儿园的接受情况，确保示范过程是一个双向的行为。

（一）落实监管责任

明确公办中心园与其他普通幼儿园之间的监管责任，公办中心园应该建立健全相关的监管机制，在举办具体的示范活动时，可以向政府求助，政府派遣相关人员和幼儿园行政部门的人员一起建立一支督导队伍，对示范活动过程进行监督，同时为示范活动设计一个评价量表，对示范的效果进行评估，还可以通过对被示范幼儿园的追踪调查，了解被示范园的接受情况，然后针对不足，进行深入反思，不断完善其示范活动，将示范活动制度化和系统化，以期在之后的示范活动中不断进步。同时，被示范幼儿园可以根据自己想要在这次示范活动中获得什么来对具体的示范活动进行评价与打分，可以从公办中心园的示范过程是否顺畅、示范内容是否有益、示范结果是否能接受等多个角度对其进行监督与评估，这样也能促进自身对示范活动内容的二次理解，也能明白什么才是适合自身发展的，以及如何促进自身的发展。总之，公办中心园与其他普通幼儿园要明白自己监督的责任，并勇于承担责任，建设一支与农村学前教育事业发展规模和监管任务相适应的专业化队伍。

[①] 王熙. 美国预算制度变迁及其对中国的启示[J]. 中央财经大学学报, 2010(2):16-20.

(二) 加强监管和完善监管过程

严格公办中心园准入制度，依据国家基本标准完善公办中心园设置，严格掌握审批条件，加强对教职工资质与配备标准、办园条件等方面的审核。"幼儿园审批严格执行'先证后照'制度，由县级教育部门依法进行前置审批，取得办园许可证后到相关部门办理法人登记。"① 强化对幼儿园教职工资质和配备、收费行为、安全防护、卫生保健、保教质量、经费使用以及财务管理等方面的动态监管，完善年检制度。各地建立幼儿园基本信息备案及公示制度，充分利用互联网等信息化手段，向社会及时公布并更新幼儿园教职工配备、收费标准、质量评估等方面信息，主动接受社会监督。教育、民政、市场监管等部门要健全家长投诉渠道，及时回应和解决家长反映的问题。

(三) 建立健全内部评估体系

建立教育评估体系是当前各国对教育质量进行评价、监督的共同做法。"从文献资料来看，大部分发达国家都建立了较为完善的学前教育评估体系，这些评估体系的组成要素主要有评价标准和评价方法等。"② 我国从学前教育建立初期直至今日，对学前教育的评估不太重视，并没有专门的学前教育质量评估系统，而且由于学前教育的特殊性，对评估体系的建立要求比较高，更何况是公办中心园示范引领的内部评估体系呢？首先，公办中心园可以根据政府制定的相关示范引领的文件，联合政府以及学前教育的专家，一起制定幼儿园示范引领作用的评价标准和评价工具，由公办中心园对示范活动进行自评。其次，其他幼儿园也可根据示范引领的评价标准和工具，在政府或专家的帮助下，制定被示范园对示范活动的评价量表。被示范园可以根据自身园所的需求，对量表进行改进，对示范活动做出有效的评价。

三、建立外部督导机制

公办中心园的示范引领作用的发挥除了需要幼儿园对自身进行监督外，还需要政府、社会等各方面进行监督。公办中心园示范引领活动的开展，在

---

① 钟洪敏.关注易地扶贫搬迁工作 重视幼儿入园难问题[J].贵州教育，2018(24)：28-30.
② 谢雯，王莉芬.学前教育公共服务均等化现状、问题与路径探析：以 HY 市为例[J].大学教育，2017(7)：196-198.

一定程度上丰富了政府的公共服务内容,而且公办中心园示范引领作用的发挥,不仅靠政府的支持,群众和其他幼儿园的支持也十分重要,因此,建立新型的监督体系是必然趋势。现阶段,对于公办中心园而言,政府、社会团体与家庭是公办中心园示范引领作用的支持者,且主体具有多元化,这些多元主体的加入,能更好地对其进行监督与评估。

(一)强化教育主管部门的服务意识、保障意识和质量意识

教育主管部门是办好农村学前教育的中坚力量和主要的专业力量,其职能发挥的好坏直接影响着农村学前教育的发展方向。对于公办中心园来说,教育主管部门主要是指政府的教育机构——县教育局。教育主管部门应强化其服务意识、保障意识和质量意识[1]。服务意识即教育部门要服务于农村幼儿园的发展,加强对公办中心园贯彻落实相关法律法规的指导,当好公办中心园示范引领活动实施和相关法律法规普及的指导员。保障意识即教育部门要为公办中心园示范引领作用的发挥保驾护航,积极为公办中心园出谋划策,开展多样化的示范引领活动。同时,不能小看政府对教育的监管,政府的监管与公办中心园能否长远、健康的发展有着直接关系。教育行政组织与其他幼儿园之间的关系主要是靠政府进行协调,从而最大限度地发挥公办中心园的示范引领作用。另外,政府应设立公办中心园示范引领的监管委员会,建立和完善科学的学前教育督导制度,建立科学的评估管理体系,加强教育质量监控。质量意识即公办中心园示范引领活动的开展要遵循相关的政策文件,示范活动的质量要提高,教育主管部门要对活动开展的效果进行质量评估,对示范园所进行追踪调查,进一步分析出哪些示范内容对幼儿园的发展来说是真正有益的。总之,政府在建立相关督导制度时,要强化其服务意识、保障意识和质量意识。

(二)明确监督评估的对象

对公办中心园示范引领作用的监督和评估主要从示范活动的内容、频次和示范活动的效果、有益性这两个角度进行。一方面,公办中心园开展示范活动的内容是先进的教育思想还是陈旧的教育思想、是促进幼儿全面发展的

---

[1] 李少梅. 政府主导下的我国农村学前教育发展研究[D]. 西安:陕西师范大学,2013.

值得称赞的教学还是以"知识"为主的具有小学化的教学、是结合当地实际情况开展的园所课程还是随意照搬照套的课程、是结合教师水平能促进教师发展的示范活动还是超出教师教学能力难以被教师吸收的示范活动等，都是政府、社会团体和家庭进行监督和评估的内容；另一方面，公办中心幼儿园引领示范活动的效果以及有益性、其他幼儿园能否接受示范的内容以及接受了多少，以及示范内容是不是其他幼儿园所需要的、示范后其他幼儿园能否从中获益并且找到适合本园发展的道路等，都可以成为监督和评估的内容。

（三）明确监督和评估的类型，即以何种形式进行监督和评估

监督的主体不同，监督的角度也不同，所选择的监督方式也不同。政府作为公办中心园的上级机关，对其示范引领的监督形式主要是对公办中心园示范内容的审核及其结果的考察与评估。政府的相关部门可以根据监督的内容设计一个参考量表，有效地对公办中心园进行监督和评估，还可以公开对公办中心园示范活动的监督过程以及相关监督报告，让公众与社会团体对其进行二次监督与评估。社会团体可以通过观摩示范活动或者通过政府公开的信息对公办中心园进行监督和评估。此外，社会团体还可以成为公办中心园示范活动的赞助商，资助公办中心园开展活动，这样就有机会参与到示范活动中，切身体会示范活动，在活动过程中监督活动的实施。家庭是幼儿园的紧密联系者，幼儿的教育除了需要幼儿教师，还需要家长，双管齐下，才能更好地促进幼儿身心健康的发展。各种原因导致农村家庭的父母或许没有与幼儿同住，对幼儿以及幼儿园的情况不甚了解，幼儿园可以通过网络与家长进行联系，将公办中心园的示范引领活动发给家长，使家长即使身处外地也能通过网络媒介知晓幼儿园的发展，并且参与到公办中心园示范引领活动的监督当中。这样能使家长了解幼儿园的情况或者其他幼儿园通过示范引领活动正在慢慢地改善与完善幼儿园的情况，让家长放心地将幼儿托付给幼儿园。而对于与幼儿同住的家长，公办中心示范园可以通过征集活动志愿者让家长参与到活动中来，家长对活动的过程以及结果有直接的体验，也可以通过乡政府公开的内容信息对其进行监督与评价。但是在互动过程中，不论是社会团体还是家长都要牢记不能妨碍公办中心园示范活动的开展。此外，也可以通过开放日对其他园所进行监督与评估，看其示范活动的效果如何。总之，

评价监督主体不同，所选择的方式也不同，监督的角度也不一样，最重要的是公办中心园能有效地发挥其示范引领作用，带动其他幼儿园的发展。

（四）优化监督评价体系

完善的评价监督机制是公办中心园充分发挥示范引领作用的重要手段和方法。我国政府积极履行基础教育公共服务职能，实行教育督导制，依据国家行政机关的构成，形成了完整的层级监督模式，并制定了各级监督的具体内容，由政府公共部门执行。单一的政府监督需要向公开透明的社会监督转化，优化学前教育公共服务监管模式，引入多元监督机制，以政府监管为主，社会团体、家庭、片区相关机构协助监督为辅，实行公办中心园实时问责制，谁提供谁负责，切实保障公办中心园示范引领作用的发挥。另外，政府机关对于评价标准的制定要更加细致，比如公办中心园示范引领活动的目标、过程、结构、对象、结果等，最好是有相关的参照标准。同时，在评价方法的选择上要多样化，根据示范主题的不同，选择不同的评价方法。比如观摩学习类型的示范活动，可采取目标评价法，针对观摩的目标以及示范对象对活动的学习情况，评价该活动是否有效。

第三节　促进均衡，落实公办中心园的责任意识

"责任是一个人在一般行为规范和主导价值观指导下所应该做的事情。"[①]简单地说，责任可以理解为根据自己所扮演的社会角色做好自己应该做的事，承担自己应该承担的职责，并为自己的行为负责。而责任意识是个体形成的一种积极行为态度，是一种自觉主动地做好分内分外一切有益事情的精神状态，也就是我们所说的责任心或责任感。

一、政府：明确自身职责，强化园所责任意识

政府在学前教育事业的发展中处于主导地位，政府对学前教育的管理与学前教育的发展息息相关。根据历史的发展过程和国外的一些优秀教育经验，

---

① 刘峰,宋悦.大学生社会责任感问题探析[J].思想理论教育导刊,2014(11):136-139.

学前教育发展的决定性条件是政府对其的管控，学前教育事业的发展离不开政府的管理与指导。由此可见，农村公办中心园要充分有效地发挥其示范引领作用，要坚持乡政府的管理；同时乡政府也应该明白公办中心园的地位，明确自身的职责，利用规章制度以及相关职能，提高公办中心园的责任意识。

首先，政府要明确自身的职责和公办中心园的地位，借助乡政府的职责强化园所的责任意识。乡政府作为农村公办中心园的直接领导者，更应该明白公办中心园的定位及意义。农村学前教育是我国学前教育的短板，现阶段的问题是如何把这个短板补齐，或者说如何缩小城乡学前教育之间的差距。农村与城市的差距，究其根本，是经济之间的差距，农村没有足够的经济基础去建设像城市一样的能够满足幼儿发展需求的幼儿园。对于幼儿园的主力军——教师来说，在农村幼儿园工作要面临巨大的挑战，除去我们常说的薪资问题，农村的基础设施不够完善，交通也不便，且教师除了和幼儿接触密切之外，就是和幼儿的家长接触，但是大部分在农村的幼儿家长是爷爷奶奶这一辈，他们的育儿思想和现阶段所提倡的育儿思想大相径庭，甚至有的家长不认可教师的工作，导致教师在工作当中很难有较高的成就感和归属感，这些都限制了教师在农村幼儿园的发展。还有就是幼儿园自身的发展，农村幼儿教育起步晚且发展缓慢、乡政府之前的不重视等历史遗留问题都给现今农村学前教育的发展带来了巨大的困难。农村的经济发展缓慢，乡政府很难为每一所幼儿园都提供足够的资金去帮助其发展，也没有足够的人力和物力对每所幼儿园展开调查或对每所幼儿园的发展进行定位。要想让乡政府运用有限的教育资源更有效地解决这些问题，就必须建立公办中心园，以公办中心园为发展重点，把农村公办中心园打造成乡镇示范园，为该区域的幼儿园树立一个榜样，通过举办多样性的活动来发挥示范引领作用，带动周边幼儿园一起发展，从而推进农村教育的发展。乡政府要办好公办中心园，就要明确公办中心园的作用，提高公办中心园的责任意识。

其次，政府作为公办中心园的主导者，要增加农村公办中心园的责任意识，使之挑起带动周围幼儿园发展的重担。乡政府可以细细研读当地出台的各种关于促进农村发展的政策与文件，然后用通俗易懂的语言解读给公办中心园的责任人，使之更加明确自身的定位。乡政府也可以派遣相关研究人员进入幼儿园，帮助公办中心园理解自身的定位与作用，增强其社会责任感，把自身园所的发展与其他幼儿园相联系。除此之外，相关研究人员还可以向公办中心园传播先进的教育理念，从而增强公办中心园的实力，提高公办中心园的质量，使其向其他幼儿园示范更多的内容，这也能增加公办中心园的自信心。

最后，乡镇政府可以通过宣传机关，向公办幼儿园的园长进行动员，动员公办中心园承担起示范引领的责任，让其他幼儿园主动积极地配合公办幼儿园的示范活动。通过各种宣传方式，在潜移默化中影响公办中心园，提高其责任意识。

二、幼儿园：明确自身定位，承担起示范引领的责任

提高幼儿园的责任意识仅仅依靠政府是不够的，幼儿园本身要有这个意识。公办中心园要明确自身定位，明白自身的职责，除了办好、发展好本园，为幼儿提供适宜其发展和能够促进其全面发展的教育，还要担任社会责任，承担起方向标的责任，为其他较为弱势的幼儿园做个良好的榜样，发挥其示范引领作用，促进区域幼儿园的共同发展。人们常说："一荣俱荣，一损俱损。"在农村学前教育中也适用这句话，政府之所以把资源分配给公办中心园，不仅仅是要公办中心园充分利用资源去完善自身，促进自身更好发展，还要公办中心园做好带头的作用，以一己之力，推动本区域其他幼儿园发展。如果公办中心园有效发挥其示范引领作用，带动其他幼儿园的发展，那么在时间的推移下，农村幼儿园也能缩短与城市幼儿园的差距，最重要的是，能给幼儿带来适合其身心发展的教育，促进幼儿全面健康的发展。

首先，幼儿园要明白学前教育的性质、功能与定位。我国有关学前教育的政策明确我国的学前教育具有教育性和公益性两个基本性质。《中华人民共和国宪法》《"十四五"学前教育发展提升行动计划》等一系列法律政策文件都明确表明，学前教育是国民教育体系的组成部分，它既为幼儿升入小学做好了准备工作，也为幼儿接受九年义务教育奠定了基础，同时也顺应了当今终身教育的理念。因此发展学前教育，关系到我国人民的素质发展和民族未来的繁荣发展。这是学前教育的一个基本特点——基础性。除了基础性之外，学前教育还有另一个基本特点，即福利性和公益性。在我国，教育是一项公益事业，因此学前教育也具有福利性和公益性。由于学前教育的特殊性以及

其面对的主体是所有幼儿，因此它也是整个教育体系中最具有福利性和公益性、社会受益面最广的一项社会公共事业。而学前教育的福利性与公益性是通过国家和地方政府对学前教育的财政投入得以体现的。学前教育是一项公共事业，学前教育的发展能给社会带来巨大的回报，1999年经济合作与发展组织（OECD）的教育政策指出，幼儿教育是向终身学习的第一笔投资，也是一项意义远大的政策援助[1]。根据调查可知，给学前教育投入一美元，可以得到七美元的回报。学前教育的功能主要是对幼儿实施全面发展的教育，为幼儿升入小学教育做准备，为幼儿的一生发展打好基础。除此之外，学前教育还能解放劳动力，给予家长参加工作的机会，减轻家长教养孩子的负担。特别是对于农村的幼儿来说，学前教育让他们有机会进入幼儿园接受教育，是促进农村幼儿发展的重要环节。总之，学前教育在我国教育中处于不可或缺的地位，公办中心园在管理幼儿园和发挥其示范引领作用时，要牢牢记住自身的性质、定位与功能，提高责任意识。

其次，公办中心园的园长要多参加相关培训，接受新的管理理念和示范引领活动，与时俱进。公办中心园的园长是示范活动的领导者和策划者，也是有效发挥其示范引领作用的决策者。怎么将本幼儿园先进的教育理念、管理制度、教学活动以及教师制度示范给其他幼儿园，如何举办示范引领活动，如何将示范引领活动落到实处，将其有效发挥，都需要园长的把握、统领。但在这之前，园长更应该提高自身的责任意识，不仅仅要管理好本园的一切事物，也要把示范引领的作用牢牢记在心里，落在实处。除此之外，园长要多理解公办中心园的引领示范作用，多学习马克思列宁主义和习近平新时代中国特色社会主义思想，增强集体荣誉感。要促进农村学前教育的发展，光一个园的发展是不够的，需要先发展起来的幼儿园去带动其他幼儿园，做到共同发展，推动农村学前教育的发展更上一层楼。

最后，公办中心园既然享受了政府带给的人力、财力与物力资源，就要承担一定的责任，承担起示范引领作用的职责，将示范活动落到实处，促进农村幼儿园共同发展，给农村教育带来新的发展前景。

---

[1] 杨东平.教育公平三题：公平与效率、公平与自由、公平与优秀[J].教育发展研究,2008(9):26-29.

三、提高幼儿教师的责任意识

幼儿教师是教师队伍中不可忽视的重要力量,在公办中心园发挥其示范引领作用的过程中起着中流砥柱的作用。提高责任意识,促进园所示范引领作用能够更好地发挥离不开幼儿教师。提高幼儿教师的责任意识,有利于示范引领活动的数量增长和质量提高。假设公办中心园的所有幼儿教师都能提高责任意识,那么不仅公办中心园进行的各项课程教育能更好地实施,而且各种有利于促进其他幼儿园发展的示范活动也能开展,促进其他幼儿园的快速发展,从而使农村教育蓬勃发展。由此可见,提高幼儿教师的责任意识十分重要。

(一)培养幼儿教师责任意识

幼儿教师在高校学习时,高校应当重视对其责任意识的培养。责任意识是一种精神,是指个人在负责精神的支配下做好自己分内应做的事。我们说的幼儿教师的责任意识是指身为幼儿教师,应该对幼儿负责,对幼儿进行教育和保育。除此之外,幼儿教师作为幼儿园的一分子,有义务也有责任服从幼儿园的安排,比如公办中心园的幼儿教师不但要做好教育的任务,而且也要做好园内的引领示范活动。那么如何培养幼儿教师的责任意识呢?学校是幼儿教师接受知识的主要场所,是培养幼儿教师责任意识的主要渠道。在培养未来的幼儿教师时,应把课堂教学当作培养责任意识的主要渠道。因此,在培养未来幼儿教师教学内容的设置和课堂教材的选择上,要多包含与之相适应的培养责任意识的内容,并且形式要多样化。只有这样,责任意识才能深入幼儿教师的头脑中,才能影响未来幼儿教师的行为,使其在今后的工作中或者在公办中心园的示范活动中尽心尽力,尽职尽责。

(二)提供优质责任意识教育平台

学校是教书育人的地方,教育环境尤其重要。中国古代故事——孟母三迁,是指孟子的母亲为了让孟子有一个良好的学习环境,多次搬家,搬到学堂附近,最终使孟子出人头地,成为一名大家。因此关于责任意识的培养,除了学校要在教材、课堂上对其进行培养,还需要建立责任意识教育平台,营造负责任的氛围,让幼儿教师在潜移默化中形成责任意识。学校是未来教师成长、学习与活动的主要场地，也是未来教师价值观互动与交流的主要场地，学校有责任也有义务把它设计成使未来教师形成正确的责任意识、坚定负责任行为、具有真实而崇高责任感的和谐温馨的地方。高校需要营建出一个促进未来教师培育社会责任心、强化学生责任主体意识的人文环境，在潜移默化中对未来幼儿教师进行影响与熏陶，培育未来教师的社会责任心，这也是培养社会责任心的重要途径。

学校应该给未来幼儿教师树立正确的价值导向。在学校学习时，未来幼儿教师既要学习中华优秀传统文化，还要学习社会主义精神。这些抽象的理论不能单靠教师在课堂上教授，学校还应该打造相关的学习氛围。学校对学生的培养，最主要的不仅仅是教会学生知识，还包括培养学生具有社会主义精神。只有培养出符合社会需求，具有社会主义精神的人才，社会和国家才会兴旺发达。因此学校要明白自身的责任，培养好每一位学生。

此外，学校在培养幼儿教师时，需要创造具有集体主义教育理念的环境，使未来的教师具有必要的判断能力、合理的是非观，认识、清楚自己所肩负的义务与责任，认识并处理好个人利益、个人需求与集体责任、集体义务之间的相互关系。学校应该指导学生在集体利益和个人利益之间产生矛盾时，要有集体利益大于个人利益、个人利益服务于集体利益的价值观念，使学生明白在集体中，集体利益与个人利益在本质上是一致的，让学生感受到了集体利益与个人利益之间辩证而统一的关系，并且在今后的工作中能自觉做到这一点。进入工作岗位后，幼儿教师要有责任意识，明白幼儿园的发展是基础，幼儿园更好地发展也会带来个人更好地发展，清楚知晓进入幼儿园后个人的发展与园所的发展息息相关。因此在公办中心园开展示范引领活动时，要有集体意识和责任意识。作为公办中心园的一分子，幼儿教师对园所的各项活动要积极并认真地参与，因为参与过程也是个人提升的过程。幼儿教师只有懂得这样的道理之后，才会在公办中心园的示范引领活动中肩负起相应的示范引领责任。除此之外，学校要充分发挥课堂对责任意识的导向作用。

除了学校在培养幼儿教师方面要营造良好的学习氛围，幼儿教师进入幼儿园工作后，幼儿园也要对幼儿教师进行责任意识的相关培训。公办中心园具有公办性质，其党政意识应该是比较强的，幼儿园的相关党支部可以积极发展园内工作勤恳、无私奉献、乐于助人的教师员工加入党组织，使其更有责任意识。而且，公办中心园的党支部也可以多做园内的教师以及员工的思想工作，增强他们的集体意识与责任意识。园长在这方面也应该做出一些努力，使其成为一个大家庭，在潜移默化中增强员工的责任意识。

（三）提供良好的空间和氛围

培养幼儿教师的责任意识，只靠院校是根本不够的。在幼儿教师步入工作岗位后，还需要借助幼儿园的各项支持，为幼儿教师责任意识的形成和培养提供良好的空间和氛围，对幼儿教师职业行为做出一定规范要求，采用一定方法加强幼儿教师的责任意识。

首先，幼儿园要营造大家庭的氛围，让幼儿教师觉得自己是大家庭中的一分子。教育家马卡连柯曾说："爱是一种伟大的感情，它总是在创造奇迹，创造新人。"公办中心园要让幼儿教师在工作中感受到爱，在工作中树立积极的情感态度进而对幼儿园产生责任感，把对其他幼儿园的示范活动当成一种职责，用心示范，做好示范活动。幼儿园的氛围是大家庭的氛围，有利于幼儿教师激发责任意识，为幼儿园发展建言献策，这样既可以促进本园的发展，也可以增加为其他幼儿园所示范的内容。

其次，幼儿园通过培训培养幼儿教师的责任意识。幼儿园营造和谐友善的氛围可以激发幼儿教师的责任意识，但是要培养幼儿教师的责任意识，并不断强化这种意识，需要幼儿园对幼儿教师进行培训或者思想教育。幼儿园可以与幼儿教师一起讨论与公办中心园相关的问题，让幼儿教师参与到公办中心园示范引领的建设当中，这样既能激发幼儿教师对其的责任感，也能强化幼儿教师的责任意识。

第四节　示范引领，加强公办中心园自身建设

加强公办中心园自身建设是发挥公办中心园示范引领作用的根本保障。一个区域的公办中心园能否有效发挥示范引领作用，关键是其本身是否具有可以为其他幼儿园示范引领的内容和实力。并不是任一公办园都能有效地发挥示范引领作用，关键还是要看园所本身是否具有示范引领的实力。公办中

心园的自身优化与发展才是最关键问题，故要从办园宗旨、机制构建、人文建设、教学科研环境等方面对公办中心园进行科学化、前瞻性的指导，才能使其发挥作用。公办中心园要更好地发挥示范作用，就要不断强化自身，发挥辐射作用，带动其他幼儿园发展，以便促进农村学前教育工作再上一层楼。

当今世界大部分发达国家在幼儿教育的定位与发展问题中的一个经验即是积极、持续加强公共幼儿教育的发展，增加其在幼儿教育中的比重，逐步形成以公办幼儿教育组织为主导力量的办园局面。基于这一认识，笔者以为，政府主导农村幼儿教育工作，也应加大对公办幼儿园的建设。事实上，自2010年学前教育"国十条"颁行以来，我国公立幼儿园的建设速度已经明显加快。随着学前教育三年行动计划的实施，全国农村基本上已经建成或正在建立一个规范化的公立幼儿园。从数量上分析，公办幼儿园的数量在不断上升，但是建成公办园与建好公办园之间不能画上等号。因此，加快发展农村学前教育不仅是指建成幼儿园，建成幼儿园只是发展学前教育的第一步，更为重要和关键的任务是建好幼儿园，幼儿园内部设备的配套、教师队伍的配备、办学思想的树立和园本课程研发能力的提高，这些问题恰好是目前制约和影响农村学前教育发展的关键和核心。在乡村公立中心幼儿园园舍建设任务已经基本完成的今天，为了实现乡村公立中心幼儿园建设的重大发展，应该把更多的资源和精力放到幼儿园师资队伍的建设、办园理念和教育教学质量的提升上来，放在幼儿园管理质量和水平的提升上来。

一、创新公办中心园的管理模式，实施开放性管理

当前农村教育水平总体偏低，城镇化的幼儿园资源相对丰富，而农村幼儿园的资源相对短缺。在这个状况下，农村优质的公办中心园应整合其内部和外部资源逐渐成为该地区的"领头羊"，发挥其示范引领作用，成为其他幼儿园学习的对象。公办中心园应率先揭开先进教育理念的面纱，通过有效发挥其引导示范效应，向本地区其他幼儿园展示最先进的学前教育理念和农村幼儿教育创新的经验。同时，借助实际的教学情况，结合农村各年龄段孩子的特点和当前乡村幼儿教育的发展情况来重新诠释当前的保育方式与教学观念，从而能够在辐射和促进整个乡村幼儿园的基础上进行自我改革，进而探

索出一种更符合自身幼儿发展情况的方式,以此带动本地区其他幼儿园的变化与成长,使之在农村学前教育的版图上画上浓墨重彩的一笔。

(一)当前公办中心园的管理模式

调查显示,当前乡镇中心园存在管理模式陈旧的问题。在新经济形势下,公办中心园所获得的资金除去用于办公之外,平均只有多每个班两名幼儿教师的报酬支出,因此我国诸多乡镇的学前教育机构都采用了"两教包班"与"两教轮保"的管理模式。具体来讲,一个班级只两名教师,他们在肩负教学任务的同时还要担负保育员的职责,并包揽班级内外所有的工作。所以,在这种陈旧的教育模式下,教师在限定时期内完成所有的教育任务外,就很难有精力和时间参与到幼儿园的示范引领活动中。特别是在新时期的背景下,由于幼儿教师自我学习的时间少,没有足够的时间深入进行理论学习、汲取新的理论成果,无法用科学的理论对当前所呈现的幼儿教学现状、问题及应对措施进行研究,这严重制约了农村学前教育的发展。"两教包班"与"两教轮保"的模式固然可以在经济层次上解决幼教问题,但却严重约束了幼儿园本身的发展,因此,我们应该积极创新,寻找适合乡镇中心园的管理模式。

我们常见的乡镇中心园的管理模式主要有连锁管理模式、企业管理模式和开放管理模式。连锁管理模式主要指以我国教育部门创设的幼儿园和企业等创办的幼儿园为主的新型管理模式。通常来讲,公办幼儿园是确保幼儿教育能够得以普及的重要手段,然而在乡镇中心区域最为普遍的依旧是民办幼儿园,它主要由乡镇主管部门批准,由个人、社会团体及其他社会组织等利用非国家财政性教育经费举办的幼儿园,其发展缓慢,师资、园舍及玩具、教具等配备与公办幼儿园存在较大的差距。而连锁管理模式对县级、乡镇中心幼儿园的管理体系有严格的要求,强调县级幼儿园负责乡镇中心幼儿园,并借助公办幼儿园的指导与示范,拉动乡镇中心幼儿园提升办园质量,实现强园扶弱园、老园带新园。在社会实践中,此种模式运用比较广泛,譬如"农园加名园""弱园加名园""新园加名园"等。构建示范幼儿园与乡镇中心幼儿园帮扶制度,可以为乡镇中心幼儿园补充新鲜血液,纠正传统教学理念,完善教学体系,破解民办幼儿园固有的教学问题与管理问题。企业管理模式主要是指幼儿园通过实行委托经营、园长公派、股份经营、教师招聘、自负盈亏、独立核算等管理模式，以此提升幼儿园管理质量与教学水平，弥补"两教包班"与"两教轮保"管理模式的弊端，使乡镇中心幼儿园能够获取足够的资金支持进行基础设施建设。在现阶段，我国各地往往通过提升公办幼儿园的比例，增加适龄幼儿的入学机会，保障学前教育的有效性与教育性。在我国部分区域，一般性学前教育机构较为普遍，所以，可以借助政策鼓励手段引导社会群体与学校共同办园，进而多元化、多渠道地拓展乡镇中心幼儿园的教育资源。

（二）创新模式，实施开放式管理

通常来讲，幼儿园是白天开放、夜晚闭园的运作模式，这种管理模式主要适用于城市白领家庭。对乡镇家庭来讲，家长有时难以及时将幼儿送入园中，教师需要考虑每名幼儿的实际情况，这极大地增加了教师的工作量。所以乡镇中心幼儿园应努力发展譬如辅导站、托儿所、照看班等自由灵活的幼儿看护机制。尤其在现代社会，加班工作几乎成为常态，通过开放式管理模式不仅能够减轻专职教师与家长的负担，更能弥补民办幼儿园与公办幼儿园缺乏灵活性的弊端。此外，教师可通过"幼小一体"的模式将小学教育与幼儿教育相结合，即在小学校园附近开设幼儿园，包括小班、中班、大班，并配置相应的行政管理人员。中班和小班以游戏为主，大班则根据幼升小儿童的发展特征，制定出与小学相对应的作息制度。对于不适应小学教学环境的幼儿，教师能及时给予相应的心理辅导，从而帮助幼儿顺利度过幼小过渡期[1]。

为此公办中心园具有为其他幼儿园传播科学教育观念、开展教育科学研究、培训教师和指导家庭的示范引领作用，具体可通过开放式管理，毫无保留地展示其在管理、教育和科研方面的优势和经验，包括优美的外部环境、先进的设备和设施，以及丰富的教学成果。除此之外，还可以分享农村公办中心园的发展历史，展示其从发展初始到现在成为具有示范引领作用的中心园的历程，通过展示其在发展期间对困难的克服、对危机的转换、对资源的充分利用以及从中汲取的教训与启发，还有所进行的改革和创新等，展现公办中心园不畏困难、团结一心的团队精神，激励其他幼儿园深思和追赶。

---

[1]杨翠美.乡镇中心幼儿园发展和管理模式探析[J].吉林广播电视大学学报,2020(6):24-25.

农村公办中心园可以通过智能化手段对园所进行一体化管理，通过更新观念进行智能化管理，园长、教师、家长需要更新观念，对现有的管理制度以及智能管理平台形成客观、全面的认识。园长需要认识到集权式管理存在的弊端，认识到智能管理平台能够促进幼儿园的更好发展，激发教师和管理团队的主观能动性。教师不应将智能管理平台视为对自身的监视，而应认识到它将提升自身的管理地位，使自己真正成为管理主体的一部分。它不仅有利于锻炼教师的能力、发挥教师的价值，还有利于教师获得家长的理解和支持，使家长和幼儿园、教师始终处于同一方。家长通过智能管理平台可以更全面、切实地了解到幼儿园内各项事务，并提出恰当合理的建议，与幼儿园建立良好的联系。

智能化管理需要各方的科学应用才能获得最大功效，需要园长、教师、家长积极主动地学习和掌握智能化管理技能。一是设置专门的管理人员对平台进行维护，保证其正常运行。二是教师发布消息要遵循实时、适宜、准确的原则，同时应运用多种互动策略促进家长参与。教师要注意发布时间、事件选择和用语准确：不宜在活动过程中发布，而要在活动结束后的第一时间发布；内容要积极、有意义，选择有代表性的班级事件，不要将平台当作记流水账的场所；用词要准确、流畅，方便阅读者了解。三是家长要积极融进平台，发表有建设性的个人观点，与教师、其他家长共同促进班级管理，为智能管理平台提供环境支持；要共同维护智能管理 APP 的正常运行，充分利用其不同模块的功能，发挥平台最大的功效。首先，智能管理平台的应用和维护，需要幼儿园为其提供充分的经费支持。其次，教师在应用智能管理平台上消耗的相关费用及时间等，幼儿园在评估了合理性和实用性后，应给予最大程度的支持。再次，幼儿园要将智能管理平台纳入幼儿园教育教学管理制度建设，以制度化的形式确立智能化管理的地位、功能和运行机制，建立相关奖惩制度，阶段性地对教师的使用情况和效果进行考核。最后，教师要分享方法与经验，进一步发挥智能管理的功能。"幼儿园可以举办年级交流会，对教师在智能管理平台的应用情况进行总结，提高教师的管理水平和工作效率。"①

---

①张艳艳.幼儿园掌上一体化管理的意义及实施路径[J].基础教育参考，2019(9):31-32.

二、加强公办中心园教师队伍建设

教学大计,以师资为本。有了好的师资,离建设好的教育就迈进了新的一大步。就目前农村幼儿教育的工作形势而言,师资队伍是较为紧迫的亟待解决的重大课题。所以,政府在领导农村幼儿教育工作时,应当把学前教师队伍建设置于较为突出的位置,注重为农村幼儿教育工作提供强有力的人员保证,力求建立一个思维牢固、业务精湛、理论丰富的学前教师队伍。

(一)建立和完善公办中心园教师管理制度

1. 建立和完善乡村学龄前幼儿教师从业人员资格准入机制

幼儿教育师资是农村幼儿教育的主力军,而教师资格准入机制又是乡村幼儿教师发展的主要关口,建立和完善幼儿教师从业人员资格准入机制,能够保证乡村幼儿教师队伍的品质,提升幼儿教师的整体素质,并避免整体素质较差的人员混入该队伍。所以,政府指导乡村幼儿教育发展,应该严格把控幼儿教育师资准入的关卡,采取专业合格证制度和教师资格证管理制度两个门槛机制。具体来讲,专业合格证制度是证明幼儿教师进入农村幼儿教育行业工作的基本资质凭证,以此来证实该幼儿教师已经具备了进行乡村幼教工作所必需的基本专业技能和专业技术;教师合格证,则是师范生或者非师范生获得与学前教师身份相匹配资格的凭证,可以用来证明该生能根据学前儿童的身体与心理发展特点,来进行科学保教的实力和水准。推行上述两种机制,将有助于从根本上改善当前农村幼儿园教师的师资准入问题,能够为农村幼儿园引进具有专业性的教师,进而能够从总体上保证乡村地区幼儿教育水平的可持续提高。我们可以借鉴国家关于中小学教师的录用制度,建立"省考、市选、县管、园用"的教师录用制度,结合《幼儿园教师专业标准(试行)》,规定相关的考试科目,每年由县市政府按照农村幼儿园的实际需求上报相关的招聘计划,然后由省级相关部门和人员组织招聘的笔试,面试环节由市级政府组织,县级政府统一管理幼儿教师,幼儿园自行选择以及聘用幼儿教师。

2. 建立健全教师目标考核制度和教师退出制度

佛隆的期望理论认为,一定目标的制定,对个人动机的产生是一种激发的力量。这一理论启示我们，在对农村学前教育教师队伍的管理上，可以制定一定的考核标准，对幼儿教师进行考核，激励和促进幼儿教师不断提升自己，做一名业务过硬、理论丰富的幼儿教师。建立教师目标考核制度应结合农村学前教师队伍的特点，建立与园所发展一致，且符合实际的目标，发挥目标的激励作用，促进教师发展。在建立目标考评制度时，先构建学前教育师资评估体系，建立学前教育师资评估标准，然后根据评估体系构建农村学前教育师资的考评制度。评价机制建构好以后，幼儿园要认真地落实，秉持客观、公正、公平的考核原则，做好每一位教师的考核资料的收集、分析和处理。最后，幼儿园要利用好考核的结果，充分发挥结果的激励效能。对考评合格的教师，核发绩效工资；对考评不合格的教师，不得发放绩效工资，应开展单独的教师培训，连续三年考评不合格，应该清退。

（二）加强在职教师的培训

在职培训教育也是农村教师保持旺盛活力的重要途径之一。面对现有乡村学前教师专业水平不够的情况，地方政府部门要发挥教育的主导作用，认真做好在职乡村学前教师培训工作。一是财政有关部门要在年度预算中列支乡镇学前教育师资专门培训资金，保证在职培训所需经费。相关的预算可以参考我国义务教育经费保障机制，设置不低于5％的师资培训专项经费，政府相关部门要留足这部分专项经费。二是学前教育主管部门、学区教研组长应当通过灵活多样的方法，有针对性地举办具有学历提高性的教师培训班，以提高乡村学校学前师资的专业水平。同时，还应开展一些有关乡村学前教师素质提高的普及性的培训班及专题讲座，引领农村学前教师专业成长和发展。三是可以结合和借鉴当前中国"大学生村官"发展的一系列措施和优惠政策，积极采取办法让学前教育专业本科生直接进入乡村幼儿园，并通过制定相应的激励措施，主动吸纳优质的学前教育毕业本科生到农村地区幼儿园从教，从而做到每一所乡村幼儿园都配备一位知识和能力都出色的教师，优化农村学前教育师资队伍。四是做好在岗教职工全员培训，形成省、市、县（区）三级的幼教培训制度，省、市二级主要面向核心型师资进行培训，县主要面向全员教职工开展培训。针对不同的培训对象需要设计和安排不同的培训内容，形成一支精业务、高素质、能引导、有经验的团队，同时实现教学效率的提升和工作时效性的提高。尤其是要重视对农村非幼儿教师转岗为幼儿教师的培训,提升该类教师保育教育知识,使其更好地适应农村幼儿园的工作。五是要做好教师教学培训。为了加强幼儿园的学前教育科学研究,适应农村学前教育师资职业技能发展的需要,可以在省级或市级的教育研究机构中设置对农村幼儿教育进行研究的教研员,县级以上教育部门应当配备专职的学前教研员,以满足该片区的农村学前教育的科研指导。同时,县政府或者乡政府要鼓励农村幼儿园特别是乡镇中心幼儿园开展多种形式的园本教研,并定期对农村幼儿园所研究的课题进行评选。通过多种形式的教研活动,解决农村学前教育实践中存在的问题和难题;通过形式多样的教学活动,有效解决农村幼儿教育在实际中出现的问题和困难,提高农村幼儿教师教育教学的能力和质量管理水平。

对教师的培训应该注重过程性,注重培训后的有益性,不是为了响应上级政府的要求而开展徒有形式的培训。关于幼儿教师的培训,可以寻求学前教育专家的帮助,根据培训对象的不同而展开不一样的培训,比如针对骨干级幼儿教师与普通幼儿教师的培训是有区别的。首先,根据教师类型有针对性地开展培训。有分析表明,乡镇中心幼儿园中非师范专业教师的专业知识与能力和学前教育专业教师的专业知识与能力相比,非师范专业教师的相关知识储备与专业能力明显弱于学前教育专业的教师,所以在培训体系中要格外关注非师范专业教师的培训。针对这类教师,政府机关以及幼儿园既要关注职前培训,同时也要加强职后培训,使他们走上专业的道路。对非专业的教师特别是由小学转岗到幼儿园的教师进行职前培训时,可以让非专业的教师走上岗位之前对幼儿教育有一个全面的了解,避免其出现因突然换到一个新的岗位而不适应的现象。职前培训是让非专业教师能更快地熟悉学前教育,而成为一名专业幼儿教师并不断提高其专业水平需要职后培训,职后培训是否跟进直接影响着幼儿教师教育工作的好坏。职后培训中,应注重对非专业幼儿教师培训的连续性。职后培训不仅要普及学前教育专业的基础知识与理论,还应普及实践技能,改变非专业教师对学前教育专业的认识,形成正确的幼儿教师职业价值观。首先,因学前教育专业出身的教师在学校已掌握了关于学前教育专业知识与技能,在这方面的基础培训可以适当减少。针对他们的培训,更应该关注职业成长,让其学习更多先进的教育理念与学前教育方面的政策，特别是国外一些优秀的学前教育理论与方法策略，从而提高实际教学能力。其次，针对培训的内容，可以联合专家进行内容优化，由教育局与专家一起为教师的培训出谋划策。最后，关注教师培训后的分享。乡镇幼儿园参加培训的人数是有限的，所以参加培训的教师应该把培训时的心得体会与同事分享，同时注重分享的质量。

（三）构建城乡教师交流机制

乡村幼儿教育的整体发展，离不开教师专业水准的提高，幼儿园教师的发展也不应该过于依赖外界的帮助和具体示范教学项目的实施，而是要提升幼儿园教师的教育保育能力和科学研究实力。因此，一定要借助乡村地区高素质公办幼儿园的教学科研网络平台，提高幼儿园教师的教学积极性，并且经过分析、交流、研讨才能实现教师自身能力的提升，也就能够真正实现教学合作和科学发展提升教学的目的。如民办园的一位校长曾说："在我们这边的农村，在示范性教学活动展开时期，我们能够随时随地浏览优质公立园的教学网络平台，网络平台中有相关专业的指导教师，我们随时随地都能够与他们沟通，在潜移默化中让我们这种一般幼儿园教师的专业知识得以提高，进而起到一个润物细无声的作用。"总之，一般幼儿园教师可以根据本园的实际状况和网络平台所提供的集体智力资源，在教学与研究方面更上一层楼。

教师教育主管部门、科研部门，应加大对乡村幼儿教师的帮助力度，积极提倡城乡之间还有片区之间交流教学的新方法。可以组织各城市幼儿园的教师、教学研究小组长、骨干教师们到乡村幼儿园送教，真诚地送去最优秀的思路和教育教学方法；可以现场指导备课，策划各种教学活动，深入农村班级，开展教师随堂听讲并且进行课后反思分析的教学指导；采取演示课等教学形式，协助农村幼儿园教师处理教职工活动中遇到的问题，并指导其多运用直观教具进行教育活动、教学实验，并寓教学于各种活动中。"相关部门应进一步加强对支教帮扶作用的认识，将支教经费纳入经费预算，向农村幼儿园派驻高水平支教教师，特别是应该向农村民办园派驻高水平支教教师，做到支教教师带资金、带设备、带项目下乡，切实提高农村幼儿园教师整体水平。"① 同时带领乡村幼儿园的教师们走出去，让他们接触最新的教学信息，掌握最新的教学模式，采取教职工手拉手结对子等形式推进园际的交流，建立城市内部数据共享与相互促进的长效管理机制，从而有效地推进城乡教学平衡健康发展。

（四）健全教师激励机制

政府负责指导乡村学前教师工作，必须切实地将乡村学前教师列入公办师资的序列，提高学前教师的待遇，使之与普通中小学教师持平。面对目前中国农村学前教师激励机制不健全、激励措施不足或过多、教师职称评定渠道不通畅、培训系统不健全、招聘方案不合理，以及考评激励机制与教师退出机制严重缺失等现实状况，笔者建议，应当把农村学前教师激励机制的健全视为当前重点任务，构建一定的激励机制，以促进幼儿教师队伍的发展。

针对骨干教师示范带动过程中考核和激励不甚健全的情况，建议试验性地建立科学的考核模式和综合奖励制度。第一，在考核方法的提出方面，必须认真倾听各个层级老师的意见，再由幼儿园的领导与教师代表一起商讨确定。第二，在对结果进行考核时，不仅要重视对结果的评价，也要重视对过程的评价。第三，在奖励机制方面，根据不同形式的榜样导向行为，建立不同的激励机制，强调物质与精神激励的配合，争取让奖励的形式变得多样化且具有实效性。

三、建构具有农村特色的课程体系

课堂是教育的基础，公办中心园加强自身建设除了要建立一支教师队伍，还要打造属于自己的课程，要把重点放到课程体系的改革上来，当前应主要构建适应农村学前教育发展的课程体系。建设富有乡村特点的幼儿园课程就要避免乡村教学内容城市化问题，办出乡村幼儿教育的特点。虽然乡村幼儿教育的最大问题是资金紧、设施短缺，但乡村学前教育具有宝贵的自然资源和社区资源。中国现代知名的幼教学者陈鹤琴明确提出过"活教育理论"，强调了乡村幼儿教育的优越性，"大自然、大社会都是活教材"，因为幼儿出生

---

① 胡洁琼.农村儿童家庭对学前教育公共服务的基本需求与对策研究[D].长沙:湖南师范大学，2013.

在乡村,成长在乡村,农村幼儿生活和自然联系紧密,四季交替变换的田野、各形各色的花草树木、种类繁多的飞禽与昆虫以及静静流动的小溪,这些是充分发挥乡村儿童优点的重要资源。公办中心园可以利用农村天然的教育资源,打造属于农村特色的课程。原野就是乡村儿童很好的游乐世界,在田地里耍泥巴、放纸鸢、捉泥鳅、抓蚱蜢、打土仗,在田埂上自由奔跑等,这些活动有利于儿童发展动作,从而养成活泼开朗的个性。教师可以在园所附近的树林中找几棵适宜幼儿攀爬的树木,让幼儿在自然中学习攀登。这样的攀登既可以满足幼儿的兴趣,又可以进一步提升幼儿体能。此外,教师还可以让幼儿参加简单的劳作,如拾麦穗、为蔬菜施肥等,这样既可以培养幼儿参加力所能及的劳作的意志、才能,也可以让幼儿明白粮食来之不易。另外,在农村的小朋友也可通过喂养小动物如小鸡、小鸭、小狗等,在生活实践中学习关爱、保护小动物,从而增进家庭亲情的健康发展。这些是乡村幼儿园开展教学得天独厚的环境,乡村幼儿园可以利用良好的环境条件教会幼儿关于植被、物理、生物、化学等基本知识,并加以启蒙教育。陈鹤琴的课程实践给我们指出了农村学前教育的课程资源的优势,教学内容的选择应力求凸显乡村本地特点,反映乡村幼儿教育实践,更接近于幼儿日常生活,发挥乡村的优越性。

乡村幼儿教育目前所采用的课程多由省里统编,教材的对象主要是城镇幼儿,主要是为了促进城镇学前教育的发展,因此这些课程对于城镇幼儿来说是非常熟悉的,但却忽略了乡村幼儿,有些课程里的内容对乡村幼儿来说闻所未闻。所以这样的学前教育教材的内容对乡村幼儿来说是不切实际的,严重脱离了乡村幼儿的实际生活,故教学活动很难吸引乡村幼儿的注意力,势必会妨碍乡村幼儿的正常成长。从促进乡村幼儿的发展和乡村幼儿园专业建设的发展看,乡村学前教育必须立足于乡村环境和乡村幼儿的现实,为他们进入幼儿园做好准备并促进他们全面成长,应从下列几个方面的内容着手。

第一,在教学内容上要注重农村地区学龄前幼儿良好卫生习惯的培养和日常生活健康习性的养成。相对来说,由于农村地区卫生条件较差,日常生活健康习性的养成并没有引起人们的注意,这关系到幼儿健康,是培育幼儿的生存自理能力、独立自主意识和文明行为的重要一环。所以,应该把"生活卫生"作为乡村幼儿教育的主要内容,并从小培养他们良好的生活卫生习惯。具体来说，遵循幼儿身心发展规律，培养幼儿独立生活的能力，使幼儿逐步养成良好的生活习惯，自己的事情自己做，养成自理能力。

第二，培养良好的学习习惯和学习技能。农村学前教育的一项重要的功能就在于培养幼儿形成良好的学习习惯和基本的学习技能。在教学内容的设计中，要强调活动的意义，采取各种形式的活动，让学龄前孩子爱读书、对图书感兴趣，养成初步的学习习惯，学会良好的握笔动作、写字姿势和坐姿，具备完成任务的意识，熟悉和遵循基本的行为的规律。

第三，掌握初步的启蒙知识。乡村学前教育课程承担着对乡村幼儿传授最初的启蒙知识的责任，让幼儿形成最初的听、写等兴趣，能够认识基本的数量关系，建立数量、形态、时间、空间等最初的概念，从而发展其最初的数理逻辑思维。同时丰富农村幼儿的与日常生活密切相关的自然环境的基本知识，从而发展乡村学龄前幼儿早期的自然感知能力。

第四，培养学前幼儿良好的社区学习习惯。农村社会环境的同质性，使得幼儿缺少认识社会的机会，在社会适应性行为方面得不到有效的训练。因此，农村学前教育在课程内容设置上应该重视儿童的社会适应性的培养。一是应加强学前儿童的班级建设。这是训练学龄前儿童社交能力的一种途径，利用小组活动，让学龄前幼儿喜欢班集体，主动参与集体生活，喜欢和别人相处并善待别人，学会初步的人际交往原则和技巧，如言语大方、口齿清楚。二是要积极拓展幼儿园的教育资源，如儿童运动场地搭建、活动器材配备、少儿文化书籍与视听设备配备、专业农村学前教育师资的吸纳与培训等。

第五，广泛开拓外部教育资源，丰富农村学前儿童的视野。毛泽东主席曾讲过"农村是一个广阔的天地"。农村虽然没有城市的喧闹、繁华，但有极为丰富的学前教育资源。要善于开发农村的教育资源，使其能够更好地为幼儿的成长服务。一是积极发掘农村的社会资源，如幼儿园附近的中小学校、教育单位、政府部门、乡村古建筑等，从幼儿身边的事物入手，更能促进幼儿的发展。同时，把对幼儿的教学延伸至社会和家庭，将学校和社会、家庭紧密联系。公办中心园与城镇幼儿园要协同完成教育活动，包括参与教学、收集活动所需材料、对幼儿进行辅导、提供信息支持等。合作形式包括培训、获取项目所需物品及资料、对幼儿进行指导、进行资料提供等。农村幼儿教育项目要从幼儿实际出发，引导幼儿在项目中利用不同方式去获取信息，从而在项目中养成解决问题的能力并自觉找到解决问题的途径。二是充分利用农村的各种资源,由于农村保留了很多原生态的东西,森林、田野、河流、树木等都可作为教学资料。在公办中心园的建设中可以利用农村的一些特色,比如泥地、沙石等,开辟一块种植区,让幼儿感受种植的快乐,明白粮食的来之不易。三是形成城乡教育课程资源整合制度。要从根本上改变乡村幼儿教育课程资源现状,既要政府增加对乡村幼儿教育财政的支持,也要当地政府做好宏观协调,广泛构建城市教育资源共同体。比如,农村地区学前教师的在职培训及师资配备等方面特别需要城市的帮助与支持,这也是"以城带乡"发展模式在现代教育中的体现。

◇第五章
公办中心园引领农村学前教育发展的长效机制

公办中心园的示范引领作用能够有效地推动区域农村学前教育质量整体提升，同时引领区域农村学前教育的发展。"示范"一词主要指做出榜样或典范，给其他人提供学习机会，引起示范作用。本课题中公办中心园的示范引领是指公办中心园利用自己的优势，通过示范活动，将自己的优秀课程、管理经验等展示出来，同时与普通幼儿园的发展相结合，帮助其他幼儿园在示范中获得成长。这种示范引领既能够有效提升学前教育的办学质量，同时还能在一定程度上提升园内管理水平。在具体示范引领的过程中，由于公办中心园自身经验水平有限，容易限制示范引领对象自身主体性的发挥，从而减弱了示范引领作用。充分发挥公办中心园的示范引领功能，从而使公办中心园的引领作用迈向共赢路径，实现"引领—共赢"的完美蜕变，是公办中心园的终极目标。为此，在具体实践过程中，应以公办中心园以外的普通乡村幼儿园的具体需求为基点，通过公办中心园主动示范引领，形成示范引领的完整实践体系，确保公办中心园的示范引领有序、有效实施，推动区域农村其他幼儿园的内生性发展，实现区域农村学前教育质量整体提升。由此我们可以得出结论，当前提升学前教育质量的重中之重就是作为乡镇优质幼儿园的公办中心幼儿园如何进行有效示范，才能发挥学前教育的辐射作用。所以有必要探讨公办中心园引领农村学前教育发展的长效机制，实现有序、有效的示范辐射，提高示范的质量，推动区域内幼儿园的办园质量整体提升①。

第一节　公办中心园示范引领的实践理路

公办中心园的示范引领活动是推动区域农村幼儿园提升整体的办园质量，实现农村学前教育"公平而有质量"发展的重要途径之一。公办中心园作为区域农村幼儿园发展的翘楚，是农村学前教育的"领头羊"，具有丰富的经验和成果，在办园质量、保育工作、教育管理等方面明显优于其他幼儿园。"在资源短缺、人才缺失、质量不高的学前教育现状下，通过优质幼儿园的示范引领，实现区域内'自力更生'的发展之路，具有积极的现实意义。"② 通过调查发现，目前不少乡镇已组建区域农村公办园与普通园的学前教育发展促进中心，以公办中心园为龙头，通过其示范引领，带动区域农村幼儿园的发展。但是在具体示范引领的过程中，公办中心园的重点放在了自身建设，缺乏对其示范引领角色定位的认知等方面的原因，致使农村地区的学前教育发展仍然较缓慢。所以，公办中心园需要重新审视示范引领的过程，找到示范活动的问题，并解决问题，为普通幼儿园提供科学的示范引领思路，实现科学、有效、有序的示范引领，真正促进区域农村幼儿园办园质量的提升。

一、把握公办中心园"示范—引领"的本质

公办中心园的示范引领行为不是一时冲动而发起的随意行为，它有明确目标和对象，在内容与方式方法的选择方面有明确的要求，以此建构一系列活动。

（一）明确"示范—引领"的实践理念

示范即做出某种可供大家学习的典范，意味着立标杆，树榜样，起着让

---

①罗超.优质幼儿园示范辐射的实践体系研究[J].教育导刊(下半月),2021(8):71-77.
②罗超,王小为.优质幼儿园示范辐射的实践误区与合理思路[J].河南科技学院学报,2021,41(2):43-47.

别人学习、仿效的作用①。示范作用指某种行为的榜样、表率作用，是新理念、新方法、先进经验的展示过程，在这个过程中能够让他人从中受到启迪、鼓舞和教育②。从字面意思而言，"示范—引领"强调示范与引领的融合，但不能简单地以为就是"示范 ＋ 引领"，它强调的是两者的有机结合，不是对示范内容的简单传递与模仿，更多体现的是示范后获得的引领效果，是把公办中心园的示范榜样转化为示范对象的实际行动。那示范引领到底是什么呢？如果把示范引领认为是公办中心园取得成功的成果展示，那就局限了这个过程，使引领的价值变小。如果普通乡村幼儿园只是简单地照搬公办中心园的发展模式，重复各种发展过程，也是不对的。公办中心园是在自身具备的优质资源条件下得到迅速发展的，而普通乡村幼儿园的资源与公办中心园是不对等的。这种情况下，公办中心园的教学方式和管理模式，对于其他普通乡村幼儿园来说未必适用，不能一概而论。普通乡村幼儿园要想得到快速发展，要结合园所的实际情况，借鉴公办中心园的发展方式，寻找出一条适合自身的发展道路，展现出自身的办园特色。在公办中心园引领农村学前教育发展的整个过程中，公办中心园的示范引领并不能起到决定作用，必须尊重普通幼儿园的实际情况，基于其现实情况帮助其解决困惑，使其得到有效发展，最终形成区域内诸多园所"各美其美，美美大同"的均衡、协同、共生发展局面③。

为此，我们要立足普通乡村幼儿园（本课题指区域农村公办中心园之外的幼儿园）的视角，基于公办中心园的示范活动并不能直接地转为普通乡村幼儿园的经验，明确公办中心园的示范引领仅仅能给予示范的榜样，不能决定也不能促成普通乡村幼儿园的办园理念和办园行为的转变。从这个角度来说，公办中心园的示范效果主要取决于普通乡村幼儿园的接受程度。显然，公办中心园的示范引领所追求的是被示范者积极主动建构的理想行为，是"示范"落地生根，取得真实有效的效果。所以，在公办中心园的示范引领过程中，应当充分发挥公办中心园的主导作用，立足于普通乡村幼儿园的发展

---

① 李明胜.怎样发挥示范性高中的示范辐射作用[N].新乡日报,2005-07-05(6).
② 杨庆.湖南省示范性幼儿园示范作用发挥研究[D].长沙:湖南师范大学,2007.
③ 罗超.优质幼儿园示范辐射的实践体系研究[J].教育导刊(下半月),2021(8):71-77.

现实与切实需求,让公办中心园的示范引领贯彻于从"示范"到"示范成果转化"的整个过程①。我们在强调公办中心园示范的功能及重要性时,更需要重视区域农村其他幼儿园能结合自身发展的特点,结合公办中心园的示范力量,主动地、富有个性地自主发展,从而达到示范到引领的融合。由此,公办中心园的示范是在"示范—引领"有机融合的基础上开展的,突显引领的示范效果。

(二)示范是手段,引领是目的

公办中心园的示范是指其对普通乡村幼儿园的引导与经验传授,更重要的是普通乡村幼儿园对公办中心园示范成果的内化。从这个意义上说,示范是手段,引领才是目的。公办中心园的示范过程不能停留在公办中心园自身的"示范"行为上,不能把"示范活动"作为示范引领的终结。深入分析公办中心园示范活动的内涵,对当前公办中心园示范引领的实践活动起到启示作用,让示范引领的形式避免"照葫芦画瓢",真正实现公办园的示范引领,促使区域内农村学前教育的腾飞。

通过前期调查发现,从流程上看,大多数公办中心园的示范活动以展示其成果为主,普通乡村幼儿园掌握了其示范成果之后,公办中心园结束其示范活动。从示范者及示范对象的角度来讲,当公办中心园完成既定的示范活动后,整个示范活动理所当然地交上了满意答卷、画上了圆满的句号。但公办中心园对普通乡村幼儿园的示范是以公办中心园自身的示范活动结束而结束吗?显而易见,示范引领的目的不仅仅是让普通乡村幼儿园从认知层面上对公办中心园经验、成果的把握和理解,更重要的是让普通乡村幼儿园把公办中心园示范活动的要领、过程、精神真正纳入自身的规划、建设及发展过程中来。因此,公办中心园示范活动并不是随着自身示范行为的结束就结束了,公办中心园示范成果的检验要在示范对象的具体实践中来进行。探索幼儿园发展的路径,最终引领农村学前教育的整体发展才是公办中心园示范的目的。从公办中心园的示范,到普通乡村幼儿园的接受与内化,两个内容共同处于一个示范活动阶段,公办中心园做出示范活动,而普通乡村幼儿园接

---

① 罗超,王小为.优质幼儿园示范辐射的实践误区与合理思路[J].河南科技学院学报(社会科学版),2021,41(2):43-47.

受并内化活动，掌握公办中心园的示范成果。"如果示范成果在实践之中产生困境，未让普通乡村幼儿园真正地掌握，或者其成果学习有误，那示范活动并没有随着示范行为的终结而结束。"[①] 正如培养学生一样，学生在教师的指导下学习知识，在具体生活实践中将知识内化，学生切实得到了发展，这才是完整的教育。公办中心园的示范亦是如此，示范展示其本身的成果不是目的，最终要考虑公办中心园成果示范的可行性与高效性，使普通乡村幼儿园获得切实有效的经验，引领、促进普通乡村幼儿园的自主发展。

二、践行"你与我"的示范传递方式

（一）不应以展示宣传公办中心园的成就为主

公办中心园是一个区域幼儿园的龙头，在幼儿园管理、保育、教育、农村课程资源开发等方面存在优势，具有丰富的幼儿园办园经验。它应该充分利用自身优势，承担示范引领的责任，通过自身的示范，引领区域农村幼儿园的发展。因此，"引领"已成为公办中心园的重要使命。2003年，《关于幼儿教育改革与发展的指导意见》（简称《指导意见》）针对示范性幼儿园提出了"在贯彻幼儿教育法规、传播科学教育理念、开展教育科学研究、培训师资和指导家庭、社区早期教育等方面的示范、辐射作用"[②]的要求。《指导意见》虽然指出了示范指导的内容方向，但没有具体规定如何落实示范指导的内容。因为没有具体政策指导，选择什么样的示范内容取决于公办中心园对示范指导活动的理解。因此，乡镇中心幼儿园基于自身的成功经验和优异成绩，可以定期组织区域农村幼儿园开展集体教研活动、公开示范课、参观学习、集中师资培训等示范活动。

公办中心园为了完成上级交代的示范任务，"依据自身方便开展发挥示范

[①] 罗超,王小为.优质幼儿园示范辐射的实践误区与合理思路[J].河南科技学院学报(社会科学版),2021,41(2):43-47.

[②] 国务院办公厅.国务院办公厅转发教育部等部门(单位)关于幼儿教育改革与发展指导意见的通知[EB/OL].(2003-03-04)[2022-03-20].https://www.gov.cn/gongbao/content/2003/content_62048.htm.

作用的活动"①,这就导致了示范活动走向对公办中心幼儿园现有成果的分享展示。对公办中心园来说,示范引领的活动,是围绕其优秀成果和经验进行的传递,让普通乡村幼儿园能够获得直接的经验与认知,对自身幼儿园整体发展和改革有比较清晰的想法。对普通乡村幼儿园来说,此类示范活动大多展示和宣传公办中心园的成果,无视普通乡村幼儿园自身发展,因而无法实现知识和经验的转移。显而易见,示范者与示范对象都误解了"示范""引领"的含义。毫无疑问,公办中心园的示范"成果"本身是其对普通乡村幼儿园开展示范活动的基础,但示范活动并不只是单纯的成果展示。在公办中心园的示范引领过程中,必然会产生一定的示范成果,但示范成果不是从公办中心园现有成果中直接得出的,而是通过对成果的分析,了解成果的形成过程,并在借鉴的基础上形成普通幼儿园自身发展的方向。因此,对公办中心园示范成果的宣传限制了其示范活动的开展,忽视了公办中心园示范成果的实践过程,容易引起公办中心园的炫耀心理。

(二)多元化的方式构成了交互性的合作关系

公办中心园把知识、经验传递给普通乡村幼儿园,这就构成了示范的主要结构。目前,示范途径包括"结对"帮扶、示范课展示、专题研讨、教师培训、跟岗指导、课题引领等②。示范引领的双方是合作的关系,对于主导示范引领活动的公办中心园来说,示范引领是其使命。由于受到"我对你"的影响,具体到活动中,如在经验的传授、活动的指导、合作方式的选择上,双方的交互作用变成了单向度的知识和经验的传授。无论公办中心园的示范引领活动如何激发农村其他幼儿园关于发展的思考,"我对你"的传递是客观存在和自然发生的。

但是,如果公办中心园与普通乡村幼儿园之间用"我对你"的关系来开展示范,普通乡村幼儿园被动接受公办中心园知识和经验的传授,成为一个被传递对象,不仅会使普通乡村幼儿园对公办中心园形成依赖,还会使他们对公办中心园的示范成果缺乏辩证思考,从而导致普通乡村幼儿园迷失了自

---

① 王晓芬,石廷希.发挥乡镇中心幼儿园示范作用的对策探析[J].教育导刊(下半月),2008(6):34-36.

② 罗超,王小为.示范性幼儿园的示范内涵、内容及途径[J].教育导刊(下半月),2015(2):13-16.

我的发展方向。仅仅从这个角度理解，示范引领活动的成果的引领性将被抹杀。然而，尽管公办中心园是区域农村学前教育示范引领活动的主导者，但它们并不是单向的领导者。"我对你"起作用，根据力和反作用力的概念，"你对我"也会形成一种效应。示范引领的过程中，虽然普通乡村幼儿园接受了公办中心园的示范成果，但他们接受示范成果时需要考虑自身的需要，并积极构建对成果的认知。不难看出，普通乡村幼儿园在示范引领活动中会对示范成果进行加工、理解、批判和反思，并与自身实际结合，得出独特的示范结果。

在以公办中心园为核心的示范引领共同体中，双方共同讨论、共同研究、共同成长。但在调查中发现，大多数公办中心园认为，示范引领活动的逻辑起点是公办中心园自身的成果或资源。也就是说，他们有什么就展示、示范什么。普通乡村幼儿园则认为，他们如果有发展的需求而公办中心园中没有现成的解决方案，则公办中心园的示范引领就起不到任何作用。从这样的逻辑思路来看，普通乡村幼儿园仅仅把公办中心园的示范成果看成了学习对象。为此，公办中心园要转变示范引领的思路：示范不仅仅是展示成果、传递思想，双方要坚持合作态度，构建相互尊重、相互学习、双向传递的"你与我"模式。然而，"人只有从事符合自己的需要或自己感兴趣的活动，才会主动投身于活动之中，他的心理才会面向活动过程而打开，活动过程和客体对象才能进入主体的心理结构，主体才会主动调整、改造、丰富自身的心理结构；同时，活动的过程才能引起主体积极的情感体验和内心反应（因为任何情感体验的产生都是以主体需要为尺度的）"[①]。

普通乡村幼儿园对学习公办中心园成果的有效性没有确定的标准，从一定程度上来说普通乡村幼儿园没必要重复对其成果的认知。公办中心园展示的成果只是对其发展的普遍认识，无法直接干预普通乡村幼儿园的内部教育形式，也无法采取实质性措施，这就会导致其失去示范引领的积极性，造成示范引领资源的浪费。如上所述，公办中心园取得的成就只是引领示范的基础，而不是其对普通乡村幼儿园示范引领的全部。在"示范引领"理念下，如果只有公办中心园成果的自我展示而没有普通乡村幼儿园作为示范对象的

---

① 陈佑清.论学生素质发展的机制[J].教育研究与实验，2008(3)：30-34.

话，那么公办中心园的示范引领只是自我娱乐；如果公办中心园与普通乡村幼儿园之间存在着示范者和学习者的关系，但示范对象自身思维具有局限性，公办中心园示范的成果就不能辐射到普通乡村幼儿园内部。因此，公办中心园应有针对性地组织示范活动，对其成果和经验进行转化和梳理。整个示范性引领活动应该根据普通乡村幼儿园的现实需求，从普通乡村幼儿园发展中存在的问题和需求出发，有针对性地加以解决和推广。此外，公办中心园的示范指导还应注重其丰富的实践经验的示范。当普通乡村幼儿园的需求无法与公办中心园的成果相适宜时，公办中心园应利用自身的构建知识过程的经验，对其进行引领，共同解决问题。

三、树立共赢下的示范引领观念

我国教育事业"十四五"时期提出要追求"公平而高质量"的学前教育发展，并将其作为重点建设目标之一。农村区域幼儿园发展质量标准应以公办中心园为标杆，以公办中心园为区域典范。虽然其数量较少，但是其办学经验十分丰富，对于区域内其他幼儿教育机构能够起到示范引领的效果，既能帮助提高幼儿教育质量，又能健全幼儿教育管理。同时，公办中心园在发挥引领示范作用的过程中，须分外注意示范双方的共赢结果，只有在示范辐射中实现共同成长，才能真正实现学前教育事业高水平均衡发展的战略目标。在示范辐射过程中，应当充分发挥优质幼儿园的主导价值，把示范活动根植于普通幼儿园的需求与现实，让示范辐射贯彻于"示范"到"示范成果转化"的整个过程[1]。幼儿教育事业在某区域内的全面协调发展可以通过该区域公办中心幼儿园的示范引领来实现，这对该区域也具有积极的现实意义。

（一）明确示范的"双赢"理念

从教育主管部门的角度来看，组织和发挥公办中心园的优势资源，开展示范引领的目的是促进区域农村幼儿园质量的整体提升，最终实现示范双方的"双赢"；通过公办中心园的示范辐射，带动区域内其他农村幼儿园的发展。那么公办中心园在这个过程中是否得到了发展？一方面，公办中心园的

---

[1] 罗超,王小为.优质幼儿园示范辐射的实践误区与合理思路[J].河南科技学院学报(社会科学版),2021,41(2):43-47.

突出成果在普通乡村幼儿园的继承和实践过程中获得了升华。另一方面，在公办中心园的示范引领下，区域农村幼儿园能够有效地解决常见的、共性的教育问题。而且，在示范活动学习共同体中，形成了"资源共享、优势互补、区域协作、共同发展"的办园新模式[①]。同时，公办中心园发展遇到困难时，也可以获得普通乡村幼儿园的支持，为其提供一定的资源和经验。因此，在示范性活动中，公办中心园也满足了自身发展的需要。公办中心园的示范引领不仅促进了区域农村幼儿园质量的整体提升，也促进了公办中心园在自身需求下实现更有效的发展。总之，在实施示范活动中，公办中心幼儿园与普通幼儿园应树立"双赢"的理念，公办园改变"傲慢"的态度，将普通乡村幼儿园纳入公办中心园示范引领的体系，完成示范成果的转化和发展。

（二）树立"实践检验"和"经验内化"的共赢理念

公办中心园的示范活动无法避免要关注普通乡村幼儿园的发展。公办中心园在实施示范活动前，应制定相关示范引领目标，示范活动实施过程也是目标实现的过程。也就是说，通过示范活动，可以提高普通乡村幼儿园在管理、环境创设、保育工作等方面的水平。示范活动的开展涉及示范双方，普通乡村幼儿园的发展自然不是简单地脱离公办中心园的引领，而是通过实践检验成果来实现自身发展的。在公办中心园的示范引领下，以公办中心园的示范成果为前提，将成果落实到具体实践中，真正实现区域普通乡村幼儿园整体的发展。为此，示范引领包括两个层面的内涵。一是公办中心园示范成果的实践检验。公办中心园展示的成果是否有效，建立在对成果进行检验的基础上，践行于普通乡村幼儿园的环境创设、办园理念、教育观念等方面，通过普通幼儿园的发展来检验其示范成果的可行性和有效性。二是接受引领的普通乡村幼儿园将经验内化后，转入幼儿园自身的发展规划中。

引领促进是公办中心园示范过程的延续，围绕普通乡村幼儿园实际情况构建出展示成果的实践。虽然普通幼儿园在这一阶段充分掌握了示范性活动的主动权和主导权，但仍离不开公办中心园的深度帮扶和引导。在示范过程中，普通幼儿园在实践中遇到的问题需要公办中心园的介入，以确保成果实践的规范化和目标实现的准确性。因此，引领是示范活动的立足点，实现示

[①] 周敏芬.乡镇幼儿园优质发展共同体建设研究[J].宁波教育学院学报,2013,15(6):118-120.

范成果的转化和普通乡村幼儿园的发展是示范的最终目的，只有这样才能真正体现公办中心园示范和引导的意义和价值，也才能体现整个示范活动的有效性。

四、建设区域农村学前教育发展共同体的理路

公办中心园是农村幼儿园中教育管理、教研、科研指导的主要力量，是进行区域农村资源共享、提升农村学前教育发展水平的重要保障。2018年，《中共中央 国务院关于学前教育深化改革规范发展的若干意见》提出：大力发展农村学前教育，每个乡镇原则上至少办好一所公办中心园；完善学前教育教研体系，健全各级学前教育教研机构，充实教研队伍，落实教研指导责任区制度，加强园本教研、区域教研，及时解决幼儿园教师在教育实践过程中的困惑和问题；充分发挥城镇优质幼儿园和农村乡镇中心幼儿园的辐射带动作用，加强对薄弱园的专业引领和实践指导[1]。2021年，《"十四五"学前教育发展提升行动计划》中进一步指出：要充分发挥乡镇中心幼儿园的辐射指导作用，实施乡（镇）、村幼儿园一体化管理；鼓励有条件的地方探索实施学前教育服务区制度[2]。乡镇中心幼儿园是农村地区学前教育事业发展的"领头羊"，对农村学前教育事业具有示范、辐射和引领作用。乡镇中心幼儿园应充分认识到自身的责任与任务，在提高自身园所教育质量的同时，带动整个乡镇幼儿教育事业的发展。

（一）从示范到引领的实践逻辑路径

从公办中心园示范到普通乡村幼儿园对示范成果的实践的过程，必须坚持"示范—实践"的示范引领机制。在示范活动的方向上，只有将公办中心园的示范置于具体情境中进行检验和应用，示范活动才能真正地呈现出效果，继而才能转化为普通幼儿园的自我经验，由此形成从公办中心园示范成果到成果实践的示范引领活动的运行体系。整个示范活动过程中，示范双方的行为都是围绕"示范—实践"展开的，对实践成果的学习和接受也经历了"示

---

[1] 中共中央国务院关于学前教育深化改革规范发展的若干意见[J]. 中华人民共和国国务院公报，2018,(33):29-35.

[2] 教育部等九部门关于印发《"十四五"学前教育发展提升行动计划》和《"十四五"县域普通高中发展提升行动计划》的通知[J]. 中华人民共和国教育公报，2022,(21):6-14.

范—实践"的过程。对于普通乡村幼儿园来说,公办中心园所传达的示范成果只是抽象的理论知识或自身经验,普通幼儿园对如何操作等还存在困惑,这将直接影响他们在具体情境下对理论知识的实践。比如课题研究,要告知普通乡村幼儿园课题研究的概念和实施经验,但是研究的问题是什么、如何发现真正的问题、如何撰写课题申报书、如何组织课题研究等一系列问题不经过实践是无法做到的。需要让普通乡村幼儿园在真实的环境中进行实践,构建自己的实践结构,逐步对课题研究形成真实的认知。

(二)构建区域农村发展共同体

教育事业的均衡发展是国民教育的追求,是当代教育发展的战略任务,是实现教育公平的重要内容。但现实是城乡教育和区域间的教育发展不平衡,特别是学前教育发展不平衡,教育均衡的实现还需要各方的共同努力。为了进一步发挥优质教育资源的示范引领作用,积极推动教育均衡发展,部分乡镇中心幼儿园与本镇其他幼儿园合作,建立"乡镇幼儿园高质量发展社区",并通过资源共享、优势互补、互惠互利等方式不断提高乡镇幼儿园教学水平,促进城镇学前教育均衡发展。这种区域性幼儿园发展共同体的建设,可以更好地发挥公办中心园的优势与价值。美国著名学者瑟吉奥万尼认为,共同体作为"个体的集合体,使一群个体的'我'转型为集体的'我们',每一个成员都是紧密编织的有意义关系网的元素之一。'我们'通常处于一个共同的地方,维持一段时间,并分享共同的意义、情感与传统"[1]。发挥公办中心园的示范引领作用,构建区域农村幼儿园发展共同体是提升农村学前教育质量的重要方式。公办中心园需不断提升自身的发展水平,才能在园所管理和教研指导等方面更好地发挥示范引领作用。因此,要加强师资培养,建设优秀教师队伍,更新教育观念,根据地方特色和幼儿的身心发展特点,构建科学的课程体系,给农村幼儿园的发展注入新的活力。

为此,我们应该共同打造多元化的共同体组织。一是建立一个管理共同体。以公办中心园为核心,结合乡镇学前教育发展现状,与其他幼儿园通力合作,整合资源,建立幼儿园间共同发展模式,形成以公办中心园带动其他幼儿园的区域农村学前教育整体发展建设战略。二是建立区域性教研共同体,

---

[1] 张妮妮. 以乡镇中心园为引领,构建区域发展共同体[J]. 教育家,2022(3):14-15.

实现教研一体化指导。部分公办中心园率先成立以幼儿园园长和骨干教师为核心的教研责任区工作组，围绕教研工作积极开展各种教育活动，进行展示、交流和讨论，根据区域的特点和当前的研究热点选择课题研究内容，制定课题研究方案，开展课题研究。教研一体化指导并不是一刀切，而是要充分挖掘各个园区的特点，真正以区域教研带动园区教研。三是构建区域农村教师发展共同体，促进教师专业水平的全面提升。公办中心园依托区域优质学前教师，打造教师发展共同体。根据区域教师的实际需求，通过持续、有计划的专业指导和实践指导，促进农村教师可持续发展，全面提升区域农村幼儿教师的教学技能和科研水平，促进教育质量的共同提升。四是健全保障体系，完善共同体运行机制。部分乡镇成立领导小组和专业委员会，制定区域幼儿园发展共同体实施方案，注重开展以公办中心园为核心的管理、教学、科研工作，定期进行分享交流；有一个统一的发展规划，同时保持每个公办中心园的特色，发挥园所的主动性与积极性，促进整个区域学前教育质量的提高。公办中心园应引领构建良好的区域教育生态系统，为构建区域幼儿园发展共同体提供可能性；充分利用地域文化资源，了解社区内不同幼儿园的理念和目标，营造积极的人文氛围，促进幼儿园之间形成共同的教育理念和发展愿景，促使幼儿园发展共同体具有良好的价值基础和较强的凝聚力。

第二节　公办中心园示范引领过程的重构

我国农村学龄前儿童的人口基数较大，而资源相对短缺，为了让农村学龄前幼儿上好学，2019年，《国务院关于学前教育事业改革和发展情况的报告》指出"每个乡镇原则上至少办好一所公办中心幼儿园，切实发挥乡镇中心幼儿园对村幼儿园的辐射和指导作用，带动乡镇学前教育的整体发展和质量提升"[1]。为了响应国家政策，安徽、江苏、山东、河南等省的各地区政府及相关部门结合实际情况对中心园进行改建或扩建，这在一定程度上缓解了农

---

[1] 全国人民代表大会.国务院关于学前教育事业改革与发展情况的报告[EB/OL].(2019-08-22)[2022-03-20]. http://www.npc.gov.cn/npc/c2/c30834/201908/t20190822_300157.html.

村幼儿入园难的问题,但在此过程中也出现了重视中心园的数量而忽视质量的问题。随着社会的发展,农民生活水平也在逐步提高,当前农村学前教育的现有水平与农村家长所期盼的高质量的学前教育之间的矛盾愈加突出,这引起很多人的关注。放眼当前农村乡镇中心幼儿园可发现,其办园条件等硬件设施在当地具有明显的优越性,但其课程实施、师幼互动、教师的教育观念、教学行为、资源利用等过程性教育质量较低,以至于在区域农村学前教育发展中失去了其示范引领作用[①]。

一、 公办中心园设立的目的与示范引领要求

(一)公办中心园的设立目的

早在1983年,教育部颁发的《关于发展农村幼儿教育的几点意见》中提出:要分期分批地办好公社(乡)中心幼儿园,使之成为农村幼儿园的骨干和教学研究基地,起到以点带面的作用。1989年,随着《幼儿园管理条例》的颁布,国家教育委员会发布相关的实施意见,指出"要办好示范性幼儿园和农村中心幼儿园",并提出,"这些幼儿园应坚持正确的办园方向,教育思想端正,锐意改革,有创新精神,能真正发挥示范和骨干作用"[②]。1997年,国家教育委员会印发的《全国幼儿教育事业"九五"发展目标实施意见》提出:到2000年,农村绝大多数乡(镇)应建立一所中心幼儿园,并充分发挥示范、辐射以及对村办园(班)的指导和管理作用。2003年,《国务院办公厅转发教育部等部门(单位)关于幼儿教育改革与发展指导意见的通知》,要求县级以上教育部门要加强幼儿教育管理,要办好乡(镇)中心幼儿园,发挥其对乡(镇)幼儿教育的指导作用。2009年3月,在第十一届全国人民代表大会第二次会议上,庞丽娟教授曾提议中央财政设立专项资金来加快乡镇中心园的建设以推动农村学前教育的发展。同时通过将乡镇中心幼儿园建成农村学前教育培训与资源中心,使其发挥辐射、示范作用,承担本乡镇村办幼

---

① 杨翠美.农村优质公办园过程性教育质量现状及分析:以皖北地区6个乡镇中心园为例[J].现代职业教育,2020(10):62-63.

② 中国学前教育研究会.中华人民共和国幼儿教育重要文献汇编[M].北京:北京师范大学出版社,1999:306.

儿园的业务指导和管理工作①。2010年颁布的《国家中长期教育改革和发展规划纲要（2010—2020年）》明确提出，发挥乡镇中心幼儿园对村幼儿园的示范指导作用。这些政策文件比较全面地阐述了公办中心幼儿园建立的目的与责任。乡镇公办中心园是全乡镇集教育、培训、科研、示范为一体的具有辐射功能的幼儿教育机构，是农村幼儿教育的"骨干"，承担着"以点带面"促进学前教育发展的神圣职能。将"示范"作为公办中心园带动学前教育发展的核心要求，使其在全乡镇的幼儿教育机构中发挥示范辐射功能，充分体现自身的骨干带头的角色作用。

（二）公办中心园的示范要求

"示范引领"的责任在乡镇中心幼儿园中根深蒂固。随着学前教育的快速发展和各类幼儿园数量的快速增长，幼儿园的教育质量问题逐渐成为农村学前教育发展中值得关注的一个重要问题。公办中心园不能局限于发挥示范、辐射、引领的作用，也不能局限于让普通乡村幼儿园模仿，只有进一步加强双方幼儿园内部各方面的管理，才能真正提高区域农村学前教育的整体质量。因此，2003年《关于幼儿教育改革与发展的指导意见》颁布，把"示范带头"转变成"示范辐射"，明确提出，"要充分发挥示范性幼儿园在贯彻幼儿教育法规、传播科学教育理念、开展教育科学研究、培训师资和指导家庭、社区早期教育等方面的示范、辐射作用"②。霍树刚在《建设农村乡（镇）中心幼儿园的思考》中指出乡镇中心幼儿园具有示范性、教学管理、行政管理、培训基地和高服务性五个中心功能③。1988年中央教育科学研究所与荷兰伯纳德·范·里尔基金会合作开展的河北省农村幼儿教育体系研究中提到乡镇中心幼儿园有三大作用：教研中心、保教示范、培训基地，即在农村幼教管理模式中承担起指导和管理农村幼教的任务，在师资培训方面起着示范、培训、咨询和宣传的作用④。王波在《积极兴办乡镇中心幼儿园大力发展农村幼教事

---

① 庞丽娟.国家应建设中西部农村乡镇中心幼儿园[N].新京报，2009-3-9（观察家）.
② 国务院办公厅.国务院办公厅转发教育部等部门（单位）关于幼儿教育改革与发展指导意见的通知[EB/OL].(2003-03-04)[2022-03-20].http://www.moe.gov.cn/jyb_xxgk/gk_gbgg/moe_0/moe_7/moe_13/tnull_189.html.
③ 霍树刚.建设农村乡（镇）中心幼儿园的思考[J].学前教育研究，1995(4)：24-25.
④ 潘仲茗.农村幼儿教育体系研究[M].北京：教育科学出版社，1999：11.

业》中提出兴办乡镇中心幼儿园既是发展教育事业的客观要求，同时也是提高农村幼教质量的需要，乡镇中心幼儿园的建设有利于提高师资质量，促进教研工作的开展①。王红霞在《当前乡镇中心幼儿园存在的问题及对策》中指出乡镇中心幼儿园是农村学前教育的窗口，承担着指导、示范和协调乡镇学前教育工作的重任，在推进农村学前教育的发展中发挥着积极的引领作用②。李兵在《农村中心幼儿园建设发展的意义与模式》中指出对乡镇中心幼儿园的大力发展，一方面是落实国家政策的要求，另一方面也是乡镇中心幼儿园自身发展的内部需求③。乡镇中心幼儿园的发展对于提高农村幼教的管理、质量都具有重要意义，应以全新的思路构建示范引领的要求，不仅要突出公办中心园自身的建设水平，同时也要提升对普通乡村幼儿园的引领与带动作用，将示范效果作为评估公办中心园的标准。

二、展示自我：公办中心园示范过程中存在的误区

调查中发现，从大多数公办中心园对普通乡村幼儿园的示范内容和方式来看，示范活动的开展分为两种类型，即注重于知识直接传递的示范活动和注重于解决具体问题的示范活动。

（一）注重于直接知识传递的示范活动

《指导意见》提出，应加强教育法规、教育理念、科学研究、师资培训、家庭指导和社区早期教育等方面的示范辐射。为此，公办中心园应围绕《指导意见》中的规定，结合自身的成果或经验，通过开展教师培训、合作研讨会、课题引领等活动，将成果直接传递给普通乡村幼儿园，起到更新对方的知识观念与教学理念的效用。具有丰富经验的公办中心园会总结出示范的内容与具体要求，普通乡村幼儿园作为接收方接受知识与经验的传输，将其内化并为自身所用。经过调查众多的公办中心园示范活动案例可以发现，公办中心园对示范活动的基本认识就是直接进行知识的传授，他们认为公办中心

---

① 王波. 积极兴办乡镇中心幼儿园 大力发展农村幼教事业[J]. 云南教育(小学教师)，1994(11)：10.

② 王红霞. 当前乡镇中心幼儿园存在的问题及对策[J]. 教育导刊(幼儿教育)，2007(9)：32-33.

③ 李兵. 农村中心幼儿园建设发展的意义与模式[J]. 教育科学论坛，2006(8)：46-47.

园的示范就是对自身成果进行的宣传和展示。然而，示范取得效果的前提是公办中心园把握好示范的内容，普通乡村幼儿园真正掌握和理解公办中心园的成果。但是在实际的示范活动中，不少公办中心园单纯地认为自己决定着示范的主要内容，孤立地对待自己的示范行为，从自己的角度构建示范活动的全过程，从而导致在具体示范活动过程中知识传递和知识学习的二者分离，即公办中心园的示范活动就是向对方展示、传递直接知识，普通乡村幼儿园就是简单接受知识，二者之间的联系性不强[1]。

（二）注重于问题解决的示范性活动

随着公办中心园示范活动的逐步开展，示范的形式也引起了人们的关注，直接知识传递的过程受到诸多质疑。有人认为这种示范活动缺乏针对性和实践性，没有真正发挥公办中心园示范引领的价值。公办中心园要根据实际情况，与普通乡村幼儿园进行沟通交流后，针对问题进行精准引领。例如，一对一结对帮扶、精准协助、跟踪引导等。公办中心园的示范过程应注重问题解决的过程。公办中心园对普通乡村幼儿园的引导，需要基于双方的需求和发展问题，从而构建二者之间示范引领关系的开端。那么如何解决这个问题呢？如何进行有效的示范活动？采用什么样的形式开展示范活动？这就需要公办中心园利用自身的优秀经验和成果，根据对问题的看法提出相应的解决方案，并在解决问题中促进普通乡村幼儿园的发展。然而，在这样的示范过程中，普通乡村幼儿园真的取得了发展吗？真正掌握相关的知识和经验了吗？这就需要普通幼儿园从自我的实践中得出答案。例如，在区域活动的材料投放方面，公办中心园基于自己的角度提出解决方案，而普通乡村幼儿园获得的经验最终还是要回归到自身的实践之中。总之，在直接知识传递和示范性问题解决的情况下，公办中心园无法避免地需要进行自我经验的展示。

三、促成意义下示范引领过程的重构

促成意义上的示范引领否定了简单的"自我呈现"的阶段，而是强调将自我展示延伸到学习者学习、全面落实和掌握"示范—学习"的过程。在学

---

[1] 罗超,王小为.优质幼儿园示范辐射的实践误区与合理思路[J].河南科技学院学报(社会科学版),2021(2):43-47.

习过程中，公办中心园的示范成果转化为普通乡村幼儿园的成果，简单知识的传递只是示范引领过程中的一个环节，有效的示范活动必须经历传递、接受、理解、再接受、适应或同化的过程，从而达到从展示走向促成的示范引领过程的重构。"展示自我"是公办中心园"示范引领"的起始阶段，在公办中心园向普通乡村幼儿园示范引领的过程中，依然是以示范成果的展示、示范和指导诠释示范引领为主，在此过程中并没有改变自身的示范引领观。为此，理解公办中心园示范引领的本真价值，让"示范带头"真正地转向"示范引领"，由"展示自我"向"促成他者"转变显得尤为重要①。

（一）构建"示范—学习"的双向关系

示范是指做出某种样子，以供大家学习借鉴②。公办中心园的示范活动不是单方面的行为，它包含公办中心园和普通乡村幼儿园两个主体。示范者进行示范，学习者进行学习和借鉴，他们之间发生"示范—学习"的关系，是双向互动、相互影响的关系。如果示范者和学习者分道扬镳，彼此分离，相互之间没有互动和交流，那么他们就会变得"陌生"，不是一种积极而有价值的关系。因此，公办中心园的示范不等于普通乡村幼儿园的学习。从另外一个角度说，公办中心园的示范要基于对示范对象的认知，以便普通乡村幼儿园能够接受示范者的成果。如果忽视对方的存在，公办中心园的示范活动就变成了一种简单的"自我展示"。因此，示范引领的过程并不仅仅是知识传递的过程，也包括学习者的实践与内化的过程。

从以上分析可以看出，示范活动的有效开展是公办中心园和普通乡村幼儿园双方共同努力的结果。公办中心园做出示范榜样，普通乡村幼儿园接受示范成果，并在实践中完成真正意义上的借鉴，可谓"师夷长技以自强"。因此，公办中心园的示范活动是从示范到引领的具体实践过程。然而，如果示范和引领环节——对应示范者与示范对象双方，而忽视普通乡村幼儿园学习的长期性，也会导致示范活动过程的破裂。公办中心园之所以能够示范，是因为普通乡村幼儿园有需求。为了引领普通乡村幼儿园的整体发展，示范活

---

① 罗超.从展示到促成:示范性幼儿园示范辐射过程的重建[J].宁夏大学学报（人文社会科学版），2022,44(1):41-46.

② 崇文书局辞书出版中心.新编现代汉语词典[M].武汉:崇文书局,2018:831.

动不能简单地传递知识。相反，公办中心园示范的成果与知识应该根据普通乡村幼儿园的需要进行改编和创新，以满足普通乡村幼儿园的实际需要。因此，公办中心园的示范首先需要了解普通乡村幼儿园的实际情况、学习背景。如何使普通乡村幼儿园所接受的知识在实践的土壤中生根发芽、落地生花，如何操作以及如何处理实践中遇到的问题等，都需要公办中心园的引导。从这个层面上理解，公办中心园的示范引领是指从示范到实践操作的双向互动与合作，包括示范、学习和实践三个过程。

（二）基于普通幼儿园实际情况的示范

公办中心园的示范不再是简单地对普通乡村幼儿园宣传或展示自我发展成果，而是根据普通乡村幼儿园的具体情况来构建示范活动，以形成双方真正的"示范—学习"的关系。"示范—学习"是指普通乡村幼儿园在示范活动中根据自身需要进行学习。也就是说，公办中心园的示范活动包括示范者的示范与示范对象的学习两方面。一方面，普通乡村幼儿园的实际需求是公办中心园示范的基础。公办中心园示范的内容应与普通乡村幼儿园的具体需求相关联。示范活动的开展基于示范对象的需求，而不是公办中心园有什么就示范什么。另一方面，公办中心园开展示范必须了解普通乡村幼儿园已有的经验以及他们对学前教育相关知识的掌握情况，以便根据普通乡村幼儿园的需要构建符合其已有经验的示范活动。总而言之，示范辐射是示范性幼儿园的主导行为，普通幼儿园的需求和发展情况是开展示范辐射活动的基础，在这个过程中，将"示范—学习"彼此联通，才能达到有效学习的目的[①]。

（三）习得示范性幼儿园示范的成果

公办中心园的示范引领乃是新时代背景下国家发展农村学前教育的重要举措与有效途径。2003年，《国务院办公厅转发教育部等部门（单位）关于幼儿教育改革与发展指导意见的通知》指出，"要充分发挥示范性幼儿园在贯彻幼儿教育法规……等方面的示范辐射作用"，"带动本地区幼儿教育事业的整

---

① 张洁.示范性幼儿园的示范性表现及其发挥途径[J].学前教育研究,2011(6):70-72.

体发展和教育质量的提高"①。

公办中心园发挥示范引领作用,促进区域农村学前教育公平优质地向前发展。然而,促进区域农村幼儿园质量的全面提高是公办中心园示范引领的间接目标。在实践中,直接和首要的目标是促进普通乡村幼儿园的发展,即通过公办中心园的示范引领,改善普通乡村幼儿园的教育理念、园所管理等方面的问题,从而在实践中真正促进其高质量的发展。因此,无论是从示范引领的概念认知来看,还是从当前的学前教育政策来看,促进普通乡村幼儿园的发展是核心价值,也是政府实施示范引领的现实要求。

公办中心园的传递与普通乡村幼儿园的学习是在示范引领过程中一起发生的。然而,公办中心园的知识传递并不意味着作为示范对象的普通乡村幼儿园已经获得了知识。公办中心园的知识传递只能使普通乡村幼儿园接触和认识到示范成果的存在,但对知识的理解和掌握还需要靠普通乡村幼儿园自身。所以,要使普通乡村幼儿园获得发展,就需要双方共同解决知识理解的问题,使普通乡村幼儿园通过学习获得公办中心园的示范成果,然后形成自己的实践能力。因此,普通乡村幼儿园需要将示范获得的成果融入具体的情境中,以激发自身对知识的深入理解。比如让普通乡村幼儿园参与示范性幼儿园的活动,感受、体验示范性幼儿园示范的成果,并在此过程中,感知、理解、接受新概念,掌握操作性的新知识②。

(四)公办中心园示范成果的实践和内化

公办中心园的示范凸显了示范对象的"借鉴"目的。具体应如何实现示范引领效果呢?公办中心园,尤其是其"有效"的实践措施和深厚的理论背景,影响着区域普通乡村幼儿园,具有辐射引领的价值效用。公办中心园的积极示范活动,要立足于一般幼儿园的引领需求和实际情况。简而言之,公办中心园和普通乡村幼儿园之间构成需求与满足的关系。一方面,公办中心园示范引领的内容要满足普通乡村幼儿园的需求,只有符合普通乡村幼儿园

---

①国务院办公厅.国务院办公厅转发教育部等部门(单位)关于幼儿教育改革与发展指导意见的通知[EB/OL].(2003-03-04)[2022-03-20]. https://www.gov.cn/gongbao/content/2003/content_62048.htm.

②罗超,王小为.论优质幼儿园示范辐射的内容和方式[J].江汉师范学院学报,2020(6):94-98.

需求的示范内容才能激发他们的学习动机。另一方面，公办中心园示范引领的形式要符合示范对象的实际需要和条件，公办中心园在示范时要考虑到学习者的学习方式、生活条件、学习条件等因素。另外，示范和学习并不完全基于同一个时间维度。在示范的同时，虽然伴随着示范对象的思考和学习，但他们需要在实践中加以尝试和检验，才能真正做到"借鉴"。因此，公办中心园示范之后，普通乡村幼儿园的学习仍在发生，公办中心园的示范成果有效地影响普通乡村幼儿园，普通乡村幼儿园会在相应的教育情境中主动感知、接受、体验，并将其转化为自己的成果。因此，公办中心园的示范引领活动应立足于普通乡村幼儿园对"示范—学习"关系的需求，帮助普通乡村幼儿园解决现有问题，从而促进其发展。

公办中心园示范引领不是以让示范对象掌握示范成果为目的，而是通过示范成果的实际应用，促进解决普通乡村幼儿园发展问题，提高普通乡村幼儿园的办园质量。公办中心园的示范成果在具体问题情境下是否有效，还需要在实践中进一步检验和探讨。因此，普通乡村幼儿园对公办中心园示范成果的自我实践也是公办中心园示范引领过程的重要部分。虽然公办中心园示范成果的实践过程以普通乡村幼儿园为主，但成果毕竟来源于公办中心园。在不断变化的具体环境中，可能会出现各种各样的实践结果。如何解释和完善实践策略，还需要公办中心园的指导。而且，基于普通乡村幼儿园示范成果的实践并没有完全交付给普通乡村幼儿园。在实际活动的设计和操作过程中，可能会出现设计上的缺陷和操作不当。为在实践中避免错误，需要公办中心园的干预和指导。因此，从公办中心园示范成果的传递到示范成果的形成和获得，再到示范成果的检验和内化，这个过程是相互衔接的。普通乡村幼儿园对示范成果的实践是公办中心园示范引领的延续，也是推动普通乡村幼儿园发展的关键环节。公办中心园示范性成果的产生、示范性成果的实践，以及对普通乡村幼儿园发展的推动，组成了示范性引领的整体实施脉络。在示范中，在实践经验的内化过程中，还需要公办中心园的引导，最终促使普通乡村幼儿园的整体高质量发展，实现学前教育均衡发展的目标。

第三节 构建"引领—共赢"的实践体系

公办中心园的示范引领是促进区域内农村幼儿园质量整体提升的有效途径,引领区域普通乡村幼儿园发展已成为其一项重要任务。在公办中心园示范引领下,示范引领的目标虽然能够实现,但受到公办中心园现有水平的制约,容易导致其成果的示范传递等同于示范活动的过程,普通乡村幼儿园不能充分地发挥自身主观能动性,公办中心园示范引领的功能和价值被削弱。从示范展示的主导意义向双赢价值的转化,实质上是示范引领实践过程的要求,体现了价值最大化和功能的充分发挥,也是对取长补短的主导意蕴的追求。在实践中,公办中心园示范引领的目的、过程、内容和方式,以及示范双方的关系和示范的逻辑起点,也应转向双赢,以构建真正高效的示范引领体系。

一、公办中心园"引领—共赢"的实践转向

(一)目的转向:从示范到促成

公办中心园引领下的示范活动强调自身的优势和引领价值,并以自身为基础构建完整的示范引领体系。公办中心园的责任是示范,而普通乡村幼儿园是否在示范下获得了发展,从理论范畴上讲,不属于公办中心园示范目的的范围。公办中心园的示范具有促进普通乡村幼儿园发展的可能性,也就是说,普通乡村幼儿园可以在公办中心园示范后做出回应。正如教师教学和学生学习一样,知识从教师传递到学生。在实践中,普通乡村幼儿园可以通过接受公办中心园的示范来获得自身的成长,但普通乡村幼儿园的发展受到多方面的影响,需要多方的努力。

基于共赢的追求,公办中心园示范引领的立足点是促进普通乡村幼儿园的发展。公办中心园的示范由以自我展示为中心开始向以示范对象的需求为中心转变,围绕普通乡村幼儿园的需求来构建示范的内容、形式等,从而推动普通乡村幼儿园在对示范成果的学习、生成、实践和内化中不断

发展。与此同时，实现公办中心园对自身成果的实践转化更有利于构建具有引领价值的成果经验体系。促进示范者和示范对象双方的发展是公办中心园示范引领的核心。从示范到引领共赢，意味着公办中心园示范引领的目的由示范性转变为发展性，真正推动普通乡村幼儿园的发展，完成示范引领的价值体现。

（二）关系转向：从"我与你"到"你与我"

从公办中心园的视角看，公办中心园是以"我"的形式存在的，而普通乡村幼儿园是以"你"的形式存在的。从这个层面上讲，"我与你"的关系就是指，公办中心园以其现有的成果为示范的内容，整个示范引领自然会形成传递与被接受的联系。公办中心园作为"我"是主体，普通乡村幼儿园则作为"你"是客体，在示范引领中强调了公办中心园的主导地位，同时也不能忽视对示范对象的促进作用。如果公办中心园对普通乡村幼儿园的引导失去了促进对方的作用，那么没有客体的主体就仅仅构成了自我娱乐的存在。对于普通乡村幼儿园来说，这不仅造成他们对优质幼儿园的依赖，而且使他们失去了对示范成果的辩证思考和幼儿园发展的自我主见，失去了自我的能动性[①]。"我"与"你"两者是互为主体、互相对应的，两者的关系是平等合作的；"你"是"我"的合作伙伴，不是被动接受"我"的成果的单向接收者。只有"你"得到尊重和发展，"我"才能充分展示"我"的价值。在示范引领的共赢体系的指导下，公办中心园的示范引领不能把示范对象作为被动的接受者，而要以"我"为前提，围绕"你"构建"我"的活动。因此，将"我与你"转向"你与我"，突出普通乡村幼儿园在示范活动中的地位，让公办中心园的示范围绕普通乡村幼儿园的实际展开，促进普通乡村幼儿园的发展。

（三）起点转向：从成果到需求

公办中心园开展示范活动的动机是什么？是上级要求还是主动请缨？通过调查发现，大多数公办中心园开展示范活动是为了完成任务。就如调查中的一位老师所言："我们基本上是获得什么成果就展示什么，这是一个'我对

---

① 罗超，王小为.优质幼儿园示范辐射的实践误区与合理思路[J].河南科技学院学报（社会科学版），2021，41（2）：43-47.

你'的示范活动，在一定程度上导致我们公办中心园示范活动多种发展的可能性受到局限，也限制了公办中心园现有的成果。"毋庸置疑，公办中心园的成果是其示范引领的基础，但普通乡村幼儿园的发展困境与公办中心园的成果并没有形成一对一的关系。如果两者没有产生关联，则公办中心园的示范活动将失去应有的作用。如果普通乡村幼儿园的需求不能被公办中心园现有的成果所满足，那么公办中心园的示范可能就没有了价值。示范引领发展不在于公办中心园的成功经验传递，而在于利用其丰富的经验，提出解决问题的建议。

因此，在普通乡村幼儿园遇到无法解决的问题时，公办中心园示范引领活动依然要继续进行，并在公办中心园的指导下，双方围绕问题共同开展对策研究。公办中心园以普通乡村幼儿园的需求为示范的起点，其示范引领才有意义。聚焦普通乡村幼儿园的需求，让示范者与示范对象双方都参与其中，既解决了普通乡村幼儿园发展的困境，也有助于公办中心园对问题获得新的认识，提高教育能力。

（四）过程转向：从单维走向双向

示范、学习是示范引领的两个核心概念。从现实调查的结果来看，学习似乎是作为示范对象的普通乡村幼儿园的问题，而公办中心园往往注重自身的示范。示范就是示范，学习就是学习，二者在这个过程中没有关联。但公办中心园的这种示范行为，可能无法让普通乡村幼儿园得到真正的学习，也无法让示范者与示范对象双方相互成长。示范引领，本质上是两者共同合作、相互促进的过程。公办中心园在示范活动中展示什么内容、如何展示，需要充分了解普通乡村幼儿园的基本情况，根据他们的实际需求来规划；对普通乡村幼儿园来说，他们对知识的接触、理解、接受和内化都离不开公办中心园的示范，根据示范的成果解决实践中的困难也需要公办中心园的进一步指导。示范中有学习，学习中有示范，示范与学习相辅相成，共同促进示范活动的展开。通过双向互动对话，让公办中心园真正引领普通乡村幼儿园发展，彰显示范引领价值。

（五）内容转向：从成果学习到经验内化

通过调查发现，大多数示范活动的开展是将公办中心园成果直接传递给普通乡村幼儿园，让作为示范对象的普通乡村幼儿园在短时间复制粘贴其做法。然而，由于办园性质、管理方式、师资力量及教育环境的不同，普通乡村幼儿园所获得的知识和经验并不一定适合自身，公办中心园的示范效应没有呈现。公办中心园的成果和经验是其示范的基础，但并不构成示范的全部内容。公办中心园示范的内容应以普通乡村幼儿园的发展和困境为基础，基于公办中心园的成果和经验，通过实际的改造，形成适合普通乡村幼儿园发展的示范成果。

公办中心园将其成果传递给示范对象只是示范的第一个阶段。尽管示范内容是基于普通乡村幼儿园发展具体状况，公办中心园对其知识和经验进行重组，但这对于普通乡村幼儿园而言，只是理论知识。无论公办中心园示范的操作多么方便有效，对于普通乡村幼儿园来说都只是单纯地学习、模仿。只有在实践操作中完成对知识的内化，才能成为自我体验。普通乡村幼儿园从对示范成果的学习、感知、理解和接受，到对示范成果的生成和实践内化，形成自己的知识结构，才真正完成了示范内容的传递。总之，示范辐射内容要摆脱简单的优质幼儿园的成果经验，构建以"经验内化"为核心的示范内容体系①。

（六）方式转向：从倾听到实践

倾听是示范对象学习的一种常用的方式。公办中心园无论采用何种方法进行示范，普通乡村幼儿园首先都要听取其示范成果。但是如果倾听是唯一或最终的方式，那么公办中心园的示范活动就会成为一种简单的传递与接受行为。知识需要在实践中验证，新经验的接触、认知等都需要实践应用，通过实践对整个示范活动的质量进行检验。在方法的讨论上，听是前提，练是目的。从倾听到实践的转变，才体现了示范引领的意义，能够实现示范者与示范对象双方的共赢。首先，倾听的知识只是对知识的初步接触和理解。知识从何而来？如何操作？具体操作细节是什么？我们需要在实践中进一步了解，才能真正掌握知识，也便于在普通幼儿园的特定环境中进行实践。

为此，公办中心园的示范引领活动能够使普通乡村幼儿园参与到公办中心园的建设和发展中，让他们切身体验公办中心园成果是否适应自身的发展

---

① 罗超,王小为.论优质幼儿园示范辐射的内容和方式[J].江汉师范学院学报,2020(6):94-98.

需要，是否可以进行实践。将可操作的知识应用到普通乡村幼儿园，验证成果的可行性，产生有效的知识或经验。经过成果实践，普通乡村幼儿园明确认识到成果的价值，生成自己的经验，构建自己的知识结构，从而在实践中推动自身的发展。一般情况下，双赢的示范引领与主导的示范引领是不同的。公办中心园始终坚持示范引领的共赢价值，聚焦普通乡村幼儿园的需求，作为合作伙伴帮助和引领其发展，同时实现自我完善。

二、公办中心园"引领—共赢"实践体系的构建

公办中心园的示范引领是促进区域农村幼儿园整体质量提升的有效途径。只有示范者与示范对象双方之间相互协作才能真正促进普通乡村幼儿园的发展。所以在具体实施过程中，公办中心园示范性活动的具体事项应有示范性团队和优秀教师参与，以满足普通乡村幼儿园的需求为示范活动的开端，通过公办中心园的积极主动示范，引导普通乡村幼儿园对示范性成果的认知、接受和内化，进而在具体的实践活动中，促进普通乡村幼儿园的发展，提升其办园经验，构建"示范—引领—促进"的活动流程体系；在条件保障、效果保障、监督保障三位一体的保障下，形成完整的示范引领实践体系，确保示范引领有序有效实施，促进区域内农村幼儿园内生发展，达到提升农村学前教育整体质量的目的。在具体实施过程中，涵盖公办中心园的示范、引领行为和普通乡村幼儿园的学习、内化行为，涉及双方的互动、协作的行为，从公办中心园的示范过程到示范成果的形成，以及普通乡村幼儿园对示范成果的实践和转化，构成了促成普通乡村幼儿园发展的双向互动的过程体系，如图5-1所示。

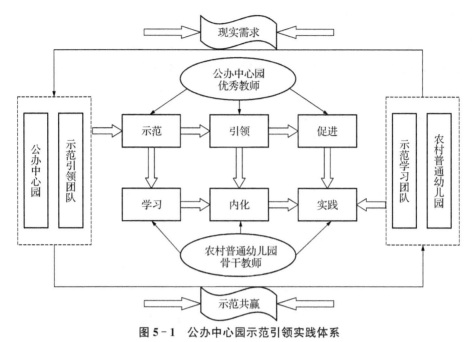

图 5-1 公办中心园示范引领实践体系

（一）构建"示范—引领—促进"的活动过程

从普通乡村幼儿园的角度来说，公办中心园开展示范活动的过程是普通乡村幼儿园学习的过程，是普通幼儿园在公办中心园的指导下获得一定知识并操作应用的过程。因此，公办中心园在对普通乡村幼儿园进行示范和引导的同时，必须以促进普通乡村幼儿园发展为目标。整个示范引领过程包括普通乡村幼儿园对示范成果的学习、内化并构建自我的知识结构，这样就可以从"示范—引领—促进"三个层次构建公办中心园的示范引领过程。其中："示范"是指公办中心园对自我成果的展示，即向普通乡村幼儿园展示和介绍公办中心园的成就、成果和经验；"引领"是指公办中心园带领区域农村普通幼儿园实现对示范性成果的认知、理解和体验，对公办中心园的示范性成果有明确的认知；"促进"是指以作为示范对象的普通乡村幼儿园为实践的中心，将前期示范活动成果具体化和实践化，帮助普通乡村幼儿园根据自身发展和办园条件构建内生发展路径，真正将理论知识和实践经验带入普通乡村幼儿园发展的轨道。

(二) 以优秀教师联通示范活动双方

公办中心园对普通乡村幼儿园的影响并不是直接的灌输，而是通过示范活动对普通乡村幼儿园进行示范和引导。其活动也并非全员参与，而是由少数人群参与。对于公办中心园来说，示范性活动的开展是公办中心园优秀教师辛勤劳动的结果，普通乡村幼儿园对示范性活动成果的接受以及示范性活动成果在普通乡村幼儿园的实践也是部分优秀教师的行为。此外，示范活动双方的优秀教师代表了"示范—学习—促进"的关系链。因此，示范活动的双方离不开优秀（骨干）教师这一中坚力量，有了他们才能保证整个示范活动高质量完成。

(三) 通过示范团队引领活动的开展

在具体示范活动开展过程中，要充分调动双方教师的积极性，建立分工明确的示范活动队伍。首先，公办中心园要建立示范引领的核心团队，由学前教育政策、幼儿园课程改革、幼儿园管理、幼儿保育等领域的教学科研骨干的教师组成，对公办中心园的发展脉络和学前教育前沿知识有整体把握。其次，建立公办中心园专家团队，研究公办中心园示范性活动的模式、具体内容和方式方法，为普通乡村幼儿园的发展建言献策。此外，还应建立示范活动实施小组，专门研究和实施各项示范活动。建立以普通乡村幼儿园示范活动的参与者为中心的示范学习团队，内化和落实示范效果，进行有效的幼儿园管理策略和科学的保育教育实践。在公办中心园开展示范活动的过程中，作为示范活动对象的普通乡村幼儿园也形成了示范团队。在公办中心园的指导下，双方的优秀教师共同学习，共同成长。最后，为了保障示范性活动的实施和示范性行为的长效，双方幼儿园均应成立示范性活动监督小组，从理论到实践、从计划到实施、从示范到实践，推动公办中心园示范引领活动的实施，从而共同推动区域农村学前教育的整体发展。

(四) 以普通幼儿园需求为示范辐射的开端

公办中心园示范引领农村区域学前教育的发展受到普通乡村幼儿园需求的影响，如果仅仅把公办中心园作为区域农村幼儿园发展的较高水平的代表，忽视普通幼儿园的发展需要，公办中心园对其他幼儿园的示范活动仅是自我宣传及展示，那么双方不能形成"示范—学习"关系。公办中心园示范性活动有效开展的前提是普通乡村幼儿园的需求。只要普通乡村幼儿园有了发展需要，公办中心园就可以找到示范的关键并形成示范引领的关系。因此，公办中心园要发挥示范引领作用，应从普通乡村幼儿园的需求出发，了解其在幼儿园管理、教育教学等方面的困难和问题，通过研究构建示范引领的活动方案。在具体的实践之中，优质幼儿园的示范引领既要有意识地引领，也要注意无意识地渗透，他者的形象和成就可潜移默化作用于学习者，无意识地促成其心理的改变。从被动的意义上讲，公办中心园存在的本身就为区域普通乡村幼儿园提供了榜样形象和优秀成果的范例，为区域普通乡村幼儿园的学习奠定了基础。公办中心园"展示"的价值不可否认，但这种价值并不是公办中心园自主产生的，而是需要普通乡村幼儿园对价值进行感知。公办中心园在感知到普通幼儿园的发展需求后，主动为他们的发展出谋划策，自觉采取示范行为。公办中心园的示范不可避免地要针对作为示范对象的普通乡村幼儿园进行，并结合自身经验，改变示范内容。

（五）示范成果的引领与构建

公办中心园基于自身发展积累了管理经验和知识，而普通乡村幼儿园如果在缺乏经验探索的情况下对公办中心园经验进行学习，没有对知识进行内化，那么知识的建构仅停留在表面认知上，仍然是外在的。普通乡村幼儿园要在具体活动中识别、感受、体验，将外部新知识转化为自我知识结构并生成示范成果后的实践，检验示范的效果。但在具体实践中，不少公办中心园仅仅对其示范成果进行展示，只是向普通乡村幼儿园示范成果的概念、价值，很少涉及具体操作。因此，在"示范"的价值引领下，公办中心园如何引领与指导非常重要，要扎根于普通乡村幼儿园具体的实践活动中，让作为示范对象的普通乡村幼儿园真正参与到公办中心园的实践操作过程中，体验具体的过程，最终形成自己的成果和经验。

（六）公办中心园引领下的自我促成

将普通乡村幼儿园获得的示范成果落实到具体实践中，一方面可以检验公办中心园示范成果的有效性，另一方面有助于形成普通乡村幼儿园的自我体验，从而促进其自身发展。公办中心园的示范成果与作为示范对象的普通乡村幼儿园的示范成果之间并不是等同的。只有通过实际测试，才能确定示范成果的有效性。公办中心园的示范成果从应然走向实然的实践过程，伴随着各种可能性，可能与示范对象的实践不谋而合，也可能产生新的问题，实践中有很多未知，需要别人的指导。因此，普通乡村幼儿园应充分发挥其主观能动性，在公办中心园的示范引领下促成自身发展。

三、公办中心园示范性作用发挥的实践路径

公办中心园代表区域农村学前教育的最高水平，其所具有的优势和"以点带面"的价值是其他幼儿园所不能媲美的。为了充分发挥公办中心园的示范引领作用，针对农村学前教育的困难，为迷茫探索中的农村民办园及村办园的发展指出方向，应从以下几个方面着手：完善支持系统并开展援助活动，健全示范活动激励机制；实施开放式管理，传播新的保育理念；实施"内外双重"监督机制，确保示范活动的有效；依托优质公办园的教科研平台，打造示范团队，帮扶结亲，辐射区域农村幼儿园的发展等。

（一）完善支持援助系统，健全示范活动激励机制

结合当今学前教育改革的现状，以及国家的各项政策可知，未来十年发展的重点和难点是在农村的学前教育方面。而公办中心园作为农村学前教育的航向标，承担着示范、引领、指导的重任，在协调区域农村学前教育的发展中发挥着积极的作用。为此，公办中心园应建立全面支持援助体系，以加强其示范作用的发挥。从当前公办中心园发挥的示范辐射作用的实效来看，与国家规定的目标还有较大的差距。在对公办中心园园长的访谈过程中了解到，他们之所以开展示范活动是因为来自上级行政部门的压力，至于示范效果如何，有无推动周边地区幼儿园所的发展，并没有严格的评价标准。公办中心园的示范仅仅是为了完成上级交给的任务，其示范效果与公办中心园并无直接的利益关联，他们只要例行公事就可以了，对于示范作用发挥并没有什么责任可言。这种缺乏对示范效果的考评方式，使公办中心园的示范作用大打折扣。因此，教育行政部门应建立一套完善的激励体系，把公办中心园的自身利益与示范工作相关联，将公办中心园的示范作用纳入评估范围，规定公办中心园在促进本区域学前教育事业中所应发挥的示范、辐射工作的数

量和质量要求。

(二) 实施开放式管理，传播新的保育理念

在当前农村学前教育整体水平较低、资源占有不平等的情况下，农村的这些公办中心园凭借其内部和外部资源成为农村区域的"领头羊"，成为其他幼儿园学习的对象，能够起到传播科学教育观念、开展教育科学研究、承担起培训教师和指导家庭的重任，具体可通过实行开放式管理，毫无保留地展示其在管理、教育和科研方面的优势和经验。如可以展示其优美的外部环境、先进的设备和设施，以及丰富的教学成果；还可以分享公办中心园的发展史，展示其从弱到强的发展历程，重点通过展示发展中对困难的克服、教训的汲取以及改革和创新等，激励其他幼儿园深思和追赶。学前教育的发展日新月异，理念到实践的转换也要与时俱进。为此，优质公办园应揭开先进教育理念的面纱，通过深入的示范活动展示农村学前教育的新理念，由此可以辐射和带动区域农村其他幼儿园在模仿的基础上创新，影响和促进其他幼儿园的改革和发展。

(三) 实施"内外双重"监督机制，确保示范活动的有效

公办中心园示范引领活动开展的目的是提高农村其他幼儿园的管理水平及教师基本素质，进而促进区域农村幼儿园整体发展，最终成果要依靠幼儿的身心健康发展来检验。区域农村幼儿获得的健康发展是公办中心园开展示范活动的出发点和归宿，也是检验示范活动效果的唯一指标。为了保证其示范引领的效果，非常有必要建立一套督导机制。正如一位老师所言："公办中心园既然是区域农村学前教育发展的龙头，发挥示范作用就是它分内的事情。这些必须有一套相应的监控督导机制，完全靠大家自觉自愿根本就行不通的……"具体可由农村优质公办中心园和其他普通幼儿园共同建立一套内部督导机制，监控优质公办园示范活动的具体安排。由乡镇政府、片区、家庭为主要社会力量建立示范活动的外部评估机制，督促示范者的行为。同时对农村公办中心园和被示范园双方建立的内部督导机制进行监控，以此保证公办中心园示范活动实施的效果。为此，在"内外双重"监督机制下，可以确保农村优质公办中心园示范引领活动的有效性。

（四）依托公办中心园的教学科研平台，开展教学和科研研究

农村学前教育的整体发展，离不开教师的专业水平，而幼儿园教师的专业发展不应过分依赖于外部的援助与具体示范活动的开展，最主要的还是要培养幼儿园教师的教育保育及科研能力。为此，必须依托公办中心园的教学科研平台，鼓励其他幼儿园教师积极参与，通过分析交流教师获得提升的途径，真正实现教学和科研的发展，起到促进学前教育发展的目的。正如一位民办幼儿园的园长所说："在示范活动开展期间，我们被赋予临时合法的参与身份，可以随时访问公办中心园的教研平台，平台中有专业领域的导师、幼儿园优秀管理指导教师。我们随时可以与他们互动，与'同事'交流，在潜移默化中我们这些普通幼儿园教师的专业技能得到提升，从而达到一种润物细无声的效果。"总之，这些普通幼儿园结合本园的实际情况和示范主体提供的集体智慧，提升自身的教学与科研能力。

总的说来，公办中心园在园所管理、保教能力、活动设计等方面都有值得其他幼儿园学习和参考的地方。推行农村公办中心园的示范引领，可以促进幼儿教育事业的稳定前进，提升我国的幼儿教育水平。但当前公办中心园示范活动的开展仍然是在迷茫中实践、在探索中求进步。虽然现阶段就其示范引领作用来说取得了一定的成就，但也存在不少的问题，如很多公办中心园为了响应政策的要求，示范活动的开展多以"数量"为主，忽视了最重要的"质量"；示范活动开展多重知识传授而忽视能力的培养。公办中心园需要全面贯彻党和国家的教育方针，深入开展幼儿教育研究，对当前地区的学前教育发展进行研究调查，把握好引领的方向，积极组织开展各种示范引领活动[1]，促进学前教育的稳步前进，为农村地区幼儿园的发展以及幼儿的健康成长贡献自己的力量。随着学前教育改革的进一步发展，公办中心园必须不断加强自身的教学科研管理水平，同时要采取多样的示范辐射方式，尽其所能地搭建与发展薄弱的幼儿园互动交流的平台，以便充分发挥其辐射效应。公办中心园需要充分发挥自身的优势，努力成为当地幼儿教育事业发展的示范引领者，带领区域幼儿园以及教师的稳定发展。

---

[1] 田咏荭.如何让省级示范幼儿园发挥示范作用[J].读写算,2020(5):35.

后 记

时至今日，研究即将付梓之际，思绪万千。回顾往昔，所有奋斗、辛劳都成为一段记忆，那些记忆中的沮丧与喜悦依然历历在目。一路走来，个中风景，体会颇深，虽有欣慰，仍不能掉以轻心。学术之路，永无止境。

回想起这一路，研究过程虽艰辛但充实而美好，有难忘的集体讨论，有紧张忙碌的调研，也有放松的娱乐休闲时光，每一天都值得去怀念。特别感谢张佳鑫、刘佳文、丁晓虹、洪泽四位同学，他们在本书的资料收集、文字校对等方面做了大量工作。难忘跟他们的谈天说地，感谢他们给予的信任与支持。

感谢众多同仁给予的帮助，他们渊博的学识、敏锐的洞察力，为本书的撰写提供了关键启发和帮助。在此虽未一一具名致谢，但我会永志不忘，为他们祝福。感谢我的家人，他们给予我的温暖与鼓励是我前行的动力。

本书在写作过程中参考了大量他人的研究成果，在此，对那些启发我思考的文献作者，包括列出来的和没有列出来的，向为我发表观点提供园地的出版社，一并表示最真诚的感谢。没有他们的启发和帮助，也不可能有此书的形成和面世。

本书是我承担的全国教育科学规划教育部重点课题"公办中心园引领农村学前教育发展研究"的研究成果之一，得到了南京体育学院"优秀学术著作出版基金"的资助，在此，谨向为本研究提供帮助的机构和同仁表示深深的感谢！本书不当之处，期望前辈、同仁、后学批评指正！

参考文献

[1] 中国学前教育发展战略研究课题组. 中国学前教育发展战略研究[M]. 北京：教育科学出版社, 2010.

[2] 蔡迎旗. 幼儿教育财政投入与政策[M]. 北京：教育科学出版社, 2007.

[3] 姜勇, 王艺芳, 等. 新时期学前教育发展研究[M]. 上海：华东师范大学出版社, 2020.

[4] 柳海民, 杨兆山. 我国义务教育均衡发展问题研究[M]. 长春：东北师范大学出版社, 2007.

[5] 翟博. 教育均衡论:中国基础教育均衡发展实证分析[M]. 北京：人民教育出版社, 2008.

[6] 曾晓东, 范昕, 周惠. 入园何时不再难:学前教育困惑与抉择[M]. 南京：江苏教育出版社, 2011.

[7] 潘仲茗. 农村幼儿教育体系研究[M]. 北京：北京教育科学出版社, 1999.

[8] 崇文书局辞书出版中心. 新编现代汉语词典[M]. 武汉：崇文书局, 2018.

[9] 中国学前教育研究会. 中华人民共和国幼儿教育重要文献汇编[M]. 北京：北京师范大学出版社, 1999.

[10] 王佩君. 供给侧结构性改革背景下学前教育公共服务均等化问题研究：以成都市为例[D]. 重庆：重庆大学, 2019.

[11] 吕苹. 学前教育公共服务体制的建构[D]. 杭州：浙江大学, 2016.

[12] 何鹏程. 教育公共服务体系构建研究：以上海实践为例[D]. 上海：华东师范大学, 2012.

[13] 杜亚平. 幼儿骨干教师引领示范作用的研究:以宁波市为例[D]. 宁波：宁波大学, 2013.

[14] 徐莉. 区域学前教育公共服务体系构建研究：基于 Y 市学前教育现状调查[D]. 扬州：扬州大学，2014.

[15] 李少梅. 政府主导下的我国农村学前教育发展研究[D]. 西安：陕西师范大学，2013.

[16] 胡洁琼. 农村儿童家庭对学前教育公共服务的基本需求与对策研究：以湖南省为例[D]. 长沙：湖南师范大学，2013.

[17] 李康铭. 构建学前教育公共服务体系研究：以宁波市为例[D]. 宁波：宁波大学，2013.

[18] 莫诗逸. W 县乡镇中心幼儿园建设现状的研究[D]. 桂林：广西师范大学，2019.

[19] 杨瑞.《学前教育三年行动计划》下的新建乡镇幼儿园发展现状研究：以甘肃省为例[D]. 兰州：西北师范大学，2014.

[20] 程敏. 乡镇中心园学习环境现状调查研究：以大班为例[D]. 福州：福建师范大学，2017.

[21] 张凤. 农村乡镇中心幼儿园发展现状及问题研究：以云南省曲靖市为例[D]. 昆明：云南师范大学，2015.

[22] 唐荷花. 乡镇中心园对村办园示范作用发挥研究：基于教育均衡发展的视野[D]. 重庆：西南大学，2012.

[23] 林静. 湖南省 N 县乡镇中心幼儿园建设现状研究[D]. 长沙：湖南师范大学，2010.

[24] 张赛园. 县域幼儿教育资源合理化配置的研究：以浙江省 A 县为例[D]. 上海：华东师范大学，2008.

[25] 孙国芳. 重庆市公办幼儿园示范作用研究[D]. 重庆：西南大学，2010.

[26] 杨庆. 湖南省示范性幼儿园示范作用发挥研究[D]. 长沙：湖南师范大学，2007.

[27] 冯晓霞，周兢. 构筑国家财富：联合国教科文组织首届世界幼儿保育和教育大会简介[J]. 学前教育研究，2011(1)：20-28.

[28] 周兢，陈思，郭良菁. 国际学前教育公共经费投入趋势的比较研究[J]. 全球教育展望，2009，38(11)：65-72.

[29] 杨东平. 教育公平三题：公平与效率、公平与自由、公平与优秀[J]. 教育

发展研究，2008，28(9)：26-29.

[30] 杨莉君,胡洁琼. 农村儿童家庭对学前教育公共服务的基本需求及对策研究：以湖南省为例[J]. 湖南师范大学教育科学学报,2013,12(2)：98-102,124.

[31] 谢芬莲,孙刚成. 西部农村幼儿园特色办园的取向与策略研究[J]. 教育探索,2016(10)：13-17.

[32] 虞永平. 普惠性学前教育必须追求优质[N]. 中国教育报,2019-04-28(4).

[33] 刘焱. 普惠性幼儿园发展的路径与方向[J]. 教育研究,2019,40(3)：25-28.

[34] 刘小蕊,庞丽娟,沙莉. 美国联邦学前教育投入的特点及其对我国的启示[J]. 学前教育研究,2007(3)：3-9.

[35] 李晓敏,张建忠. 示范性幼儿园示范作用发挥现状与存在问题探析及其完善建议[J]. 学前教育研究,2016(5)：15-24.

[36] 李兵. 建设发展农村中心幼儿园的意义与模式[J]. 学前教育研究,2006(Z1)：83-84.

[37] 蒋云根. 我国现阶段教育公共服务存在的问题及对策研究[J]. 天津行政学院学报,2008,10(1)：53-58.

[38] 王熙. 美国预算制度变迁及其对中国的启示[J]. 中央财经大学学报,2010(2)：16-20.

[39] 谢雯,王莉芬. 学前教育公共服务均等化现状、问题与路径探析：以HY市为例[J]. 大学教育,2017,6(7)：196-198.

[40] 陈佑清. 论学生素质发展的机制[J]. 教育研究与实验,2008(3)：30-34.

[41] 张洁. 示范性幼儿园的示范性表现及其发挥途径[J]. 学前教育研究,2011(6)：70-72.

[42] 陈向荣. 区域幼儿园联盟对教师专业发展的促进作用[J]. 学前教育研究,2020(8)：85-88.

[43] 田景正,杨庆. 湖南省省级示范性幼儿园发挥示范作用的情况调查[J]. 教育测量与评价(理论版),2012(2)：21-25.

[44] 庞丽娟,冯江英. 学前教育公共服务分类与"一主多元"供给机制设计

[J]. 中国教育学刊,2014(7):1-6.

[45] 罗超,王小为. 示范性幼儿园的示范内涵、内容及途径[J]. 教育导刊(下半月),2015(2):13-16.

[46] 罗超. 从自我表演到促成他者:示范性幼儿园示范辐射价值的重构[J]. 陕西学前师范学院学报,2021,37(5):101-107.

[47] 罗超. 优质幼儿园示范辐射的实践体系研究[J]. 教育导刊(下半月),2021(8):71-77.

[48] 罗超,王小为. 优质幼儿园示范辐射的实践误区与合理思路[J]. 河南科技学院学报,2021,41(2):43-47.

[49] 罗超. 从展示到促成:示范性幼儿园示范辐射过程的重建[J]. 宁夏大学学报(人文社会科学版),2022,44(1):41-46.

[50] 王小为,罗超. 构建示范性幼儿园示范活动的保障体系[J]. 四川职业技术学院学报,2016,26(1):101-104.

[51] 罗超,王小为. 论优质幼儿园示范辐射的内容和方式[J]. 汉江师范学院学报,2020,40(6):94-98.

[52] 林泳海,徐宝良,单光耘. 我国乡镇中心幼儿园发展的现状调查:以粤西地区乡镇中心幼儿园A、B、C为例[J]. 鲁东大学学报(哲学社会科学版),2017,34(2):71-75.

[53] 王晓芬,石廷希. 发挥乡镇中心幼儿园示范作用的对策探析[J]. 教育导刊(幼儿教育),2008(6):34-36.

[54] 张娜. 发展乡镇中心幼儿园 促进农村幼儿教育发展[J]. 教育导刊(下半月),2010(4):68.

[55] 武端利,李长真. 构建学前教育多元合作供给制度的理论分析:以"合作-收益"理论为视角[J]. 现代教育管理,2017(5):27-32.

[56] 杨翠美."乡村振兴战略"背景下农村学前教育公共服务质量提升研究[J]. 吉林广播电视大学学报,2020(3):43-44.

[57] 杨翠美. 农村优质公办园示范性作用发挥的路径探析[J]. 佳木斯职业学院学报,2020,36(1):296,298.

[58] 杨翠美. 农村幼儿园骨干教师浸润式培训模式探微[J]. 教育现代化,2020,7(54):83-85.

[59] 杨翠美. 乡镇中心幼儿园发展和管理模式探析[J]. 吉林广播电视大学学报,2020(6):24-25.

[60] 杨翠美. 农村优质公办园过程性教育质量现状及分析:以皖北地区6个乡镇中心园为例[J]. 现代职业教育,2020(10):62-63.

[61] 杨翠美,李敏. 优质公办园示范作用发挥存在的问题及对策:以安徽淮北地区为例[J]. 家教世界,2018(Z3):16-18.

[62] 刘静. 论陈鹤琴幼儿教育思想的现实意义[J]. 亚太教育,2016(12):4.

[63] 陈红梅,阎瑞华. 论农村留守儿童学前教育公共服务体系的建立[J]. 哈尔滨学院学报,2014,35(12):127-129.

[64] 田咏荭. 如何让省级示范幼儿园发挥示范作用[J]. 读写算,2020(5):35.

[65] 王熙. 美国预算制度变迁及其对中国的启示[J]. 中央财经大学学报,2010(2):16-20.

[66] 张艳艳. 幼儿园掌上一体化管理的意义及实施路径[J]. 基础教育参考,2019(9):31-32.

[67] 张宇. 浅析农村幼儿教育的问题和对策[J]. 佳木斯职业学院学报,2020,36(4):107-108.

[68] 尹玲玲. 一花独放不是春 百花齐放春满园:浅谈幼儿园如何发挥示范引领作用[J]. 家教世界,2017(27):10-11.

[69] 李凤艳. 示范性幼儿园对普惠性幼儿园的引导作用研究[J]. 焦作师范高等专科学校学报,2019,35(4):63-65.

[70] 张丽莉,王亚东. 示范性幼儿园功能的异化与理性回归[J]. 淮南师范学院学报,2019,21(2):50-54.

[71] 钟洪敏. 关注易地扶贫搬迁工作 重视幼儿入园难问题[J]. 贵州教育,2018(24):28-30.

[72] 刘峰,宋悦. 大学生社会责任感问题探析[J]. 思想理论教育导刊,2014(11):136-139.

[73] 胡洁琼. 农村儿童家庭对学前教育公共服务的基本需求与对策研究:以湖南省为例[D]. 长沙:湖南师范大学,2013.

[74] 周敏芬. 乡镇幼儿园优质发展共同体建设研究[J]. 宁波教育学院学报,

2013,15(6):118-120,133.

[75] 张妮妮.以乡镇中心园为引领,构建区域发展共同体[J].教育家,2022(3):14-15.

[76] 王红霞.当前乡镇中心幼儿园存在的问题及对策[J].教育导刊(幼儿教育),2007(9):32-33.

[77] 李晶.示范性幼儿园帮扶贫困地区农村薄弱幼儿园的途径及策略研究[J].新课程,2020(30):109.

[78] 张淑沁.浅谈示范性幼儿园对乡镇园有效帮扶的方法与途径[J].学周刊,2017(24):188-189.

[79] 杨珺.示范性幼儿园对乡镇园有效帮扶的方法与途径[J].甘肃教育,2018(24):75.

[80] 全国人民代表大会.国务院关于学前教育事业改革与发展情况的报告[EB/OL].(2019-08-22)[2022-03-20].http://www.npc.gov.cn/npc/c2/c30834/201908/t20190822_300157.html.

[81] 中华人民共和国教育部.中华人民共和国教育法[EB/OL].(2021-07-30)[2022-03-20].http://www.moe.gov.cn/jyb_xxgk/xxgk_jyfl/flfg_jyfl/202107/t20210730_547843.html.

[82] 中华人民共和国中央人民政府.国家中长期教育改革和发展规划纲要(2010—2020年)[EB/OL].(2010-07-29)[2022-03-20].http://www.gov.cn/jrzg/2010-07/29/content_1667143.htm.

[83] 王美.高等教育经费构成与配置问题分析[C]//全国农林院校教育学科研究生教育协作组.第三届全国农林院校教育科学类研究生学术论坛论文集.[出版者不详],2011:5.

[84] 中共江西省委.江西省人民政府关于学前教育深化改革规范发展的实施意见[N].江西日报,2019-11-28(7).

[85] 国务院办公厅.国务院关于当前发展学前教育的若干意见(国发〔2010〕41号)[EB/OL].(2010-11-24)[2022-03-20].https://www.gov.cn/zwgk/2010-11/24/content_1752377.htm.

[86] 教育部关于印发《幼儿园教职工配备标准(暂行)》的通知[J].幼儿教育,2013(10):4.

[87] 国务院关于进一步加大财政教育投入的意见[J]. 司法业务文选,2011(28):40-43.

[88] 国务院办公厅. 国务院办公厅转发教育部等部门(单位)关于幼儿教育改革与发展指导意见的通知[EB/OL].(2003-03-04)[2022-03-20]. https://www.gov.cn/gongbao/content/2003/content_62048.htm.

[89] 中共中央 国务院. 教育部关于学习、宣传和全面实施《2003—2007年教育振兴行动计划》的通知[EB/OL].(2004-03-24)[2022-03-20]. http://www.moe.gov.cn/jyb_xxgk/gk_gbgg/moe_0/moe_1/moe_4/tnull_5326.html.

[90] Farris S R, Marchetti S. From the commodification to the corporatization of care: European perspectives and debates[J]. Social Politics: International Studies in Gender, State & Society, 2017, 24(2):109-131.

[91] Moss P. Early childhood policy in England 1997 – 2013: Anatomy of a missed opportunity[J]. International Journal of Early Years Education, 2014, 22(4):346-358.